글 쓰는 그대에게

해서북 영혼 이

Paul Ricoeur by Karl Simms
Routledge Critical Thinkers
ⓒ 2003 Karl Simms
All Right reserved.

Korean translation edition ⓒ 2009 LP Publishing Co.
Authorized translation from English language published by Routledge,
an imprint of the Taylor & Francis Group, UK
Arranged by Bestun Korea Agency, Seoul, Korea.
All rights reserved.

이 책의 한국어 판권은 베스툰 코리아 에이전시를 통해
저작권자와 독점 계약한 도서출판 앨피에 있습니다.
저작권법에 의해 한국 내에서 보호를 받는 저작물이므로
어떠한 형태로든 무단 전재와 무단 복제를 금합니다.

джунгьл

정글의 법칙

칼 심스 지음 | 김창환 옮김

앨피

■ 옮긴이의 글

해석을 기다리는 텍스트, 폴 리쾨르

무욕의 눈빛

리쾨르에 관한 짧은 덧글을 붙이는 이 자리의 초두에서 나는 한동안 주저하며 머뭇거렸다. 그의 수많은 대작들과 방대한 논문들, 차분하고 섬세하지만 끈질기게 자신이 의도한 바를 향해 밀고 나가는 리쾨르의 논의를 접해 본 사람이라면 그에 관한 짧은 글이, 혹여나 설명의 형식을 취해야 한다면 곤혹스럽지 않을 수 없을 것이다. 다행히도 이 책 전체가 리쾨르의 이력과 사상적 궤적에 관한 훌륭한 지도地圖이기 때문에 그 책무는 책에 고스란히 떠넘기고 나는 그 궁지에서 벗어나, 리쾨르의 한 독자로서 그에 관해 마음대로 '이야기'하는 자유를 누려 볼 심산이다.

그에 관한 인상은 한 장의 사진에서 비롯되었다. 출처도 알 수 없고 어디에서 보았는지 그 기억도 희미하지만 내 머리에 남아 있는 사진 속에서 리쾨르는 체크무늬 갈색 스웨터를 입고 푸르스름한 넥타이를 매고 딱딱한 나무 의자에 안락하게 기대 앉아 있다. 백발의 노인. 노인의 시선은 보는 이의 시선과 마주친다. 그 눈빛은 깊은 곳을 응시하는 고요함이었고 아무런 노욕老慾이 느껴지지 않는 깨끗함이었다.

무욕無慾과 성찰의 눈빛은 보는 이를 빨아들이는 묘한 힘이 있었다. 그 눈빛이 만약 지혜의 눈빛이라면—사실 온통 책으로 둘러싸인 방에서 찍은 그 사진은 그가 지식인이라는 것을 알려 주었다—그것은 진리투쟁과 인정투쟁에 나선 전사의 눈빛이 아닌 것은 분명했으며, 앎을 무기로 대상을 소유하는 폭력적 시선이 아닐 것이라는 예감을 주었다. 그의 눈빛은 분명 그 사진의 푼크툼punctum이었지만, 그것은 예리하게 찌르지 않고 부드러운 힘으로 다가온다는 의미에서 푼크툼이 아니었다. 오랜 시간이 지나고 그 사진의 주인공을 책으로 다시 만났을 때, 비로소 나는 그 눈빛이 인간이 처한 거의 모든 조건 및 아포리아들과 힘겹게 씨름하며 한계까지 성찰한 자의 것임을 알게 되었다.

'의심의 대가들'과 대화하는 자

1990년대에 대학을 들어간 세대가 전통적인 사유에 대한 존경심을 갖기란 쉽지 않은 일이었다. 한국의 지식 사회는 포스트모더니즘의 자장 아래 있었고 많은 것이 해머의 철학으로 부서져 있었기 때문이다. 사유의 축조술은 조롱거리였고, 그것은 맛보고 가치를 판별하기도 전에 부정해야 하는 것이었다. 의미나 진리를 얘기하는 것은 쑥스러운 일에 속했고, 언어는 세계를 지시하고 있으며 언어를 통해 세계를 열 수 있다는 태도는 순진한 것으로 치부되었다.

그러나 역설적이게도 담론의 차원과 달리 대학에 들어온 이후에야 비로소 진짜배기 탐색을 시작할 수 있었던 진지한 개인들은 텍스트를 읽고, 해석하고, 다른 해석과 견주어 보고, 의미를 부여하는 작업에 열을 내고 있었다. 그때 여전히 우리는 언어에 기대어 사고하고 표현하며 사유의 걸음마 연습을 하고 있었던 것이다. 포스트모더니즘이 지배하던 담론의 층위와 주관적 체험의 층위는 이처럼 묘하게 어긋나 있었다.

리쾨르의 논의가 학문의 장에서 한동안 주목받지 못한 것도 이러한 사정과 궤를 같이한다. 역사적 우연이라 할 수도 있겠는데, 리쾨르의 활동은 데리다의 활동과 상당 부분 겹치며 그 과정에서 리쾨르의 작업은 해체해야 할 태도와 사유 방식의 전범으로 비춰졌다. 리쾨르의 학문적 태도가 형이상학과 사유의 전통에 대한 믿음에 기대고 있었기 때문이다.

그는 사유의 전통을 홀대하지 않았다. 전대前代의 사유를 하나하나 검토하고 비판적으로 수용하여 그 연장선에서, 혹은 그것들과의 논쟁적 대화 속에서 자신의 독창성을 길어 낸다. 이것이 그의 방법이었다. 예를 들어 그가 은유에 관해 말할 때면, 아리스토텔레스에서 시작하여 니체를 거쳐 데리다의 「백색 신화」에 이르기까지 은유에 관한 담론들을 광범위하게 다루면서 그것들 하나하나를 논의하고 비판적으로 수용하여 '은유는 문장 층위에서 일어나는 것이며 인간 사유를 생기 있게 만드는 살아 있는 것'이리는 고유한 결론을 도출해 낸다.

그의 논의를 따라가다 보면 인류가 오랜 세월 동안 축적해 온 사유의 보고寶庫를, 비록 리쾨르라는 거름망을 거치는 것이지만, 일람

할 수 있으며 그것의 비할 바 없는 가치를 다시금 확인하게 된다. 또한 누구도 진리를 온전히 소유할 수는 없으며 단지 조각만을 가지고 있음을 눈치 챌 수 있다. 인류가 축적해 온 사유의 전통 속에 산재해 있는 진리(이런 표현이 가능하다면 말이다.)의 조각들을 리쾨르는 섬세하게 포착하고 그것들을 종합한다. 이 과정에서 해석들 간의 갈등이 생기고 다른 지평들 간의 대화가 발생한다. 리쾨르는 능숙하게 갈등들을 중재하며 대화를 이끌어 낸다.

성상 파괴주의와는 거리가 먼, 또한 체계를 세우려는 의지와도 거리가 먼 그의 논의를 따라가다 보면 지적 개방성과 대화를 중시하는 그의 철학하는 태도에 매료되지 않을 수 없다. 그는 타자를 경유하는 것이 자신에게 이르는 가장 빠른 길임을 아는 현자賢者인 것이다. 새로움은 파괴를 통해서도 우리에게 오지만, 그리고 건축술로서의 사유가 비난받아 마땅하지만, 그것이 사유의 전통을 거부할 필연적 이유가 되는 것은 아닐 것이다. 이런 점에서 리쾨르는 소위 '의심의 대가들'과 그들의 적자들이 학문의 장에서 지배적인 영향력을 행사할 때 그 건너편에 서 있는 인물이라 할 수 있다.

그렇다고 리쾨르가 의심의 대가들과 그 계승자들을 무조건 거부했다는 말은 아니다. 의심의 대가들이 휘두른 '해머'는 리쾨르의 '해석'을 통해 그 가치를 철저하게 인정받았으며, 동시에 보완되어야 무엇으로 다루어졌다. 예를 들어 데카르트적 코기토에는 사망 선고나 마찬가지인 프로이트의 정신분석학은 '욕망의 해석학'으로 정당하게 그 가치를 인정받았으며, 그것이 해석학의 한 유형임이 치밀하게 논증되었다. 하지만 인간 존재의 총체적 진리가 그것만으로는 오롯이 드러나지 않는다는 것도 정당하게 지적되었다. 이처럼 의심의 대가들과 그 추종자들의 공과를 따져 묻고 그들을 의미 영역으로 포섭하는 것, 이것이 20세기의 지적 지형도에서 리쾨르가 차지하는 위상이다.

해석학적 도박, 언어와 실재에 대한 믿음
리쾨르의 사유는 철학과 문학을 넘나든다. 두 영역의 공통 매개인 '언어'에 대한 지대한 관심이 양자를 아우르는 사유를 전개하도록 이끈 것이다. 두 영역을 넘나들며 펼쳐지는 리쾨르 사유의 큰 줄거리 가운데 하나는 상징에서 시작하여 은유를 거쳐 이야기에 도달하는 여정이다. 이 과정은 '의미'라는 천국에 도달하고자 수많은 담론들과 대결하며 뚫고 지나간 천로역정이다. 이 장대한 사유의 전개 과정을 관류하는, 언어에 관한 리쾨르의 믿음(아마도 리쾨르가 가장 큰 판돈을 건 '해석학적 도박'은 언어와 실재를 믿기로 한 것일 것이다.)을 거칠게 요약해 보면 다음과 같다.

1) 언어는 현실 혹은 실재와 관계 맺고 있다.
2) 언어는 세계를 지시한다.
3) 인간 체험은 그 '언어'를 통해서 '의미'의 영역으로 들어설 수 있다.
4) 우리는 (언어로 이루어진) 담론을 통해 세계와 관계할 수 있다.

리쾨르가 보기에 인간은 언어의 감옥에 갇힌 존재가 아니다. 은유와 이야기는 새로움을 창안할 수 있는 능력을 지닌 언어 형식이며,

우리는 언어를 통해 세계와 관계 맺고 의미를 발견한다. 특히나 문학 쪽에서 보자면 리쾨르의 이러한 전언은 무척 고무적이다. 문학의 위기, 더 나아가 문학의 죽음이라는 진단이 빈번히 내려지는 상황을 초래한 문학 내적 원인 중 하나가 바로 '언어의 위기'이기 때문이다.

해체론의 관점에 볼 때 모든 언어는 수사적 특성을 지니고 있으며, 언어의 수사성은 사물을 지칭하는 (종래의) 지시적 기능을 무력화시키는 일종의 마법적 힘이 있다. 이 점을 끝까지 밀고 나가면 궁극적으로 언어적 허무주의나 무정부주의에 봉착하게 된다. 실상 저자의 죽음 이후, 작품이 텍스트가 된 이후, 종래의 문학은 그 위상을 급격히 잃었다. 그리고 많은 이들이 문학이 개인적 문제에서 정치적 문제까지 온갖 것을 떠맡을 뿐 아니라 현실 세계의 모든 아포리아와 모순들마저도 떠맡을 수 있을 것이라는 과거의 신뢰를 버렸다. 이는 근본적으로 근대성의 종말과 궤를 같이하는 언어의 지시 능력과 창조성에 대한 불신에 기인한 것이다.

그러나 그렇다 하더라도 최소한 언어의 창조성과 지시 가능성에 대한 실낱같은 믿음 없이 문학을 (생각)하는 것은 쉽지 않은 일이다. 필수불가결하게 언어를 가지고 작업하는 자들에게 리쾨르가 감행한 해석학적 내기 혹은 도박은 작게는 위안이 될 것이고, 크게는 해체론의 거대한 물결 속에 착종되어 있는 문학을 끌어안고 한 발 앞으로 내딛을 수 있는 이론적 발판이 될 수도 있다.

리쾨르는 『해석 이론』에서 소쉬르가 구축한 주요한 이분법을 다음과 같이 간략하게 개괄한다. "왜 언어학이 약호를 다루기 위해 메시지를, 체계를 다루기 위해 사건을, 구조를 다루기 위해 의도를, 그리고 공시적 체계 내에서 이루어지는 조합의 체계성을 다루기 위해 행위의 자의성을 괄호침으로써만 발전할 수 있었는지를 이해할 수 있게 된다." 구조주의적 사유의 뿌리라고 할 수 있는 소쉬르에 대한 이 짤막한 논평에서 우리는 동시대의 사유에서 홀대받는 '메시지', '의도', '행위의 자의성'을 강조하는 리쾨르를 만난다.

한편으로 생각하면 몹시도 근대적인, 많은 이들이 해체해 버린 것들을 리쾨르는 다시 해석의 장으로 끌어와 구조주의적 사유를 급진화한 자들과 대결한다. 무엇이 그의 사유를 이러한 방향으로 끌어가는 것일까?

언젠가 그는 "이 세계에 필요한 것은 사랑이며, 이보다 더 필요한 것은 정의正義이고, 그 무엇보다도 절실한 것이 의미意味"라고 말한 적이 있다. (이 인상적인 말은 『번역론』(폴 리쾨르, 윤성우·이향 옮김, 철학과현실사, 2006)에 윤성우가 실은 「폴 리쾨르를 말한다」라는 짧은 글에서 만날 수 있다.) 혹시 이 말이 리쾨르 사유의 원천을 보여 주는 것은 아닐까?

그것이 설령 가상의 베일이라 하더라도, '의미'라는 그 숭고한 이데올로기 없이 헛된 세상을 버티는 것은 지난한 일이다. 자본주의의 광기에 비례하여 바니타스vanitas의 음영 또한 짙어져 가는 요즘, 리쾨르가 강조하는 '의미'의 의미를 음미하는 것은 분명 가치 있는 일이다.

텍스트 앞에서 드높아지는 삶

모든 이가 인정하듯이 리쾨르의 본령은 해석학이다. 개인적인 소회일 수 있겠으나, 그의 해석학이 가장 빛나는 대목은 텍스트와 자기 이해를 연결해서 새로운 세계의 가능성을 말할 때이다.

그는 '텍스트 앞에서 자기 자신을 이해하는 것'이라고 말한다. 리쾨르가 볼 때 텍스트는 새로운 세상을 우리에게 제안하는 것이다. 그리고 자기를 이해한다는 것은 텍스트가 제안하는 새로운 세계의 가능성 안에서 새로운 자기의 가능성을 발견하는 것이다. 독서 경험의 견지에서 보자면 그것은 독자가 좋은 텍스트 앞에서, 텍스트에 홀려 자신을 잃어버리고 그 홀림을 통해 (새로운) 자신을 찾는 역설적인 상황이라고 말할 수 있다. 텍스트는 우리에게 우리 삶과 관련된 다양한 기획project을 제시해 준다. 나는 이러한 텍스트의 매혹적인 제안, 즉 텍스트가 제시하는 가능 세계 앞에서 나의 가장 고유하면서 본래적인 존재 가능들 중 하나를 선택하게 된다.

만약 이러한 텍스트 앞에서의 자기 이해가 없다면 우리의 세계는 너무나 협소하거나 평면적일 것이며, 우리의 자기 이해는 비루하고 제한적일 것일 것이다. 자, 우리 앞에 텍스트가 있다. 그 텍스트는 나에게 가장 나답게 자신을 전개할 수 있는 가능 세계를 제시한다. 그 텍스트 앞에서 나의 자기 이해는 깊어지고 그만큼 세계도 팽창한다. 이런 체험이 값진 게 아니라면 도대체 우리 삶을 드높이는 것이 무엇이란 말인가?

체제의 바깥은 없다고들 말한다. 혹시 우리는 텍스트가 제시하는 가능 세계를 통해 그 강고하다는 체제에 구멍을 낼 수 있는 실마리를 얻을는지도 모를 일이다. 아니, 어쩌면 소망스런 삶의 기획은 유일하게 텍스트를 통해서만 우리에게 제공될 수 있을지도 모르겠다.

리쾨르라는 '텍스트'

리쾨르의 저작을 읽으면 니체나 푸코의 글을 읽을 때처럼 요동치지 않을 수도 있다. 그러나 차분한 그의 어조를, 어디에선가 들어본 듯한 '낡은' 말들을 따라가다 보면 어느 순간 그의 사유와 믿음의 순환이 자아내는 아우라와 인간의 문제를 짊어지고 있는 그의 고뇌를 느끼게 되는 순간이 온다. 그 순간 알 수 없는 숙연함이 찾아온다. 이 책을 쓴 젊은 연구자 칼 심스Karl Simms의 말처럼, 리쾨르는 이미 우리가 해석해야 할 하나의 '텍스트'이다.

'모든 고귀한 것들은 힘들 뿐만 아니라 드물다.' 리쾨르의 사유는 그런 것들 가운데 하나이다. 이 책은 리쾨르의 사상을 그 핵심 개념을 중심으로 초기부터 후기에 이르기까지 통시적으로 추적한다. 수많은 대화의 흔적과 유구한 역사적 유산을 간직한 리쾨르의 사유를 아무런 도움 없이 소화해 내기란 쉽지 않은데, 이 책은 그 안내자 역할을 톡톡히 해 준다. 이 책을 통해 해석을 기다리고 있는 텍스트 자체인 폴 리쾨르와 독자의 대화가 시작될 수 있다면 혹은 더 풍성해질 수 있다면 역자로서 더 바랄 것이 없겠다.

2009년 4월
김창환

차 례

- 옮긴이의 글_해석을 기다리는 텍스트, 폴 리쾨르

왜 리쾨르인가?

협력과 믿음의 사상가	21
리쾨르의 이력	23
이 책은	28

01_선과 악

인간 삶의 변증법	33
의지적인 것과 비의지적인 것 : 의지와 정념	34
오류를 면치 못하는 인간 : 실수, 불균형, 연약성	43
상상력	45
성격	46
감정	49
갈등과 창조성	51
악의 상징성	52
고백의 현상학	53
흠	53
죄	54
허물	55

| 신화들 | 57 |
| 근대성 속의 신화들 | 62 |

02_해석학

세계를 텍스트로 삼는 해석학	71
상징 해석	71
언어와 텍스트	74
지향적 의미	75
이해	77
해석학적 순환	80
내기	81
거리 두기	83

03_정신분석

상징 해석이라는 연결 고리	95
정신분석 대 해석학	96
정신분석학은 해석학이다	100
정신분석 이론과 현상학적 태도	102
반대 방향의 에포케	106
오이디푸스	111
종교	115

04_은유

리쾨르의 '살아 있는 은유'	123
은유, 미메시스, 행동	124
은유는 비유다	129
은유와 의미론	133
I. A. 리처즈	134
막스 블랙	136
먼로 비어즐리	138
로만 야콥슨	140
은유와 해석학	142
은유와 철학	146

05_이야기

은유와 이야기의 생산적인 창안	153
이야기와 해석학	153
건강한 순환	155
시간	155
미메시스1, 미메시스2, 미메시스3	160
줄거리 구성	164
역사	166
허구	170
역사와 허구를 함께	178

06_윤리학

덕의 윤리학	189
이야기 정체성 : IDEM과 IPSE	190
성격과 약속 지키기	193
스토리 대 삶	195
삶의 스토리	197
'나 여기 있어!'	199

07_정치와 정의

'정치의 모순'	205
사회주의국가 없는 사회주의	210
정의 대 복수	212
공리주의에 맞서	214
황금률과 새 계명	215
선물과 용서	219
사면	220
'정치의 모순' 극복하기	222
국가 모델	224

리쾨르 이후

영미 비평계에서 촉발된 '은유 논쟁'	233

데리다, 은유 그리고 언어	235
하이데거, 언어, 해체	238
성경을 문학작품으로 읽기	241

리쾨르의 모든 것

폴 리쾨르의 저작	249
폴 리쾨르에 관한 저작	256
폴 리쾨르에 관한 비디오	259
폴 리쾨르에 관한 웹사이트	259

- 참고문헌 260
- 찾아보기 265

왜 리퀴르인가?

■ 일러두기

원어 표기 인명이나 지명은 외래어 표기용례를 따랐다. 단, 널리 알려진 이름이나 표기가 굳어진 명칭은 그대로 사용했다. 본문에서 주요 인물(생몰연대)이나 도서, 영화 등의 원어명은 맨 처음, 주요하게 언급될 때 병기했다.

출처 표시 주요 인용구 뒤에는 괄호를 두어 간략한 출처를 표시했다. 상세한 서지 사항은 책 뒤 〈참고문헌〉 참조.

도서 제목 본문에 나오는 도서 제목은 원 제목을 번역 표기하는 것을 원칙으로 하되, 국내에 번역 출간된 도서는 그 제목을 따랐다.

옮긴이 주 옮긴이 주는 〔 〕로 표기했다.

Paul Ricœur

협력과 믿음의 사상가

폴 리쾨르Paul Ricœur(1913~2005)는 아마도 생존하는 사상가 중 그 관심 분야가 가장 넓은 사람일 것이다.〔이 책의 초판이 발행된 2003년 당시 리쾨르는 생존해 있었다. 2005년 5월 20일 향년 92세의 나이로 영면했다.〕 명목상 철학자이지만 그의 작업은 종교와 성경해석학의 주제·역사·문학비평·정신분석·법학·정치학을 가로질러왔고, 사회학·심리학·언어학적 함축을 지니고 있다. 그러나 그의 사유에는 근원적인 지속성이 있다. 그의 저술들은 언제나 '좋은' 작품에 대한 관심으로 가득 차 있다. 이때 '좋다'는 것은 높은 수준을 유지할 뿐 아니라 (Ricœur의 글들은 비록 분량이 많지 않더라도 언제나 철저하게 연구된 것이며, 다른 연구 성과들을 참조하고 있다.), 윤리적으로도 좋아야 한다는 의미이다.

어떤 소재를 다루든지 간에 리쾨르는 항상 종교적 믿음의 가치와 사회정의를 방어한다. 이 때문에 그는 이 세계에서 가장 존경받는 생존하는 철학자가 되었다. 그는 결코 유행을 따르는 경박한 사람이 아니다. 침착하고 끈기 있는 문체로 쓰여진 리쾨르의 작품들은 학문적 담론을 통해 그가 사회에 바라는 바, 곧 협력을 추구한다. 결과적으로 그에게선 자크 데리다Jacques Derrida나 장 보드리야르Jean Baudrillard와 같은 다른 프랑스 사상가들의 성상파괴주의를 찾아볼 수 없으며, 오히려 그는 철학적 전통들 사이에 끊임없이 다리를 놓으려 한다. 한마디로, 그는 자신의 사유가 다른 사상가들의 것과 어떻게 다른지 소리 높여 주창하기보다 조용히 유사성을 끌어내는 유형이다.

이런 작업은 자기를 지우는 방식으로 진행되기 때문에 그가 자신이 읽은 내용을 모방한다는 인상을 줄 수도 있다. 하지만 세밀히 고찰해 보면 그가 독창적인 사상가라는 것을 알 수 있다. 그의 독창성은 다른 사상가의 사유 위에, 그들과 대립 각을 세우는 것이 아닌 언제나 뭔가를 덧붙임으로써 구축된다.

리쾨르는 의심의 철학자라기보다는 믿음의 철학자이다. 이 말은 단지 그가 종교적 의미의 믿음을 갖고 있다는 것만을 뜻하지 않는다. 종교적 믿음의 결과로 형이상학에 대한 믿음 혹은 사유의 전통에 대한 믿음도 갖고 있음을 뜻한다. 더 구체적으로 말하자면, 사유가 표현되는 언어와 담론에 대한 믿음을 갖고 있다는 뜻이다. 그는 씌어진 작품의 거짓을 폭로하는 것이 아니라, 이면에 숨겨진 의도를 드러내는 것이 자신의 소명이라고 생각한다.

씌어진 작품은 델포이의 신탁과 같다. 그것은 우리가 찾지 못하도록 의미를 감출 수는 있지만 거짓말은 하지 않는다. 인간의 담론에 대한 이러한 믿음은 리쾨르의 읽기 이론, 즉 해석학에 표명되어 있으며, 이 책의 2장 '해석학'에서 이 문제를 따로 다루었다. 해석학 이면의 전제는, 씌어진 작품은 삶의 의미를 이해하는 통로라는 것이다. 이러한 전제는 '삶이 의미를 지니고 있음'을 가정한다. 그런데 리쾨르에게 이는 도덕적인 순환이다.(그는 이것을 '해석학적 순환'이라고 부른다.) 왜냐하면 씌어진 작품은 삶의 반영이기 때문에 의미를 지니며, 삶은 씌어진 작품 속에 반영될 수 있기 때문에 의미를 지닌다. 리쾨르의 철학은 삶의 철학이자 읽기의 철학인 셈이다.

리쾨르의 철학을 보편적으로 적용할 수 있는 까닭이 바로 여기에 있다. 우리가 어떤 학문 분야에 속해 있든지 간에, 그것이 역사이든 정신분석이든 문학비평이든 그 무엇이건 간에, 그것은 텍스트로 구성되어 있으며, 그 텍스트들은 각기 다른 방식으로 자신의 참된 의미, 즉 해석학이 드러내는 삶의 의미를 숨기고 있다. 이를 확대해서 말하자면, 삶 자체는 '읽힐' 수 있거나 해석될 수 있으며, 해석 자체는 이야기가 되는 삶을 드러낸다. 리쾨르는 우리의 윤리적 목표가 우리 삶에 대한 이야기를 좋은 이야기로 만드는 것이라고 말한다.

리쾨르의 이력

폴 리쾨르는 1913년 프랑스 남부 리옹의 발랑스에서 태어났다. (Regan 1996 : 4) 그는 고등학교 시절의 마지막 해인 1929, 30년에 처음으로 철학에 관심을 가지게 되었다. (Ricoeur 1995a : 3) 그러나 고교 졸업 후 렌느에 있는 인기 없는 지방대학에서 파리 고등사범학교 입학시험을 준비하며 2년간을 보냈다. 그는 시험에서 라틴어와 그리스어에서는 뛰어난 성적을 거두었지만, 철학 과목은 낙제하고 만다. 그래서 1년간 더 렌느에 머물렀고, 그곳에서 「라슐리에와 라그노에게서 하느님의 문제Problème de Dieu chez Lachlier et Lagneau」(1934)라는 논문으로 철학 석사 학위를 취득한다. 그때부터 리쾨르는 이후 그의 작업을 특

해석학의 대가 폴 리쾨르

1980년, 리쾨르는 67세의 나이로 낭테르에서 은퇴했다. 가장 잘 알려진 작품의 대부분이 은퇴 후에 씌어졌다는 사실은 리쾨르가 학문적으로 비범하게 장수했음을 잘 보여 준다. 또, 리쾨르는 2005년 5월 세상을 떠나기 전까지 세계에서 가장 존경받는 생존 철학자로 일컬어졌다. 침착하고 끈기 있는 문체로 씌어진 리쾨르의 작품들은 학문적 담론을 통해 그가 사회에 바라는 바, 곧 협력을 추구한다. 명목상 철학자이지만 그의 작업은 종교와 성경해석학의 주제·역사·문학비평·정신분석·법학·정치학을 가로질렀고, 사회학·심리학·언어학적 함축을 지녔다. 어떤 소재를 다루든지 간에 리쾨르는 항상 종교적 믿음의 가치와 사회정의를 방어했다.

징짓는 '철학과 성경적 믿음의 관계'라는 관심사를 발전시킨다.(Ricoeur 1995a : 6)

1934년부터 이듬해까지 리쾨르는 소르본에 1년간 머무는데, 이때 그의 지적 영웅이 된 기독교 철학자이자 '실존주의'라는 용어를 만든 것으로 유명한 가브리엘 마르셀Gabriel Marcel(1889~1973)을 만난다. 그리고 1935년, 특정한 해에 가장 뛰어난 학생들에게 가르칠 수 있는 권리를 주는 최상위 교사 자격시험인 아그레가시옹agrégation에서 300명의 응시자 중 차석을 차지하여 1935년부터 1940년 사이에 여러 지역에서 교사 직에 임명되었다. 리쾨르가 기독교 사회주의와 평화주의에 대한 논문을 출간하면서 저술가로 처음 알려진 것이 바로 이때였다.

제2차 세계대전 중이던 1940년, 리쾨르는 군대에 징집되었고 평화주의를 주창했음에도 불구하고 무공훈장을 받는다. 그러나 곧 전쟁 포로가 되어 독일 동부의 한 포로수용소에서 5년간을 보낸다. 여기서 그는 포로들이 서로 강의하고 공동 연구할 수 있는 비공식적인 '포로수용소 대학' 설립에 참여한다. 독일어로 된 것 말고는 책을 구하기 힘들었기 때문에, 리쾨르는 그곳에서 독일 철학자 에드문트 후설 Edmund Husserl(1859~1938)의 저작을 처음 접하고, 후설의 가장 유명한 책인 『이념들Ideen zu einer reinen Phänomenologie und phänomenologischen Philosophie』(1913)을 프랑스어로 옮겼다.

그리고 사용할 종이조차 거의 없는 열악한 조건에서도 리쾨르는 동료 수감자인 미켈 뒤프렌Mikel Dufrenne과 함께 독일 기독교 실존주의 철학자인 카를 야스퍼스Karl Theodor Jaspers(1883~1959)에 관한 연구서를 공동 집필하기 시작했고, [『카를 야스퍼스와 실존주의 철학Karl

Jaspers et la philosophie de l'existence』(1947)〕 다른 한편으로 야스퍼스와 마르셀을 비교 연구했다.〔『가브리엘 마르셀과 카를 야스퍼스*Gabriel Marcel et Karl Jaspers*』〕 후설과 야스퍼스, 마르셀은 1950년대 리쾨르의 저술에 중대한 영향을 끼친다.

1950년 리쾨르는 후설에 관한 번역을 토대로 '의지 철학'의 전반부에 해당하는『의지적인 것과 비의지적인 것*Le Volontaire et l'Involontaire*』으로 박사 학위를 받았다. 리쾨르는 1945~48년 르 샹봉에서, 1948~55년에는 스트라스부르에서 학생들을 가르쳤다. 그리고 1956년 소르본의 일반철학 교수 직에 임명되었다. 이어서 1960년『의지의 철학*Philosophie de la volonté. Tome*』후반부가 출간되는데, 이 책은『오류를 면치 못하는 인간*Philosophie de la volonté. Finitude et Culpabilité. I. L'homme faillible*』과『악의 상징*Philosophie de la volonté. Finitude et Culpabilité. II. La symbolique du mal*』으로 구성되어 있다.

이때부터 리쾨르는 프랑스에서 가장 유명한 철학자이자 세계적인 인물이 되었다. 그의 전기 작가가 쓴 내용에 의하면, '소르본에 있는 그의 강의실은 미어터졌고, 안뜰에는 확성기가 설치되었다. 그래야 넘치는 청중들이 그의 강의를 들을 수 있었다. 수백 명의 학생들이 리쾨르에게 논문을 지도받고자 했다.'(Reagan 1996 : 24) 그의 성공은 1965년에『해석에 관하여: 프로이트에 관한 시론*De l'interprétation. Essai sur Sigmund Freud*』이 출간되면서 더 굳건해졌다.

한편 리쾨르는 프랑스의 대학 체계를 비판하는 글을 여러 차례 쓰고, 1967년 소르본을 떠나 파리 근교에 새로 설립된 낭테르 '실험'대학의 문과대 학장이 된다.(낭테르는 미국이나 영국의 기숙사 대학을 모방한 프랑스 최초의 특수 목적 캠퍼스 대학이다.) 그런데 1969년경 일련의 학내 시위와 캠퍼스 점거를 주도한 극좌파 집단이 낭테르의 학생 전체를 장악하고, 프랑스 사회의 다양한 '부르주아적' 국면과 교육 체계, 낭테르 대학의 행정에 거세게 저항하는 일이 일어났다. 결국 리쾨르는 캠퍼스를 '진정시키고' 캠퍼스 통제에 필요한 권위를 회복하고자 경찰에 신고하지 않을 수 없었다.

이 사건은 수백 명의 경찰과 학생들이 뒤엉키는 최대 규모의 폭동으로 정점에 도달했고, 이로 인해 수백만 프랑의 재산 피해가 발생했다. 리쾨르는 아무 잘못이 없었지만, 이 소요 사태는 리쾨르의 명성 및 그와 프랑스 정부의 관계에 큰 타격을 주었다. 결국 그는 1970년 학장 직을 사임하고 벨기에(루뱅)와 미국(시카고), 캐나다(토론토) 등지로 스스로 유랑 길에 오른다. 그는 1973년 낭테르로 돌아왔으나, 1년 중 몇 개월만 학교 일에 관여했다.

리쾨르는 1970년대에 『살아 있는 은유La métaphore vive』(1975)(영역본 제목은 '은유의 규칙The Rule of Metaphor'), 후일 『해석학과 인문사회과학Hermeneutics and the Human Sciences : Essays on Language, Action and Interpretation』(1981)으로 묶이게 되는 논문들, 『텍스트에서 행동으로Du texte à l'action. Essais d'herméneutique II』(1986)를 출간한다. 이 시기에 리쾨르의 저술은 프랑스어보다는 영어로 출간되었으며, 해외에서 그의 명성이 높아지는 것과 반비례하여 프랑스에서의 명성은 낮아진다. 1980년, 그는 67세의 나이로 낭테르에서 은퇴했다. 가장 잘 알려진 작품의 대부분이 은퇴 후에 씌어졌다는 사실은 리쾨르가 학문적으로 비범하게 장수했음을 잘 보여 준다.

1980년대 초, 리쾨르는 세 권으로 구성된 『시간과 이야기*Temps et récit*』를 출간한다. 이 책은 프랑스 내에서 그의 명예를 회복시켜 주었고, 이 책에서 다룬 주제는 리쾨르의 가장 중요한 저작 중 하나인 『타자로서 자기 자신*Soi-même comme un autre*』(1990)으로 이어졌다. 1991년 리쾨르는 미국 시카고 대학에서 맡고 있던 직위에서도 물러나면서, 동시에 프랑스 아카데미에서 철학상을 받았다. 그는 은퇴 후에도 강의를 계속했으며, 짧은 책 『정의*Le juste*』(1995)를 포함하여 정치철학과 정의론에 관한 폭넓은 저술 활동을 이어갔다.

이 책은

이 책은 리쾨르의 사상을 시간 순서에 따라 간략하게 소개한다. 앞서 말한 바처럼 리쾨르의 사상에서 가장 잘 알려진 것은 아마도 '해석학' 혹은 '해석 이론'일 것이다. 따라서 문학이론과 비평에 끼친 그의 영향은 리쾨르 세대의 다른 프랑스 철학자나 이론가들처럼 추종자들의 작업으로 매개된 것이 아니라 직접적이다.

또한 리쾨르는 지속적으로(문학비평가나 이론가와는 대조적으로) 문학 혹은 문학적 언어를 연구 대상으로 선택한 몇 안 되는 철학자이다. 그의 『시간과 이야기』는 이야기와 삶의 관계에 관한 이론에 기여할 뿐 아니라, 특정한 이야기 텍스트에 관한 일련의 비평이자 문학비평에 관한 해석학적 모델이 어떻게 실행될 수 있는지를 보여 주는 훌륭한 사례이기도 하다. 또 『살아 있는 은유』는 은유 자체의 이론에 기여한 것은 물론이고, 문학적 사례로 가득 차 있다. 그리고 우리의 세계 이해가 은유를 통해 명료해지고, 은유라는 것이 본질적으로 문학적 현상이기 때문에 인간이 어떻게 삶을 영위하는지 문학이 우리에게 가르쳐 준다는 문학의 근본적 특질을 드러낸다는 점에서 『시간과 이야기』를 선취하고 있다. 심지어 상대적으로 초기작이면서 신화를 주요 주제로 채택한 『악의 상징』도 본질적으로 텍스트에 관심을 기울이고 있다. 이 책 역시 상징에 관한 '이론'을 제공할 뿐 아니라, 실제로 텍스트를 읽을 때 상징이 해석에 어떤 도움을 줄 수 있는지를 보여 준다.

리쾨르는 자신의 사상을 차곡차곡 쌓아가는 사상가라고 부를 수 있다. 1940년대부터 오늘날에 이르기까지 세월의 무게만큼 사유를 계속 축적해 온 그의 작품에는 그 이면에 어떤 연속성이 존재한다. 그의 사상 하나 하나는 이전 사상에 대한 부정이 아니라 발전이다. 따라서 이 책에서도 특정한 시기 리쾨르의 사유를 다룰 뿐 아니라, 그 사유와 이전 사상과의 연속성도 다룬다. 그러므로 독자들은 자신이 맞닥뜨렸던 리쾨르 사유의 특정한 영역에 대한 유용한 설명이 있을 것 같은 장을 먼저 볼 수도 있고, 각 장을 차례대로 읽으면서 점진적으로 축적되어 가는 리쾨르의 사상을 음미할 수도 있다. 어떤 경우이든 이 책의 목표는 리쾨르 사상에 대한 철저한 설명을 제공하는 것이 아니라, 리쾨르 텍스트를 읽는 한 가지 방식을 제공하는 데 있다.

마지막으로, 이 책의 말미에 있는 '리쾨르의 모든 것'은 리괴르의 저작에 대한 정부를 제공한디. 물론 2차 텍스트도 일부 소개하지만, 그것은 어디까지나 1차 텍스트 읽기에 덧붙여질 때 유용하다는 점을 잊지 말아야 할 것이다.

imak
01

선과 악

Paul Ricoeur

인간 삶의 변증법

1950년대에 리쾨르는 세 권으로 구성된 기념비적인 저작 『의지의 철학』을 완성하겠다는 야심찬 목표를 세웠다. 그러나 결국 제1권의 두 부분 「의지적인 것과 비의지적인 것 Le volontaire et l'involontaire」, 「유한성과 허물 Finitude et culpabilité」만 완성된다. (「유한성과 허물」은 다시 「오류를 면치 못하는 인간」과 「악의 상징」으로 나누어진다.) 이 초기 저작들은 본 책 2~7장에서 살펴볼 리쾨르의 '해석학적' 철학의 중요한 선행 작업이라 할 수 있다. 리쾨르는 관심을 기울인 모든 철학 영역에서 언제나 『의지의 철학』에서 본인이 설정한 사상들과의 일관성을 유지한다.

리쾨르의 초기 사유에서 삶은 '변증법적'인 것이다. 한편으로 나는 나 자신의 주인이다. 나는 선택하고 내가 나아갈 바를 정한다. (이것이 '의지적인' 것이다.) 다른 한편으로 나는 나의 통제를 넘어서는 모든 것을 지닌 채로 세계 내적 존재의 필연성에 종속된다. 이때 나의 통제를 넘어서는 것들이라는 말은, 나는 내 존재의 필연성과 더불어 어떤 성격을 지니고 있는데 그 성격이 나의 의지를 거스르는 무의식적인 정신도 지니고 있음을 암시한다. (이러한 존재가 '비의지적인 것'이다.) 인간이기 때문에 우리에게 허락된 자유와, 세계 속에서 살아가는 인간 존재라는 사실에서 비롯된 제약 사이에 놓인 우리의 삶을 어떻게 수행해 나갈 것인지가 리쾨르 철학의 출발점이다. 리쾨르는 명백한 기독교 철학자로서 선과 악이 되풀이되는 방식 혹은 적어도 선과 악 자체, 자유의지와 필연성 사이에서 벌어지는 인간의 변증법을 보여주는 데 관심이 있다.

의지적인 것과 비의지적인 것 : 의지와 정념

리쾨르의 철학은 세계에 존재하는 악의 기원을 설명해야 하는 기독교적 필요와, 이 질문이 늘 달고 다니는 '왜' 세계에 악이 존재하는가? '왜' 사람들은 악행을 저지르는가? 같은 질문에 답할 필요에서 촉발되었다. 이러한 질문에 답하고자 리쾨르는 삶의 변증법이 자기를 드러내는 방식 중 하나, 즉 의지와 '정념'(배고픔이나 성 욕동처럼 우리의 생물학적 요인으로 촉발되는 필요와 요구)의 충돌을 검토하는 것에서 출발한다. 이를 위해 리쾨르는 독일 철학자 에드문트 후설의 '현상학적' 방법을 받아들인다. 다만 리쾨르는 후설의 방법론을 받아들이면서도 그의 결론을 넘어 다른 길로 나아간다.

리쾨르가 보기에 후설은 정념(비의지적인 것)을 진정으로 '이해하지' 못한다. 왜냐하면 후설은 신체와 정신의 상호 관계에 천착하지 않기 때문이다. 후설은 정신으로만 '기술한다'. 반면 리쾨르는 '기술記述'과 '이해'의 차이를 보여 준다. 기술을 넘어 이해로 간다는 것은 정신과 신체의, 의지적인 것과 비의지적인 것의 '관계'를 인정한다는 것이다.

그러나 의지(의지적인 것)는 오직 하나인 반면, '정념'(비의지적인 것)은 무수히 많기 때문에 '의지를 기술하는 것'은 자발적 의지와 비자발적 정념들의 '종합'을 시도하는 리쾨르에게 여전히 출발점이다. 설명은 단순한 것에서 복잡한 것으로 나아가는 과정이기 때문이다.

리쾨르의 기술(1966 : 6)은 첫째로 의지가 세 겹으로 보이는 행동 유형임을 드러낸다. 즉, "나는 ~을 하겠다"라고 말하는 것은 첫째 "나는 결정한다", 둘째 "나는 내 몸을 움직인다", 셋째 "나는 동의한다"를 뜻한다. 리쾨르는 후설의 '모든 의식은 무엇에 대한 의식'이라는 규칙을 따르면서, 이와 유사하게 모든 의지는 반드시 행동을 목적으로 한다. 곧 모든 의지는 행동하려는 의지라고 주장한다.

의지에는 '결정', '움직임', '동의'라는 세 가지 '양태' 혹은 방식이 있다. 내가 '결정할 때' 내 의지의 목적은 '내가 구성한…… 내 능력에 맞게 내가 수행한 기획'이다.(Ricœur 1966 : 7) 내가 '내 몸을 움직일 때' 행동이 실행된다. 내가 '동의할 때' 나는 필연성에 승복한다. 즉, 사물은 본성대로 존재하고 나 또한 생물학적 몸을 지니고 산다는 필연성에 묵묵히 순응한다.

리쾨르에 의하면 의지의 세 차원은 의지의 반대, 즉 비의지적인 것을 필연적으로 수반한다. 첫째, 내가 '결정을 내릴 때' 그 결정은 결정의 특정한 목적이 되는 기획뿐 아니라 그 결정을 정당화하는 동기와의 근원적인 관계 속에서 이루어진다.(Ricœur 1966 : 7) 다시 말해서 나는 아무 이유 없이 그저 행동만 하지는 않는다는 것이다. 결정을 내릴 때 내가 가지고 있는 이유들은 비의지적인 것의 형식이다. 이 이유들을 리쾨르는 '동기부여'라고 부른다. 둘째, '내 몸을 움직일 때'

나는 내 몸이 의지에 지배당하는 만큼이나 비의지적인 움직임에도 지배당한다는 것을 반드시 인지하게 된다. 비의지적인 움직임이란 숨 쉬기 같은 것뿐 아니라 내가 습관적으로 하는 일도 의미한다. 습관적으로 하는 것들을 내가 의지적으로 하는 것인 양 생각한다면 그것은 어떤 의미에서 속는 것이다. 셋째, 내가 '동의할 때' 나는 나보다도 내가 지배권을 행사할 수 없는 어떤 것에 나 자신을 양도한다. 이는 필연성의 형식이다. 요컨대 의지적 행위의 세 양태에 대응하여 비의지적인 것의 세 가지 양태가 있는 것이다. 즉, 결정은 동기부여로 조절되고, 몸의 움직임은 비의지적인 활동으로 조절되며, 동의는 필연성으로 조절된다. 이러한 관계들은 나중에 리쾨르가 데카르트적 '코기토cogito'를 '재정복'할 때에도 지렛대 역할을 한다.

현상학Phenomenology 현상학은 후설의 가장 잘 알려진 저작인 『이념들』(1913)과 나중에 『데카르트적 명상Méditations cartésiennes』(1931)으로 출간된 일련의 강의를 통해 발전된 철학이다. 현상학은 내가 지각하는 것이 무엇이든지 간에 나는 그것을 감각을 통해 지각한다는 입장에서 출발한다. 후설은 나의 감각이 나에게 말하는 것의 진리 여부를 판단하는 걸 중지한다. 현상학자는 자기를 둘러싼 세계가 '괄호치기' 되어 있다는 판단에 의거해서 정신 활동이나 사고 실험에 종사한다. 후설은 괄호치기를 통해 현상학적 혹은 형상적eidectic('형상form'을 뜻하는 그리스어 eidos에서 파생된)인 분석에 착수할 수 있었다. 현상학적 분석은 현상으로 등장한 사물을 드러낸다. 후설에 따르면, 현상으로 등장한 사물이 '실제' 사물보다 더 '본질적'이다. 기실 어떻게 사물이 단순한 사변의 문제가 될 수 있겠는가. 예를 들어 나무에 관한 현상학적 분석은 나무의 화학적 구성이나 치수尺數처럼 과학적 설명으로 환원될 수 있는 국면에 초점을 맞추지 않고, 미풍에 흔

데카르트René Descartes에게(이는 후설에게도 진실인데) '코기토'는 수행된 것, 즉 정신 활동이다. 정신 활동의 수행은 몸과 영혼(혹은 사유)을 분리하고, 그 결과 몸은 소위 외부, 즉 순수 사유의 관점을 통해 볼 수 있게 된다. 하지만 리쾨르에게 코기토는 정신 활동이기 때문에 의지의 행위이다. 의지의 행위인 코기토는, 리쾨르가 의지 분석에서 기술한 바처럼 그 안에 의지의 다른 차원들(동기부여, 움직임, 필연성)과의 관계를 포함하고 있다. 리쾨르는 이런 방식으로 데카르트와 후설이 코기토에서 배제한 개인의 몸을 포함하고자 코기토를 '확장한다'.

리쾨르는 데카르트가 '행위'를 '사실들'로 추상화한다고 말한다. 그

들리는 나무의 움직임, 보는 각도에 따라 달라지는 모양새, 하루에도 수차례 바뀌는 색깔처럼 나무가 '나에게' 어떻게 나타나는지에 집중할 것이다. 나무의 이러한 국면은 물질적 대상으로서의 나무가 무엇으로 이루어졌는지에만 의존하는 것이 아니라, 어떻게 나무와 나 자신, 그리고 나 자신과 나무를 둘러싼 세계가 상호 작용하는지에 의존한다. 나무에 관한 이러한 기술은, 비록 그것이 출발점이긴 하지만, 나무가 어떻게 지각되는지를 기술하는 것은 아니다. 오히려 나무에 대한 현상학자의 '의식'을 기술하는 것이다. 아마도 현상학적으로 혹은 분석적으로 기술될 수 있는 나무보다 더 중요한 것은 의식 그 자체일 것이다. 의식은 현상학자가 통각apperception(내가 지각하고 있음을 지각함)의 행복한 상태에 들어갈 수 있게 해 준다. 이 상태에서 현상학자의 의식은 그 자신과 상호 작용한다. 그는 자기-의식의 상태이다. 후설에게는 이것이 의식을 실험할 수 있는 유일한 방법이었다. 의식은 항상 무엇에 관한 의식이다. 심지어 그 무엇이 의식 자체일 때조차 말이다.

러면서 데카르트와 그의 추종자인 후설을 자아의 철학자라고 비판한다. 'Ego cogito, ergo sum', 즉 "나는' 생각한다. 따라서 '나는' 존재한다'는 명제는 메마르고 생산성 없는 순환 논리로 우리를 이끈다. 데카르트주의자는 자기가 생각하고 있다는 것을 안다. 왜냐하면 그는 생각하고 있기 때문이다. 좋다. 그렇다고 치자. 하지만 그는 무엇을 '하고 있는가?'

이와 달리 현상학자는 세계의 존재를 의심하기보다는 판단을 중지한다. 하지만 그는 세계를 여전히 그대로 내버려 둔 채 통각의 정신 운동에 몰두하고 있다. 기독교인으로서(그리고 사회주의자로서) 리쾨르

데카르트의 코기토 The Cartesian Cogito 나는 생각한다. 따라서 나는 존재한다'는 명제는 일반적으로 그 말을 만들어 낸 프랑스의 철학자이자 수학자인 르네 데카르트(1596~1650)와 이 명제의 라틴어 표기인 'Cogito ergo sum' 때문에 '데카르트의 코기토'로 불린다. 데카르트는 자신의 방법론을 통해 코기토에 도달한다. 그 방법은 어떠한 전제도 없이 시작하는, 그리고 특별한 무언가를 발견할 것이라는 어떠한 기대도 하지 않고 주변 세계를 살피는, 동시대의 철학을 고려해 볼 때 전혀 새로운 출발점이었다. 그는 주위를 둘러보면서 자신이 지각한 모든 것에 의문을 제기하는 회의적인 태도를 취했다. 그렇게 함으로써 데카르트는 자신을 둘러싼 세계가 실재 세계인지 의심할 수 있었고(머릿속에서 악마가 그를 속일 수도 있고 그가 꿈을 꾸고 있을 수도 있기 때문이다.), 심지어 세계가 전혀 존재하지 않는다고 의심할 수도 있었다. 그러나 데카르트는 의심할 수 없는 한 가지가 있다고 했는데, 그것은 바로 자신이 생각하고 있다는 사실이다. 여기서부터 그는 자신이 반드시 실재해야 한다. 지금 생각하고 있으려면 나는 반드시 실재하는 존재여야 한다는 것을 연역해 낸다. 그 결과, '나는 생각한다. 그러므로 나는 존재한다'.

는 세계를 변혁하고 싶어 한다. 그러나 철학자로서 세계를 변혁하려면 어떤 방식으로든 세계를 가로질러야 한다. 리쾨르는 필연성으로 조절된 의지, 즉 코기토를 수행하는 활동을 포함한 모든 정신 활동에 끼치는 몸의 영향력을 인정하는데, 이는 외부 세계의 실재를 데카르트주의자와 현상학자의 정신세계로 옮겨 오는 한 방법이다. 리쾨르가 지적한 것처럼, '자아는 반드시 모든 의식의 은밀한 요구를 근본적으로 포기하고 자신을 사실로 가정하고 싶은 바람을 포기해야 한다. 그래야만 코기토는 끊임없이 자신으로 돌아가는 자아의 무익한 순환을 깨뜨리고 풍성하고 영감 있는 자발성을 부여받을 수 있다'.

  리쾨르에 의하면 끊임없이 자기 자신으로 돌아가는 자아의 순환 고리를 깨뜨리는 것은 '객관성에서 실존으로' 나아가는 하나의 방식이다. 데카르트주의자는 사람이 객관적 실존을 가진 대상인 몸과 주관적 실존을 가진 영혼으로 나뉘어 있다고 이해한다. 리쾨르는 이러한 영혼과 몸의 구분을 제거하면서, 더 엄밀히 말하자면 우리가 세계 속에 존재하는 한 몸이 없으면 영혼도 불가능함을 논증하면서 '실존'이라는 단일한 항목 하에 주관성과 객관성을 통합한다. 실존은 물질 세계 속에서 자신이 몸을 가지고 있음을 인정할 만큼 포용력 있는 주체들이 소유하는 것이다.

  리쾨르는 실존의 이러한 상태는 '일종의 신비라 할 수 있는 나의 육화incarnation에 능동적으로 참여해야 획득할 수 있다'고 말한다.(1966 : 14) '나의 육화에 능동적으로 참여'한다는 것은 한편으로 내가 몸을 가지고 있음을 생각함으로써 나 자신을 생각한다는 의미이고, 다른 한편으로는 결정하고 움직이고 동의하는 이 모든 것이 어떤 의미에서 비록 그 정도가 미미하더라도 나를 통제하고 있는 내 몸을 필요로 한다는 의미이다.

하지만 왜 '일종의 신비'인가? '몸을 어떻게 보아야 하는가'는 후설 같은 데카르트적 전통 속에 있는 철학자들에게는 언제나 문젯거리였다. 리쾨르는 내가 몸을 지니는 것은 철학적인 '문제'가 아니라 신비라고 주장한다. 철학적 문제와 신비의 차이는 원래 프랑스 철학자 가브리엘 마르셀이 주창한 것이다. '문제'는 해결되어야 하는 것이다. 하지만 '신비'는 우리가 답을 몰라도 답을 요구하지 않으며 해결할 필요가 없는 것이다. 미리 주어진 것인 나의 몸은 나에게 (문제적인 것이 아니라) 신비로 남아 있는 것이다.

리쾨르에 의하면 이 신비는 코기토를 정립하는 첫 번째 조건이다. 코기토는 나 자신을 정립하는 행위이다. 하지만 그러려면 나는 무엇

실존주의Existentialism 1920년대에 가브리엘 마르셀과 카를 야스퍼스가 처음으로 전개한 철학이다. 사유하는 존재가 반드시 가정해야 하는 것으로 '실존'을 거론한다. 결론적으로 말해서 실존주의는 실존을 증명하고자 사유에서 출발하는 데카르트주의와 대립된다. 실존주의자들은 사유가 아니라 실존을 가장 중요한 것으로 거론한다. 그러나 실존은 '입증될 수 있는' 것이 아니다. 실존은 '이미-주어진 것'이다. 마르셀과 야스퍼스는 기독교인이었고, 실존을 하나님의 선물로 여겼다. 이때 하나님 자신은 '실존'하지 않는다. 왜냐하면 실존은 세계 내적 존재만이 경험할 수 있는 것이기 때문이다. 신은 세계 밖에 영원히 있다. 인간은 단순히 그 자체로 존재하기보다는 실존을 '경험'할 수 있는 유일한 동물이며, 그 경험을 해석하는 것이 인간 삶의 의무이다.
제2차 세계대전 이후 프랑스 철학자 장 폴 사르트르Jean-Paul Sartre

보다도 코기토를 가능케 만드는 조건, 즉 몸을 지녀야 한다는 조건에 참여해야만 한다. 리쾨르의 목표는 '모호한 의식이 몸과 세계와 맺었던 원래의 조화'를 회복하는 것이다.(1966 : 18) 신비는 데카르트적 의식(자의식)과 객관성의 화해로 이해되어야 한다.

리쾨르의 철학은 '신비의 철학'일 뿐 아니라 '역설의 철학'이기도 하다. 이때 '역설'은, 내가 몸을 지닌 세계 내적 존재라는 필연성이 없이는 자유의지도 가질 수 없으며, 오히려 그 자유의지는 필연성에 의해 조절된다는 것이다. 이것이 역설이다. 리쾨르는 의지의 세 가지 양태를 선택의 자유, 움직임의 자유, 동의의 자유라는 자유의 세 가지 양태와 대응시키면서 구별한다. 각각의 자유는 한 가지 사유 방식과 그 반대 사유 방식 간의 협상을 요구한다는 점에서 '역설적'이다.

선택의 자유는 욕구를 통해 조절되지만, 행동을 유발하는 동기로

(1905~1980)는 물질적 실재가 유일한 실재라는 카를 마르크스의 유물론을 실존주의 안에 도입했다. 이로써 실존주의는 무신론적인 노선을 받아들였고, 이는 마르셀이 '실존주의자'라는 용어를 거부하는 원인이 되기도 했다. 동시대인인 알제리 출신 알베르 카뮈Albert Camus(1913~1960)와 마찬가지로, 사르트르에게 선택은 실존과 영원성 중에 하는 것이 아니라 실존과 무無 중에 하는 것이었다. 인간이 자살을 선택할 수 있는 유일한 동물임에도 불구하고 자살하지 않겠다고 선택 혹은 결정하는 것이 실존이다. 더 나아가, 인간은 자신을 사유가 아닌 행동으로써 정의한다. '존재하는 것은 행동하는 것이다.' 실존주의의 영향을 받은 만큼 리쾨르도 행동의 중요성에 대해서는 사르트르의 주장에 동의한다. 하지만 인간 삶의 특성을 정의하는 것으로서의 '행동'을 해석하는 것이 적어도 행동만큼 중요하다는 것을 견지한다는 점에서 마르셀과 야스퍼스에 더 가깝다.

서의 욕구는 거절될 수 있다. 욕구의 이러한 점은 희생의 경험으로 이끈다. 예를 들어 '사람은 자기의 배고픔과 '다른 것' 중에 선택할 수 있다'.(Ricœur 1966 : 93) 비슷한 예로, 금욕이 없다면 섹슈얼리티는 '인간적인' 섹슈얼리티가 아닐 수 있다. 그렇다면 욕구는 인간 삶의 '변증법'의 또 다른 사례이다.(여기서 '변증법'이란, 리쾨르가 가브리엘 마르셀에게 빌려 온 정의에 의하면 자신의 반대를 거부함으로써 무언가를 얻는다는 의미이다.) 나는 음식을 먹고 싶은 '인간적인' 욕구를 가지고 있다. 왜냐하면 나는 그것을 포기할 수 있기 때문이다. 나는 섹스를 하고 싶은 '인간적인' 욕구를 가고 있다. 왜냐하면 나는 그것을 포기할 의지를 가지고 있기 때문이다.

감정과 습관으로 조절되는 움직임의 자유도 기실 이와 유사하다. 그리고 '동의할 자유'라는 바로 이 말 속에 '(무언가에) 동의하는 것은 (자신의) 자유를 단념하는 의지적인 행위'라는 공식의 역설적 속성이 드러나 있다. 이 모든 역설적인 공식들은 특별히 인간이 지닌 자유의 양태를 기술하고 있다. 그리고 인간의 자유는 욕구·감정·습관·필연성 등의 부정적 개념들로 제한되는데, 이때 부정적 개념들은 자신을 거절할 수 있는 의지의 가능성을 통해 인간의 자유를 결정한다. 리쾨르는 그것들을 '한계 개념'이라고 불렀다.(이 개념은 독일의 기독교 실존주의자 카를 야스퍼스에게서 빌려 왔다.) 리쾨르는 '이 같은 한계 개념은, 대조를 통해 비의지적인 것과 상호적 관계에 놓인 의지의 조건을 우리가 잘 이해할 수 있도록 돕는 것 외에 다른 기능이 없다'고 말한다.(1966 : 486)

오류를 면치 못하는 인간 : 실수, 불균형, 연약성

만약 인간이 단지 존재자로만 이해된다면, 다시 말해서 사유와 의지를 가진 행동하는 존재와 세계가 자신에게 부과한 필연성(자신의 몸을 포함해서)에 종속당하는 존재 간의 협상으로만 이해된다면, 이 '역설적인' 존재는 데카르트가 사유로써 발견한 확실성에서 멀리 떨어진 것처럼 보인다.

사실 이 '역설적인' 면모는 인간 존재의 본성을 몹시 깨지기 쉬운 것처럼 보이게 만든다. 지질학적 의미의 단층선처럼 인간 존재를 관통하는 것이 있다. 지질학에서 단층斷層은 서로 다른 암층 사이에 놓여 있으며(유추하자면, 의지를 지닌 영혼과 비의지적인 정념들), 서로 맞부딪힐 때 부조화를 낳는다. 인간에게 이러한 갈라짐은 연약성, 즉 인간의 일부인 타고난 연약성이다. 연약성이 없다면 인간은 인간일 수 없을 것이다. 이는 영혼과 몸이 하나의 전체를 이루는 존재가 지니는 연약함이다. 리쾨르는 존재의 불완전한 속성이 도덕적 악을 가능케 한다고 본다.(1965a : 203) '도덕적 악의 가능성은 인간 구성상 타고난 것이다.'

오류를 면치 못함Fallibility은 실수할 가능성, 즉 영혼과 정념의 분열 가능성이며, 이는 정념의 유혹에 굴복할 가능성을 뜻한다. 이 지점에서 강조해야 할 두 가지가 있다. 첫째, 리쾨르는 인간이 천성적으로 악하다고 주장하는 것이 아니다. 단지 인간은 자신 안에 타고난 악의 '가능성'을 지니고 있다고 주장하는 것이다. 둘째, 악은 인간에게 어떤 대상으로 제시되는 외부의 형이상학적인 힘이 아니다. 예를 들어, '사탄'이 세계 속에 악을 끌어들이는 타인을 의미하는 것이라면 사탄은 악이 아니다. 악은 인간이 가지고 태어나는 가능성이며, 그 가능성의 실현 여부는 결국 자신에게 달렸다.

우리가 리쾨르의 '오류를 면치 못하는 인간'의 첫 번째 '유효한 가설', 즉 '악의 가능성은 인간 실재의 가장 깊숙한 구조에 새겨져 나타난다'를 인정한다면, 그 다음에는 인간은 자기 자신과 일치하지 않는다는 그의 두 번째 가설도 인정해야 한다. 예를 들어, 의지적인 것과 비의지적인 것에서 분석한 것처럼 인간은 의지와 존재의 필연성 간의 부조화로 인해 자기 자신과 일치하지 않는다.

다음으로 '오류를 면치 못하는 인간'은 인간과 인간 자신의 이러한 '부조화'를 측정할 수 있는 분석 방법이 된다. 리쾨르는 '자아에 대한 자아의 '부조화'는 불완전성의 정도일 수 있다'고 말하는데, 여기서 그가 뜻하는 바는 두 가지이다. 첫째, 자아와 자아의 불균형이 바로 인간이 오류를 면치 못하는 이유이다. 둘째, 인간은 자신과 불일치하는 만큼 오류를 범한다.

'오류를 면치 못하는 인간'의 핵심은 인간 자아와 자기 자신 간의 부조화를 측정할 수 있는 세 가지 방법을 논의하는 것이다. 이 세 가지 방법은 인간의 자기반성에 기인한 '상상력', 세계 속에서 살아가는 구체성에 기인한 '성격', 인간이 지니고 있는 정서에 기인한 '감정'이다. 리쾨르는 세 가지 부조화 유형을 '깨지기 쉬움'의 계기로 본다. 이 계기들로 인해 인간은 잘못을 저지르는 경향이 있다. 따라서 상상력, 성격, 감정(또는 내 정신, 내 자아 그리고 내 마음)은 모두 깨지기 쉽다.

상상력

리쾨르는 그가 '불행의 비장함pathètique of misery'이라고 부른 것으로 상상력을 분석한다. 여기서 '비장함'은 파토스pathos의 그리스적 의미, 즉 비극적 정황으로 인한 슬픔으로 이해되어야 한다. 불행에 대한 비장함은 '선先 이해적'이다. 다시 말해 모든 사유와 의식 또는 코기토의 의심스러운 자기의식을 앞서는 인간 존재의 조건이다. 왜 인간은 불행의 비장함을 안고 태어나는가? 왜냐하면 그는 유한하기 때문이다. 이 말은 인간이 한정된 시간을 산다는 것을 뜻할 뿐 아니라, 인간이 의식적으로 경험하는 시간이 지상에서 보내는 시간의 총량보다 적다는 뜻이기도 하다. 리쾨르는 '나의 탄생은 타자들을 위한 사건이지 나 자신을 위한 사건이 아니다'라고 말한다.(1965a : 37)

만일 내가 의식이 있다면, 내 삶은 '이곳들heres'의 연속으로 이루어져 있다. 즉, '나는 지금 여기 있다'고 말할 수 있다. 그리고 그 '이곳'의 순간을 미래에 기억한다. 하지만 '내가 태어난 곳은 내 삶의 "이곳들" 중에 등장하지 않고, 그렇기 때문에 '이곳들'의 근원이 될 수 없다.'(Ricœur 1965a : 37) 그러므로 내 삶 전반을 이해하려면 나는 반드시 관점 혹은 시점을 채택해야 한다. 다시 말해서 나는 '이곳'에 관한 과거의 지각을 통해 나의 탄생을 보는 것이 아니라, 어떤 의미에서 어느 정도 나 자신을 벗어남으로써, 그리고 타인이 나를 보듯이 나 자신을 봄으로써 나의 탄생을 보는 것이다. 이렇게 하면서 나는 이미 내 삶의 유한성을 '횡단하기' 위한 길을 가고 있는 것이다. 그리고 내 삶이 유한하다는 것을 깨닫고자, 그리고 그 유한성에 관해 이야기하고자 비슷한 횡단을 수행한다. 이것이 인간이 지닌 깨지기 쉬움의 첫 번째 계기이다.

성격

나의 태어남은 타인들에게는 사건이지만, 나에게는 그저 하나의 사실에 불과하다. 이러한 고찰은 '이미 내 존재는 태어난 상태라는 점에, 더 나아가 나의 태어남은 내 성격이 이미-거기 있음을 뜻한다는 점에 주목하게 만든다.'(Ricœur 1965a : 96) 이런 고찰은 인간 연약성의 두 번째 계기로 우리를 이끈다.

성격은 변하지 않는다. 그러나 나는 변할 수도 있다. 하지만 내가 어떤 관점을 선택하더라도 나는 동일한 성격을 가질 것이다. 정의에 의하면, 만일 내가 나의 모든 견해와 행동 방식을 바꾼다면 나는 더 이상 동일한 성격을 가진 것이 아니며, 그렇다면 더 이상 동일한 사람도 아닐 것이다. 그러나 내 편에서 보자면 근본적인 변화라 하더라도 그 변화를 위해서는 어떤 결정이 필요한데, 그 결정은…… 당연히 내 성격에서 도출될 것이다.

필수불가결한 것인 성격은 내 유한성의 일부이다. 그렇다고 해서 성격이 내 자아의 모든 것은 아니다. 나는 성격 외에 인간성을 지니고 있다. 이때 인간성은 무한하다. 왜냐하면 나는 셀 수 없을 만큼 많은 덕과 악덕을 행할 수 있기 때문이다. 어떤 의미에서 이 모든 덕과 악덕은 나 자신의 외부에서 발생한다.(1965a : 93) 리쾨르는 '나의 인간성은 나 자신 외부의 모든 인간과 본질적으로 유사하며, 그 유사성은 모든 사람을 나와 비슷하게 만든다'고 말한다. 그러나 인간성이 성격의 역逆은 아니다. 오히려 '나의 성격은 …… 특정한 각도에서 본 인간성이다.'(Ricœur 1965a : 93) 이처럼 나의 성격은 나와 유사한 타인들 사이에서 나를 구별해 주는 것이다. 즉, 한편으로 다른 사람들이 나와 비슷하다는 것은 내가 행복과 명예에 관한 '나의' 개인적인 이념을 지향하지 않고 행복과 명예 그 자체를 지향한다는 뜻이다.(Ricœur 1965 : 94) 성격은 관점을 갖기 위해 내가 반드시 소유해야 하는 것이다.

인간이 지향하는 행복에도 다시금 그것과 성격 간의 불균형한 관계가 있는데, 이 불균형은 유한과 무한의 불균형에서 도출된 것이다. 만약 성격이 유한하다면(성격은 변하지 않는 것이고, 나의 태어남이라는 사실로 결정되기 때문이다.), 행복은 무한성의 사례이거나 리쾨르가 조금 더 시적인 순간에 기록한 것처럼 '모든 관점이 바라보는 지평이다'.(1965a : 100) 행복은 개개인의 성격에 쾌락을 제공하거나 고통을 제거해 주는 개별적인 행동과는 무관하게 우리가 모두 지향하는 것이다. 성격이 내 '관심의 장'의 '영도zero-point'라면 '행복은 그 장의 무한한 끝'(Ricœur 1965a : 104)이다. 달리 말하자면, 내가 무엇을 삶의 목표로 삼든지 간에 나는 반드시 내가 성격을 지녔다는 사실에서 출발하며, 내가 행하는 모든 것의 궁극적 목표는 행복이다. '부조화'로 이끄는 것이 바로 이 성격의 유한성과 행복의 무한성이라는 차이이다. 어떤 행위도 행복을 가져다주지는 않는다. 하지만 '사건'이라 불리기에 충분한 우리 삶 속의 우연한 마주침들은 행복의 방향을 가리킨다.(Ricœur 1965a : 104-5) 우리는 행복의 반대인 불행한 자리에서 출발한다. 왜냐하면 우리의 탄생은 타자를 위한 사건이지 우리 자신을 위한 것이 아니기 때문이다. 그렇기 때문에 우리는 행복의 부재에서 출발하고, 이 행복은 사건을 축적함으로써 반드시 획득해야 하는 것이다.

그러면 어떻게 행복과 성격을 화해시킬 수 있는가? '존경'이 그 답이다. 존경은 다른 사람의 인격을 인정하는 것이다. 인격은 성격과는 다른 것이다. 성격이 미리 주어진 것이라면, 인격은 사람이 지니고 있는 인간성이다. 인간성은 모든 인간의 집합체를 뜻하는 것이 아니라, 개별자들이 지니고 있는 인간적인 특질을 뜻한다. 우리는 인격을 가짐으로써 인간이 된다. 이는 성격과 행복의 종합 혹은 나의 유한성과 무한성의 화해로 이루어져 있다. 나는 이 종합 혹은 화해를 타인의 인격을 인식함으로써 실천한다. 그리고 이러한 인식이 '존경'이라고 불리는 것이다.

18세기의 독일 철학자 이마누엘 칸트Immanuel Kant(1724~1804)를 따라서 리쾨르는 존경을 '도덕적 감정'이라고 부른다. 그리고 이렇게 부르는 것은 무엇이 인간의 감정을 구성하는지에 관한 논의, 즉 인간이 자신의 깨지기 쉬움을 드러내는 세 번째 계기에 대한 논의로 이끈다. 그런데 이 지점에서 리쾨르는 철학적으로 과감한 행동을 취한다. 그는 의식에서 감정(혹은 '마음')에 대한 자기의식으로 이동하는 논의를 '나아감'이라고 부른다.(Ricœur 1965a : 124) 반면 칸트 같은 철학자들은 감정이 일종의 '직관', 즉 논쟁할 필요도 없이 철학에 수용해야 하지만 수용한 후에는 철학자들이 손을 떼야 하는 것으로 생각했다.

감정

'감정의 철학'의 유형도 역시 깨지기 쉬움의 다른 두 계기와 유사하다. 리쾨르는 감정이 두 가지 국면, 즉 '지향적인 것the intentional'과 '정서적인 것the affective'으로 나누어진다고 보았다. 이런 구분은 결코 단순하지 않으며 오히려 역설적이고 '혼란스러운' 것이다.(Ricœur 1965a : 127)

리쾨르는 '지향적'이라는 말을 통해 감정이 무엇에 '관한', 예를 들면 사랑스러운 혹은 혐오스러운 것에 관한 감정임을 표현했다. 하지만 리쾨르가 말한 것처럼 '감정은 한편으로는 사물에 대해, 인간에 대해, 세계에 대해 느끼는 특성을 가리키고, 다른 한편으로는 자아가 내적으로 영향받는 방식을 명백히 보여 주는 매우 낯선 지향성이다'.(1965a : 127) 다시 말하면, 사랑의 감정이나 행복의 감정 같은 무엇에 '관한' 감정도, 무엇을 '향한' 감정('나는 너를 사랑한다') 혹은 무엇 '때문에 생긴' 감정('나는 당신 때문에 행복하다')을 뜻한다. 그렇다면 감정은 다른 것을 향해 외부로 정향되어 있다. 하지만 그것들은 나를, 나의 내부를 향하기도 한다. 즉, 감정들은 나에게 '영향을 미친다'.(그렇기 때문에 감정이 '정동情動'이라고도 불리는 것이다.)

철학적으로, 지향과 감정을 분리하려고 할 수도 있다. 이것이 사유의 영역에서 '현상학적 환원'이 하는 일이다. 하지만 감정의 영역에서는 동일한 책략이 통하지 않는다. 감정의 대상을 내적 정서와 분리시켜 보라. 그러면 그 대상은 감정의 분리와 함께 사라져 버리고, 그 역 또한 마찬가지다. 만약 내가 너를 사랑한다면, 나는 '너'를 생각하지 않고 '사랑한다'고 말할 수 없다. 거꾸로, 나는 내 안에서 사랑의 감정이 일어나지 않고서는 '너'를 생각할 수 없는 것이다.

그렇기 때문에 우리는 우리의 감정이 '대상'을 향해 정향되어 있다는 상황을 환기하는 것을 '주저하게 된다'.(Ricœur 1965a : 127) 왜냐하면 주체의 태도가 대상들과 얽혀 있기 때문이다. 우리는 감각과 지각을 통해 대상을 '알게 된다'. 감정은 이런 의미에서 대상을 '모른다'. 그렇기 때문에 감정은 곧바로 대상을 향하지 않는다. 감정은 간접적으로 대상에 다가간다. 대상은 사랑스러운 것, 미운 것, 쉬운 것, 어려운 것 등으로 지각된다. 그리고 우리가 사랑, 미움, 쉬움, 어려움의 감정을 가지고 있는 '사물들'은(리쾨르는 이를 '의사擬似-대상'이라고 부르는데) 사랑스러운, 밉살스러운, 쉬운, 어려운 것이지 사물 그 자체가 아니다. 그러므로 '나는 너를 사랑한다'는 '나는 너에게서 지각할 수 있는 사랑스러운 것을 사랑한다'는 의미이다.

그렇다면 우리는 대상이 사랑스럽다거나 밉다는 것을 어떻게 지각할 수 있는가? 우리는 리쾨르가 '선택적 관점'이라고 부른 것을 가지고 있기 때문에 지각할 수 있다. 태어난 존재라는 사실과 성격에 관해 앞서 언급한 모든 것을 염두에 둔다면, 우리는 어떤 것도 중립적으로 지각하지 않는다. 우리는 이미 직관적으로 선호하는 것이 있다. 미운 것보다는 사랑스러운 것을, 불쾌한 것보다는 쾌감을 주는 것을 더 좋아한다. 이러한 모든 선호는 단 한 마디로 요약될 수 있다. 우리는 나쁜 것보다 좋은 것을 더 좋아한다. 이때 직관으로서의 '좋음'과 '나쁨'은 도덕적 가치가 아니다. 그것은 그저 우리가 좋아하고 좋아하지 않는 것에 불과하다. 달리 말하자면 우리는 단순히 좋은 것을 좋다고 '느끼고', 나쁜 것을 나쁘다고 '느낀다'. 우리가 의사-대상이 아닌 대상 자체에 관해 생각한다 해도 문제는 똑같다. 우리는 그저 어떤 것이 좋은지 나쁜지를 지적으로 판단하는 지점에 도달했을 뿐이다. 나는 그저 어떤 사물이 좋다고 판단하고 그것을 사랑하기로 결정함으로써 그것을 사랑할 수 없다. 사랑하는 것은 그런 의미의 '결정'이 아니다. 따라서 좋고 나쁨을 '느끼는 것'이나 좋고 나쁨을 '아는 것'이나 그것만으로는 충분치 않다면, 충분함, 즉 좋음과 나쁨에 관한 도덕적 이해에 도달할 수 있는 유일한 길은 감정과 인식을 종합하는 것이다.

갈등과 창조성

이 같은 논의를 통해 리쾨르는 '갈등은 인간을 구성하는 가장 근본적인 기능'이라는 결론을 내린다. 이 갈등은 인간 내부에서 일어나는 자아와 타자의, 성격과 인격의, 그의 사유와 감정의 갈등이다.

리쾨르는 각각의 대립 쌍 중 후자를 선호한다. 다시 말해 타인, 인격, 동료라는 감정은 인류 공동체로 진입하는 경로이며 주관적 자아가 모든 인류가 가지고 있는 특징에 참여하는 지점이다. 다른 한편으로 리쾨르는 이러한 인간의 내적 갈등 자체가 필연적으로 나쁜 것은 아니라고 본다. 왜냐하면 창조성을 불러일으키기 때문이다. 리쾨르는 '의지는 창조기 아니다'라는 말로 『의지적인 것과 비의지적인 것』을 끝맺는다. 동물은 하지 않는 방식으로 인간다울 수 있도록 우리를 추동하고 우리 힘으로 역사를 창조하도록 견인하는 것은 바로 이 쉼 없음, 즉 우리 안에 있는 만족할 줄 모르는 욕망이다. 감정은 '나에게 사유와 행위의 개방성을 통해 '내 존재를 지속할 수 있다'는 확신을 갖게 해 준다.'(Ricœur 1965a : 209)

이러한 확신은 즐거운 긍정이다. 하지만 이 긍정은 그것의 슬픈 부정을 거쳐야만 이해될 수 있으며, 우리가 쓰는 전형적인 부정적 언어 속에서 자신을 드러낸다. '나는 네가 필요해'라는 말은 '나에겐 네가 없어'를 뜻한다. 이 부정의 순간, 그리고 긍정된 것을 이해하기 위해서는 반드시 그 순간을 거쳐야 한다는 사실이 인간의 오류를 면치 못함, 실수, 깨지기 쉬움을 구성한다. 이것이 악이 세계 속으로 삽입되는 지점이다. 그러나 그보다 더 중요한 것은 이것이 악에 대한 인간의 수용 능력을 이룬다는 점이다.

악의 상징성

인간은 악에 대한 수용 능력을 공언함으로써 오류를 범할 수 있는 존재에서 이미 타락한 존재로 넘어간다. 이 공언은 '악의 상징'에 표현되어 있다.(Ricœur 1965a : 219) 리쾨르에게 남은 과제는, 그가 '악의 상징'이라고 부른 것을 통해, 인간이 타락 가능성을 지니고 있을 뿐 아니라 이미 타락했다는 의미에서 '인간이 지닌 악의 가능성이 실재로 변하고 오류를 범할 가능성이 실수로 변하는 경로를 기술하는 것이다'.(Ricœur 1967 : 3)

고백의 현상학

오류를 범할 가능성에서 실수로 전환하기 위해, 리쾨르는 철학적 관점에서 비춰 본 경험을 검토할 목적으로 자신이 '고백의 현상학'이라고 부른 것, 즉 종교적인 의식으로 행한 고백의 '재실행'에 착수한다. 고백에 관해서는 주목할 만한 두 가지 강조점이 있다. 고백은 언어적 현상이다. 그리고 현상학적 관점에 의하면(예를 들어 악을 범한 개인의 관점에 의하면), 악은 적어도 악을 고백할 가능성이 의식에 떠오르기 전까지는 악이 되지 않는다. 반대로 보면 고백의 가능성은 이미 악한 행위 속에 담겨 있다. 그렇다면 악은 악의 상징들을 통해 알려진다. 왜냐하면 상징들은 고백을 이루는 재료를 제공하기 때문이다.

흠

리쾨르는 고백, 곧 실수와 관련된 우리의 행위가 세 가지 원천에서 발생한다고 본다. 흠欠, 죄, 허물이 그것이다. 흠은 죄보다 더 근본적이다. 다시 말해 불순함 개념이 흠의 기원이다. 리쾨르는 '흠은 절대로 문자적 의미 그대로의 부정함, 더러움이 아니다. 그것은 언제나 '윤리적인 두려움', 불순함과 오염에 대한 두려움으로서 상징적으로 읽혀 왔다'고 말한다.(196 : 35)

불순함에 대한 두려움은 더러워지는 것에 대한 육체적인 공포가 아니다. 이미 두려움은 '승화'되었으며, 두려움과 더불어 인간 존재에게 핵심적인 것을 잃어버렸다는 공포를 수반하고, 결과적으로 위협에 직면할 필요성을 일으킨다. 위협에 직면할 필요는 한 가지 요구, 즉

'공정한 형벌에 대한 요구'(Ricœur 1967 : 42)로 변한다. 공정한 형벌은 단지 더럽게 만든 것에 대한 응보만을 뜻하지 않는다. 공정한 형벌은 흠을 제거하고 잘못된 부분을 순수한 상태로 회복시키는 것을 뜻한다. 그러므로 형벌은 한계와 목적이 있어야 한다. 즉, 형벌의 목적은 탈선 이전에 존재했던 질서의 회복이어야 하며, 그 목적이 충족되었을 때 형벌은 끝나야 한다.

불순함에 대한 윤리적 두려움의 대응 쌍은 나는 처벌받아야 한다는 윤리적 두려움이다. 리쾨르의 형벌 사상(1967 : 45)은 상당히 날카롭다.

이 자유는 기독교의 사랑이다. 그리고 공포는 필요하다. 우리는 불완전한 세계 속에서 살고 있기 때문이다. '인간은 절대로 충분히 사랑하지 않기 때문에, 사랑받지 못할 것이라는 공포가 사라지는 것은 불가능하다. 오직 '완전한' 사랑만이 두려움을 떨쳐낸다.(Ricœur 1967 : 45)

죄

흠의 상징이 '고대적인' 것이라면, 죄의 상징은 사회가 신의 개념을 가진 다음에야 발생한다. 흠의 상대역이 정의라면, 죄의 상대역은 구속이다. 흠의 상징은 흠이 있는 주체에게 무언가 덧붙여지는 한 긍정적이다. 죄의 상징은 그것들이 뭔가를 결여하고 있는 처지로 주체를 설정하는 한 부정적이다. 부정적인 죄의 상징은 상실한 목표, 구불구불한 길, 반역과 타락 등을 포함한다. 죄의 상징과 흠의 상징 사이의 차이는, 전자가 '해로운 실체라기보다는 위반된 관계를 뜻한다(뜻하고 있다)는 것이다. 죄의 상징들은 '깨진 관계라는 사상'을 제시한다.(Ricœur 1967 : 74) 그것들은 죄인은 신에게서 떠났거나 신을 잊어버린 자라는 점에서 '총체적으로 고려된 존재의 움직임에 관한 유추'이다. 이는 우상숭배라는 생각과 질투하시는 하나님이라는 생각으로 이끈다. 즉, 구속은 하나님에게로 돌아감이다.

허물

고백의 세 번째 양태 혹은 실수와 관련된 행동의 세 번째 양태는 허물이다. 허물과 죄 혹은 흠의 차이는, 허물이 주관적이라면 흠과 죄는 적어도 부분적으로 객관적이라는 점이다. 흠은 외부의 몸의 개입으로 발생한다. 죄는 여러 문화가 공유하고 있는, 실수에 대한 공식적인 상징화이다. 한편 허물은 실수를 내면화한다. '허물은 절대로 예상된 징벌 그 자체, 내면화된 그리고 이미 신중하게 판단한 의식 이상이 아니다.'(Ricœur 1967 : 101)

만약 우리가 죄는 공정하게 처벌받아야만 한다는 사실을 깨닫는다면, 그리고 그 처벌의 현실화가 죄 자체를 동반한다는 것을 깨닫는다면, 허물은 우리 자신의 악행에 따라붙는, 처벌받을 것이라는 '우리의' 예측이다. 이것이 리쾨르가 '악의 경험에서의 참된 혁명'(Ricœur 1967 : 102)이라고 부른 것을 이룬다. 왜냐하면 '중요한 것은 더 이상 흠의 실재가 아니라 자유의 악한 사용이기 때문이다'. 달리 말하자면, 우리는 행동의 자유를 가지고 있고 그 자유를 남용해 왔으며, 이에 대한 의식이 우리 자신에 대한 가치 폄하로 경험되는 것이다.

일단 이것이 이해되면 필연적으로 요구되는 다음 단계는 허물을 고백하는 것이다. 허물은 정말로 흠이나 죄와 달리 그 방법에서 고백적이다. 흠은 내가 다른 사람을 비난하는 것이다. 죄는 내가 비난당하는 것이다. 하지만 허물은 내가 나 자신을 비난한다. 이는 하나님 앞에서 강조할 점의 변화를 초래한다. 사실, 허물을 느끼기 위해서는 죄의식을 느끼기 위해서처럼 하나님이 엄격히 요구되지는 않는다. 왜냐하면 우리가 질투하시고 벌주시는 절대자에게 받은 양심이란 것이 있기 때문이다. 양심이 중요한 이유는 악을 측정하는 감각을 도입하기 때문이다. 죄는 절대적이다. 즉, 하나님의 눈으로 볼 때 죄는 있거나 없는 것이다. 하지만 일단 허물로 나아가면 우리는 악의 다양한 '정도'를 느낄 수 있으며, 허물의 정도를 측정함으로써 우리가 저지른 악행을 느낄 수 있다. 더 나아가 허물은 종교적인 것에서 윤리적인 것으로의 움직임을, 신에게 대답할 수 있는 존재에서 타인에게 대답할 수 있는 존재로의 움직임을 표시한다.

리쾨르는 우리가 허물 개념에 도달했다고 해서 신을 저버릴 수 있다고 주장하는 것이 아니다. 왜냐하면 허물은 흠과 죄라는, 허물 개념 안에 유령처럼 존재하고 있는 선행하는 두 단계를 거쳐야만 도달할 수 있는 것이기 때문이다. 허물은 자신을 표현하기 위해서 반드시 '선행하는 두 단계의 상징에 의지해야만 한다'. (Ricœur 1967 : 152) 이러한 복합적인 방식으로 볼 때 흠, 죄, 허물은 리쾨르가 '노예 의지', '자신을 속박하는 나쁜 선택'이라고 부른 것을 이루는 세 요소가 된다. (1967 : 156) 허물은 나쁜 선택을 하기 위해 자신을 속박함으로써 부자유하게 된 자유의지를 가리키는 궁극적 표현이다.

신화들

하지만 이것이 이야기의 끝이 아니다. 『악의 상징』 2부에서 리쾨르는 다음과 같은 논증을 시작한다. (Ricœur 1967 : 156)

> 악은 선과 대칭이 아니며, 사악함은 인간의 선함을 대체하는 무엇이 아니다. 그것은 남아 있는 순수, 빛, 아름다움의 얼룩짐, 어두워짐, 훼손시킴이다. 그러나 근본적인 악은 아마도 선함만큼 근본적일 수 없을 것이다.

리쾨르는 네 가지 서로 다른 유형의 신화를 설명함으로써(1967 : 306), 더 정확히 말하자면 그 신화들의 이면에 숨어 있는 의도를 드러냄으로써 이 작업을 수행한다. 이때 네 가지 유형의 신화란 창조 신화, '비극적' 인간관의 신화, 타락한 인간의 신화, 유배당한 영혼의 신화를 말한다.

리쾨르에 의하면 모든 창조 신화는 세계의 탄생을 말하기 전에 신의 탄생을 말한다. 창조 신화는 모든 신화 유형 중에서 가장 소박하며, 이야기와 생산生産에 의존한다. 본질적으로 창조 신화들은 '나는 어디에서 왔는가?'라는 실문에 관한 대안적 답변이다. 이 신화들의 숨은 의도는 두 겹이다. 첫 번째, 세계에 관해 해야 할 말이 있다면 그것은 세계의 기원에서 나온 결과이다. 두 번째, 악은 원초적인 것이며 무질서를 이루고 세계라는 질서에 의해 쫓겨난다.

한편 비극적 인간관의 신화는 악한 신 개념에 의존한다. 비극이 그리스에만 있는 것은 아니지만 여기서는 그리스 비극이 모델이 된다. 비극의 요소는 신에 의해 눈먼 인간, 주어진 몫, 분배 혹은 '운명', 질투 혹은 무절제이다. 우리는 질투와 성급함으로 인해 자신에게 주어진 운명을 초과했기 때문에 눈이 먼 영웅의 스펙터클을 가지고 있다. 그리고 우리는 그 스펙터클을 강조해야 한다. 즉, 창조 신화와는 달리 비극적 관점은 이야기를 듣는 것보다 장면 보기를 지향한다. 한편 비극적 인간관 신화의 숨은 의도는 축사(逐邪) 혹은 정화인데, 이는 눈먼 영웅의 행위를 통해 스펙터클의 목적이 되고 그 스펙터클을 봄으로써 독자들에게도 일어난다.

    신화의 세 번째 유형은 타락의 신화인데, '아담의' 신화, 즉 '탁월한 인간학적 신화'이다.(Ricœur 1967 : 232) 리쾨르는 아담의 신화와 최초의 인간에 관한 다른 신화 사이의 차이를 날카롭게 지적한다. 예를 들어 아담의 신화와 자주 비교되는 프로메테우스 신화는 악의 기원을 제우스에게 돌린다는 점에서 그리스 비극에 가깝다.(프로메테우스는 불을, 확대 해석하자면 지혜 일반을 신들에게서 훔쳐 제우스가 제멋대로 파괴하려 했던 인간에게 주었다. 그 벌로 프로메테우스는 세계의 끝에 있는 바위에 옴짝달싹 못하게 묶이게 된다. 그는 전제적인 신에 직면한 인간을 옹호하는 자로 보인다.) 한편 아담 신화의 특수성은 악의 기원을 인간 안에서 찾는다는 점이다. 이것이 바로 아담 신화가 '순수하게' 인간학적인 이유이다.(Ricœur 1967 : 233) 왜냐하면 인간 외에는 세계의 악에 대한 책임을 물어 비난할 대상이 없기 때문이다. 이런 관점에서 보자면 '타락의 신화'라는 용어는 엄밀하게 말해서 틀린 것이다. 왜냐하면 타락은 종종 우발적이고 외부적인 요인으로 발생하기 때문이다. 따라서 아담 신화에 숨겨진 첫 번째 의도는 그가 죄를 범한다는 것이다.(앞서 언급한 '죄'의 정의에 따르면) 그는 타락했다기보다는 길을 잃은 것이다. 두 번째 숨은 의도는 선善의 기원과 악의 기원을 분리시키는 것이다. 악은 악을 행하는 자의 행위를 통해 세계 속으로 들어오는 것으로 존재한다는 의미에서 '근본적'이다.

이 신화들은 다른 두 유형의 신화에는 제시되어 있지 않은 하나의 모티프, 즉 회개를 신화 속에 도입한다. 하지만 회개는 여전히 뭔가 절대적으로 금지된 것이 있음을 의미한다.(악은 절대적으로 금지된 것이 아니다. 그렇다면 우리는 악을 행할 수 없을 것이다. 악은 자유의지라는 사실로 허용된다.) 절대적으로 금지된 것은 바로 '인간을 선과 악을 판별하는 창조자로 만들 수 있는 자율성의 상태'이다.(Ricœur 1967 : 250) 인간은 자유롭다. 하지만 그는 자율적이지 않다. 즉, 악의 상태로 만드는 것이 무엇인지는 여전히 신이 결정한다. 더 나아가 이 신화의 다른 숨겨진 의도는 '죄는 순수에 뒤이어 오는 것이 아니'라는 것이다.(Ricœur 1967 : 251) 순수는 허물의 부재로 보일 수 있다. 하지만 단지 죄의 관점에서 볼 때나 그렇게 보일 뿐이다. 설령 우리가 처음에 순수했다가 그 이후에 허물이 생겼다 하더라도, 우리는 순수할 때부터 이미 죄인이었다. 다시 말해, 순수는 우리가 스스로 저지른 죄가 없음을 뜻할 뿐이다. 이러한 신화들이(리쾨르는 아담 신화 외에도 페르시아 신화에 등장하는 욥과 사탄의 신화까지 다룬다.) 시간이 지남에 따라(유혹은 시간 속에서 극화劇化된다.) 전형적인 특색을 띠게 되는 이유가 바로 여기에 있다. 그리고 유혹은 시간의 경과 속에서 극화된

'아담 신화' 속에 감춰진 인간학

17세기 플랑드르의 화가 루벤스가 그린 〈아담과 이브〉.

아담 신화가 그리스 신화와 다른 점은 악의 기원을 인간 안에서 찾는다는 점이다. 이렇게 볼 때 '타락의 신화'라는 용어는 엄밀하게 말해서 틀린 것이다. 왜냐하면 타락은 종종 우발적이고 외부적인 요인으로 발생하기 때문이다. 따라서 아담 신화에 숨겨진 첫 번째 의도는 그가 죄를 범한다는 것이다. 그는 타락했다기보다는 길을 잃은 것이다. 두 번째 숨은 의도는 선善의 기원과 악의 기원을 분리시키는 것이다. 악은 악을 행하는 자의 행위를 통해 세계 속으로 들어오는 것으로 존재한다는 의미에서 '근본적'이다.

다. 그 시간은 상징적으로 죄가 '죄들', 즉 인간의 죄성罪性을 현실화 시키고 그 결과 허물과 회개로 이끄는 특정한 악행들에 휘말리는 시간이다.

유배된 영혼의 신화라는 네 번째 유형의 신화는 자신을 '영혼'과 '몸' 보다는 '영혼'과 '나머지'로 이해한다는 것이다.(Ricœur 1967 : 279) 이에 관한 탁월한 사례가 오르페우스이다.

유배된 영혼의 신화 유형이 아담 신화 유형과 다른 점은, 그것이 몸을 종말론적인 힘으로 만든다는 데 있다. 이때 '종말론'은 예를 들어 죽음 같은 마지막 일들에 대한 신학을 뜻한다. 달리 말하자면, 이 신화에서 몸은 죽고 영혼은 지속된다. 여기에서 다양한 주제들이 도출되는데 그중 가장 중요한 것은,

삶과 죽음이 서로 교체되는 두 상태라는 주제이다. 깨어나고 잠드는 것

오르페우스Orpheus 트라키아의 오르페우스는 유명한 음악가였다. 그런데 그의 아내 에우리디케가 강간하려는 남자를 피해 달아나다가 독사를 밟고 그 뱀에 물려 죽는다. 오르페우스는 명계冥界로 내려가 아내를 데려오고 싶어 한다. 그는 음악으로 뱃사공 카론과 지옥을 지키는 개 케르베로스, 세 명의 죽음의 재판관의 마음을 가라앉히고 에우리디케가 태양 빛을 보기 전까지는 뒤를 돌아보지 않는다는 것을 소건으로 지상으로 돌아가는 것을 허락받는다. 에우리디케는 남편의 리라 소리를 따라 어두운 통로를 올라간다. 하지만 오르페우스는 자기가 태양 빛을 보았을 때 뒤에 있는 에우리디케는 아직 태양 빛을 보지 못했다는 것을 깜빡 잊고 뒤를 돌아본다. 결국 에우리디케는 영원히 남편과 헤어지게 된다.

처럼 삶은 죽음에서 오고 죽음은 삶에서 온다. 삶과 죽음은 서로 상대를 꿈꾸고 자신의 의미를 상대에게서 찾는다. 결국 형벌은 육화가 아니라 재육화reincarnation이다. 그러므로 인간 존재는 이처럼 반복의 기호 아래서 끊임없는 재발再發로 보인다.(Ricœur 1967 : 284)

또 다른 주제는 '지독한 형벌'에 관한 것이다. 이 주제가 죽음과 삶이 교체한다는 앞의 주제와 전적으로 일치하지는 않지만 그럼에도 불구하고 두 주제 사이에는 '심원한 통일성'이 있다.(Ricœur 1967 : 285) '지옥이 삶의 한 쌍인 것처럼 삶은 지옥의 반복'이라는 점에서 말이다. 두 주제 사이의 심원한 통일성은 연관성 있는 정의에 비추어 볼 때 윤리적이지 않음에도 불구하고 왜 역사의 고통에 관한 '끔찍한 스펙터클'이 신화 속에서 제시되는지를 이 신화의 추종자들에게 설명해준다. 역사는 대량 학살과 자연재해 등으로 어지럽고, 사람들은 '순수'함에도 불구하고 커다란 고통을 겪는다. 세계와 피안의 교체라는 주제는 영혼을 피안을 보는 창으로 여긴다는 점에서 '지독한 형벌의 주제'보다 훨씬 더 '인간학적'이다. 이때 피안은 현세의 삶 속에서, 예컨대 '꿈, 엑스터시, 사랑과 죽음'의 경험을 통해서 볼 수 있는 것이다.(Ricœur 1967 : 286)

근대성 속의 신화들

만약 신화가 철학에 영감을 불어넣지 않았다면 철학은 영혼의 정체성을 지각하고자 노력하지 않았을 것이라는 점에서 오르페우스 신화는 신화들 중에서도 가장 '철학적이다'.(Ricœur 1967 : 289) 게다가 오르페우스 신화가 발달한 것은 최근의 일이다. 오르페우스 신화가 그리스 문명과 플라톤이 철학을 정초한 신화들의 가장 중요한 특징임에도 불구하고 말이다. 연대기적으로 가장 앞선 이 신화 형식은 이미 그 안에 그 자신의 신화성을 벗어나 성찰(성찰은 신화학과 달리 상징을 요구하지 않는다.)될 수 있는 가능성을 지니고 있다. 우리 근대인들은 탈신화적이고 성찰적인 시대를 살고 있다. 우리는 리쾨르가 표현한 바와 같이(1967 : 306) '비평의 자식들'이다.

하지만 이 점이 신화가 더 이상 우리에게 아무 말도 하지 않는다는 것을 뜻하지는 않는다. '만일 신화가 우리에게 도전하지 않고 자신들에 관해 우리에게 말할 수 없다면 우리도 신화에게 따져 묻지 않을 것이다.'(Ricœur 1967 : 306) 그렇다고 우리가 신화에 대하여 단순한 구경꾼인 것은 아니다. 우리는 기억과 관점을 가지고 있기 때문에 네 가지 유형의 신화를 모두 중립적인 위치에서 똑같은 심정으로 다룰 수는 없다.(Ricœur 1967 : 306)

이런 사정으로 리쾨르는 한 가지 유형의 신화, 즉 아담의 신화를 가장 '뛰어난' 것으로 꼽는다. 여기에는 서구에서 문화적으로 기독교인인 혹은 리쾨르의 경우 더 깊고 근본적인 의미에서 기독교인인 우리 존재로 귀착되는 세 가지 이유가 있다.

첫째, 기독교인의 믿음은 우선적으로 악에 대한 해석, 악의 본질, 악의 기원, 악의 목적과 관련된 것이 아니다. 다시 말해 '기독교인은 나는 죄를 믿는다고 말하지 않는다. 나는 죄의 사함을 믿는다고 말한다. 죄는 회고적으로만 그 정체가 완전히 드러난다'.(Ricœur 1967 :

307)

　둘째, 기독교는 필연적으로 성령을 요청하는데 이 성령은 '변덕스럽고 불합리한 계명이 아니라' 분별력이다. 성령은 '나의 지성에 말을 걸면서 나로 하여금 신화들을 분별하게 한다'.(Ricœur 1967 : 308) 달리 말하자면, 성령은 엄격한 의미에서 리쾨르의 작업이 구축하고 있는 해석 방식에 참여하라는 권유이다. 성령은 기독교인들에게 아담의 신화를 액면 그대로가 아니라 해석되어야 할 것으로 받아들이라고 요구한다.

　셋째, '아담의 신화가 뛰어나다고 해서 다른 신화들은 필요 없다는 얘기는 아니다.'(Ricœur 1967 : 309) 오히려 아담의 신화는 다른 신화들을 전유함으로써 그것들에게 '새로운 생명'을 준다. 리쾨르는 신화들 사이에도 투쟁이 있다고 주장한다. 아담의 신화는 한편으로 그 투쟁에서 승리하고, 다른 한편으로 다른 신화들의 내적 진리를 각기 다양한 수준에서 이해되어야 하는 것으로 인정한다. 다른 신화들이 아담의 신화에 비해 덜 진실할지도 모른다. 하지만 그 신화들이 결코 비진리인 것은 아니다. 게다가 '타락의 신화에서는 인간을 죄인으로 보는데, 이 세 신화를 받아들일 때 인간을 알 수 없는 힘의 희생물로 보는 관점이 생기며, (그로 인해 인간은) 분노의 대상에 머물지 않고 동정의 대상이 된다'.(Ricœur 1967 : 346)

'몸'과 사유의 관계

리쾨르는 삶을 의지(의지적인 것)와 정념(비의지적인 것)의 변증법으로 인식한다. 현상학적 탐구는 의지가 결정, 몸을 움직임, 동의라는 세 가지 양태로 나누어진다는 것을 보여 주었다. 이들 각각은 의지의 대립물, 즉 비의지적인 것을 필요로 한다. 결정은 이성으로, 몸을 움직임은 무의식과 습관의 힘으로, 동의는 필연성으로 촉진된다. 이러한 비의지적 특성들이 각기 자발적인 의지를 구성하는 본질적인 부분이라는 사실은 데카르트의 코기토가 자기 지식을 얻기에는 불충분한 수단이며, 영혼 혹은 정신과 몸이 분리되어 있다는 데카르트의 코기토가 함축하는 바가 옳지 않음을 증명한다. 정신은 몸 없이 상상할 수 없으며, 사유는 사유가 몸 안에서 행해질 때에만 사유이다. 일단 이 점이 파악되면 사유하기는 더 이상 독립적인 활동이 아니다. 그것은 정신 외부의 것에 의존한다. 인간 존재는 주관과 객관의 통일성이다. 우리 존재가 몸에 의존하고 있다는 사실은, 살기 위해 반드시 받아들여야하는 신비이지 철학이 풀 수 있는 문제가 아니다.

인간이 행동할 수 있는 자유를 가지고 있는 한, 인간은 오류를 면치 못한다. 인간이 오류를 면치 못하는 이유는 정념에 굴복할 가능성이 있기 때문이다. 정념은 몸에 기인하고 몸은 존재에서 본질적인 부분이기 때문에, 다락의 가능성은(예를 들어 악해질 가능성) 인간의 구성 자체에 내재한다. 타락할 가능성의 정도는 행동할 수 있는 자유와 인간을 특정한 방식으로 행동하도록 강제하는 필연성 사이에서 진동하는 존재인 인간이 지닌 존재 내부의 부조화로써 측정될 수 있다. 이 부조화를 가늠할 수 있는 세 가지 척도는 상상력, 성격, 감정이다. 이 척도들은 인간이 도덕적으로 훼손되기 쉬운 세 가지 방식이기도 하다. 각각의 척도는 다른 척도들과 다른 방식의 관계를 맺는다. 상상력을 통해 나는 다른 사람들이 나를 보듯이 나 자신을 본다. 성격을 통해 나는 나머지 인류에게서 나 자신을 구별해 낸다. 감정을 통해 나는 타인의 좋고 나쁜 특성을 인식한다.(그리고 '선택적 관점'을 가짐으로써 '좋은 것'을 더 좋아한다.) 상상력, 성격, 감정은 온전한 인간을 형성하기 위해 반드시 정신과 종합되어야 하며, 그럼으로써 도덕적 지위와 종합되어야 한다. 이러한 비지성과 지성의 갈등은 인간에게 창조적인 것이지만, 동시에 악의 가능성을 허용한다. 왜냐하면 우리는 상상력, 성격, 감정을 통해 우리의 더 나은 판단 혹은 '선택적 관점'을 거슬러 실수하기 쉽기 때문이다.

이는 왜 인간이 오류를 면치 못하는지 설명해 준다. 신화 이면의 숨은 의도를 통해 왜 인간이 타락했는지가 설명되고, 그것은 오늘날까지 우리의 '선택적 관점'에 영향을 미친다. 오류를 면치 못함에서 타락에 이르는 경로는 흠에서 죄를 거쳐 허물에 이르는 경로이며, 이는 외적 힘에 의한 위반에서 시작하여 위반한 것으로 인해 처벌받을 가능성을 지나, 양심으로 그 처벌을 내면화하는 데 이르는 경로이다. 이 경로는 신화의 역사적 발전 속에서 재생산된다. 창조 신화는 악이 근본적이라고 주장한다. 창조 신화들은 세계에 대한 비극적 관점으로 대체되고, 이 관점은 신들이 악하다고 주장한다. 다시 말해 이 신화는 아담 신화와 오르페우스 신화로 대체된다. 아담 신화는 악을 인간 자신의 실수 탓으로 돌리고, 오르페우스 신화는 영원한 영혼을 약속한다. 오르페우스 신화가 가장 지적이긴 하지만 아담 신화가 가장 중요하다.

왜냐하면 아담 신화는 유일하게 죄와 허물의 상징을 흠과 대립하는 것으로 구체화했기 때문이다. 아담 신화는 자신을 해석해야 할 것으로 권하고, 그럼으로써 끊임없는 재해석을 통해 인간 조건의 변치 않는 본성에 대한 교훈으로 역사 속에 영원히 남아 있는 알레고리가 된다.

02

해석학

Paul Ricœur

세계를 텍스트로 삼는 해석학

해석학은 리쾨르가 가장 갈채를 받는 이론 영역이다. 1960년대 『악의 상징』을 시작으로 해석학적 작업을 시작할 당시, 리쾨르는 해석학을 그저 상징을 해석하는 하나의 방법으로 보았다. 그러나 그 이후 해석학을 모든 담론이 가지고 있는 상징을 포함하는, 그렇다고 상징에 한정된 것은 아니지만, 전반적인 해석 담론 이론으로 다듬어 나간다. 인간 실존은 담론을 통해 표현되고 담론은 서로에게 해석되기 위해 인간들이 만든 초대장인 한, 본질적으로 해석학은 텍스트에서 출발하긴 하지만 궁극적으로는 세계를 텍스트로 보는 텍스트 이론이 된다.

상징 해석

리쾨르의 해석학은 상징적 의미에 집중하고자 의미론적 의미에 괄호치기를 한다. 즉, 그의 구호는 '상징은 생각을 불러일으킨다'이다. (Ricœur 1967 : 352)

　텍스트가 '말하는' 것과 텍스트가 '보여 주는' 것에는 차이가 있다. '2+2=4'라는 문장을 보자. 이 문장은 증명할 수 있는 명제이다. 나는 이것이 참인지 거짓인지 시험할 수 있다.(사실 이 특정한 명제는 언제나 참이다.) 이 진리값은 문장의 의미론적 의미이다. 하지만 조지 오웰 George Orwell의 소설 『1984』에 나오는 '2+2=4'라는 문장은 의미론적 의미뿐 아니라 자유로운 활동, 개인의 권리 등에 관한 상징적 의미 영역도 가지고 있다. 그러므로 우리는 다음과 같은 사실을 인지해야 한다.

ⅰ) 상징적 의미는 의미론적 의미와는 상당히 다르다. 『1984』에서 핵심은 2+2=4라고 주장할 수 있는 권리에 관한 것이지, 이 명제가 참인지 거짓인지를 시험하는 문제가 아니다.

ⅱ) 우리는 상징적 의미에 도달하기 위해 문장이 놓여 있는 텍스트의 전반적인 맥락을 보아야 한다. 상징적 의미는 고립된 문장에서 끌어낼 수 있는 것이 아니다. 리쾨르가 상징적 의미에 관심을 기울이는 것이 바로 이런 이유에서이다. 상징적 의미는 그것들이 놓여 있는 언어를 넘어 더 넓은 텍스트로 손을 뻗는다. 상징적 의미를 통해 우리에게 세계에 관해 어떤 진리를 말해 주는 것이 바로 그러한 텍스트 전체이다. '2+2=4'의 진리 값은 영원하다. 그것은 이 문장을 이해하기 위해 모여든 사람들이 있건 없건 상관없이 그러하다. 하지만 상징적 의미를 통해 드러나는 진리는 인간 경험을 거치며 살아남은 것으로서 삶에 대해 뭔가를 이야기해 주는 '인간적인' 진리이다.

리쾨르의 『악의 상징』에 의하면, 우리는 근대성 속에서 상징의 의미를 잃어버렸다. 해석학의 과업 중 하나는 그 망각을 잊고 상징의 원래 의미를 되찾는 것이다. 어떤 의미에서 해석학은 상징이 언제나 해석되기를 바란다는 점에서, 19세기에 해석학이라는 이름을 부여받기 전부터 혹은 리쾨르가 말하는 근대적 의미를 부여받기 전부터 언제나 존재해 왔다. 하지만 근대 해석학은 고대의 술사術士가 꿈에 부여하던 해석 유형과는 다르다.

예를 들면 해석은 비판적 사유 전통의 일부여야 한다. 해석학은 반드시 철학적이어야 한다. 상징의 알레고리적 의미가 무엇인지(예를 들면 뱀 상징은 악의 알레고리이다.)를 설명해야 할 뿐 아니라, 왜 특정한 상징이 특정한 알레고리적 방식으로 기능하는지를 설명해야 한다.(앞서 들었던 예를 다시 들자면, 왜 뱀이 악의 알레고리여야 하는지뿐 아니라, 뱀이 등장하는 신화마다 왜 그 특정한 알레고리적 의미가 자리 잡고 있어야 하는지 설명해야 하는 것이다.) 그런데 리쾨르는 상징의 의미 되찾기와 그것을 비판하기라는 해석학의 이 두 가지 과업을 모순된 것으로 보지 않고 오히려 보충적인 것으로 본다.

설명으로서의 신화를 해체하는 것은 상징으로서의 신화를 회복하기 위해 필요한 방식이다. 그러므로 회복의 시간은 비평의 시간과 다르지 않다. 어느 모로 보나 우리는 비평의 자식이다. 우리는 비평의 방법을 통해, 다시 말해 더 이상 깎아내리는 것이 아니라 회복시키는 비평 방법을 통해 비평을 넘어서려 한다.(Ricœur 1967 : 350)

그 결과는 '창조적 해석, 즉 상징의 근원적인 수수께끼를 존중하면서 상징이 스스로 수수께끼를 통해 가르치게 하되, 그것을 출발점으로 삼아 의미를 끌어내는 해석'이다.(Ricœur 1974 : 300) 달리 말하면, 해석학은 상징 배후에 상징의 본성인 철학이 이미 존재해 왔다고 가정하기보다는 혹은 상징이 남겨 있는 신화들이 베일에 가려지기 시작했다고 가정하기보다는 상징 속에 들어 있는 의미의 우선권을 존중한다.

언어와 텍스트

해석학의 과업은 의미를 발견하는 것이다. 이때 '의미'는 대부분의 철학과 마찬가지로 삶의 의미 혹은 최소한 삶 속의 의미를 뜻한다. 하지만 해석학은 언어를 의미들(복수적)뿐 아니라 심오한 철학적인 의미까지 전달하는 매체로 보는 세계관에 기초하고 있다. 그렇지만 해석학은 언어학, 심지어 언어철학이 언어를 다루는 방식과도 아무런 관계가 없다. 범박하게 말해서 언어학은 언어를 기술하는 것이다. 그리고 언어철학은 언어가 작동할 수 있는지, 의미를 가질 수 있는지 그리고 참된지에 관한 조건을 설명한다. 해석학은 언어학적 기술에도, 전통적인 의미론(의미의 이론)에도 관심이 없다. 오히려 해석학은 텍스트의 매개를 통해 개인과 연관된 세계를 본다.

나는 세계를 직접적으로 이해하지 않는다. 세계 이해는 텍스트를 통해서 이루어진다. 이때 텍스트는 개별적인 언어학적 단위가 상호 결합된 것이 아니라 전체로서의 텍스트이다. 이 말은 문자 이전의 문화나 문맹인은 세계를 이해할 수 없다거나 이해하지 않는다는 뜻이 아니다. 하나의 방법인 해석학은 문자문화의 문서에 적용될 수 있듯이 구술문화의 신화에도 적용될 수 있다. 하지만 리쾨르는 기록된 텍스트를 특별히 좋아하고, 구술 담론도 마치 그것이 기록된 것인 양 실험하는 경향이 있다. 이는 '쓰기가 얼굴을 맞대고 하는 대화의 한계를 떨쳐내기 때문이다'.(Ricœur 1991a : 17) 즉, 발화와 달리 쓰기는 '발화자의 의도, 원래 청자의 수용, 발화할 때의 경제적·사회적·문화적 환경들과의 관련에서 벗어나 독립적이다'. 해석학이 이런 것에 관심이 없다면 도대체 해석학의 과제는 무엇인가?

　　텍스트 속에서 한편으로는 작품의 구성을 지배하는 내적 역동성을 찾고 다른 한편으로는 작품이 자신을 기획하고자 그리고 세상에 태어나고자, 즉 텍스트에 언급될 만한 '것'이 되고자 소유하고 있는 힘을 탐구한다. 이 내적 역동성과 외적 기획이 내가 텍스트 작품이라고 부르는 것을 구성한다. 이렇게 두 겹으로 이루어진 작품을 재구성하는 것이 해석학의 과제이다.(Ricœur 1991a : 17-18)

　　리쾨르에 따르면, 텍스트의 내적 역동성과 외적 기획은 '지향성'에 기인한다. 여기서 지향성이란 텍스트가 ⅰ) 그저 무언가에 관해 말하기만 하는 것이 아니라 말하고 있는 것을 믿게 만드는 힘도 함께 전달한다.(내적 역동성) ⅱ) 그것을 누군가에게, 즉 독자에게 영향을 끼치려는 의도로 말한다는 사실(외적 기획)이다.

지향적 의미
리쾨르에게 어떤 것은, 오직 후설이 'Bedeutungsintention', 즉 '의미-의도'라고 부른 것으로 채워질 때에만, 다시 말해서 누군가 자신이 생각하고 있는 담론이 그것을 지각하는 자에게 의미 있는 것이 되기를 의도할 때에만 의미를 지닌다.

　우리는 신화 해석을 통해 리쾨르가 어떻게 신화들의 숨은 의도, 곧 텍스트의 지향적 의미에 관심을 가지게 되었는지 보았다. 이 지점에서 우리는 지향적 의미가 '작가가 의도한 것'과는 다르다는 점을 반드시 지적해야 한다. 사실『악의 상징』에서 리쾨르는 신화나 성경처럼 '작가'가 없는 텍스트들에 관심을 기울였다. 그러나 해석학은 그것이 믿음이든 회개이든 후회이든 무엇이든지 간에 텍스트가 수반하는 지향성의 양태를 드러내고자 한다.

　텍스트를 누가 썼든지 간에 상관없이, 지향성의 양태들은 그것들이 텍스트의 의미를 촉발하는 것이 틀림없는 한, 그리고 쓴 사람들이 문

지향성Intentionality　지향성을 개념으로서 처음 제시한 사람은 독일 철학자 프란츠 브렌타노Franz Brentano(1838~1917)였지만, 그의 제자 에드문드 후설의『논리 연구*Logische Untersuchungen*』(1900)를 통해 발전되었다. 후설에 따르면, 만약 의식이 항상 무엇에 관한 의식이라면, 사유는 항상 무엇에 관한 사유이다. 나는 단지 추상적으로 사유하지 않는다. 나는 무엇을 사건이라고 생각한다. 더 나아가, 내가 무엇인가를 사건이라고 생각한다면 나는 이것이 사건이라고 믿거나, 생각하거나, 견해를 가지거나, 판단하거나, 바라거나 할 수 있다. 이 같은 사유 방식은 각각 하나의 '지향적 상태'이다. 나는 내 주변 세계를 향해 어떤 지향적 태도를 가지고 있다. 지향적 상태 혹은 태도를 가지고 있는 것을 '지향성'이라고 부른다. 일부 기호 체계는 이런 방식으로 의미를 띠지 않아도 뭔가를 의미할 수 있다. 즉, 발화자 혹은 저자의 의미-의도Bedeutungsintention로 유발되지 않아도 의미를 지닐 수 있다. 후설이 제시하는 사례는 화성의 운하인데, 이는 화성에 지능이 있는 생물체가 존재함을 뜻한다.(우리는 화성에 지

화의 일부이고 그들이 지향성의 양태를 우리에게 의도한 것이 틀림없는 한, 그리고 우리 역시 그 문화의 일부인 한 '객관적'이다. 예를 들어 아담 신화에서 질투·유혹·욕망·형벌·후회(이 각각의 요소들은 다른 요소들을 유발한다.)의 주제는 인간 본성이 보편적이고 변치 않는 한, 사람들이 그 신화를 역사적인 의미로 ('정말 있었던 일이다') '믿건' 종교적 의미로 '믿건'('이것은 하나님의 말씀이다') 간에 보편 불변하다.

이해

해석학의 목표는 이해이다. 해석학은 텍스트가 자기에 대해서뿐 아니

능이 있는 생물체가 절대로 존재하지 않는다는 사실을 알고 있기 때문에 이것이 틀린 지시라는 것을 안다. 하지만 여기서는 그런 것과는 아무 상관없다.) 운하를 만든 화성인들은 자기들이 지적이라는 것을 지구인에게 알리려고 그것을 만들지 않았을 것이다. 그들은 (화성의) 한편에서 다른 한편에 도달하고자 운하를 건설했을지도 모른다. 그 화성인들이 지적이었다는 것은 단지 화성에 '운하'가 존재한다는 것을 통해 우리가 추론한 것이다. 후설이 말하는 것처럼 운하는 단지 지시적 의미만을 '뜻하'지 '충만한' 혹은 지향된 의미는 결여하고 있다. 존 설John Searle(1932년생) 같은 최근의 철학자들은 컴퓨터가 구성하는 문장들도 지향성을 결여하고 있다고 지석한다. 컴퓨터는 자기가 만든 문장을 믿을 수 없다.(혹은 의심한다.) 이처럼 지향성은 철학에서 매우 중요한 개념이 되었다. 왜냐하면 우리를 인간으로 차별화해 주는 것으로 간주되기 때문이다. 또한 동물의 일부 혹은 전부가 그들의 '언어'에 지향성을 부가할 수 있는지의 이부에 관한 논쟁이 계속되고 있다.

라 세계 일반에 대해서도 뭔가를 말한다는 전제에 기초해 있다. 따라서 해석학적 방식으로 텍스트를 읽음으로써 우리는 세계에 대한 더 큰 이해에 도달한다.

「실존과 해석학Interpretaton der Welt」(1965)〔이 글은 『해석의 갈등』 서론으로 재수록되었다.〕이라는 에세이에서 리쾨르는 이해에 도달하는 데에는 가까운 길과 먼 길이 있다고 말한다. 가까운 길은 철학자 마르틴 하이데거Martin Heidegger와 그 추종자들이 선택한 길이다. 그들은 데카르트적 코기토를 전적으로 거부하고 '이해의 존재론'을 지지한다. 존재론은 존재에 관한 담론이다. 이해의 존재론은 찰스 테일러 Charles Taylor(1985 : 45)가 제안한 것처럼, 인간을 이미 '자기-해석적인 동물'이라고 생각한다. 그 결과, 코기토는 전혀 새로운 것을 말하지 않는다. 왜냐하면 내가 그것을 주장하려면 이미 그것이 무엇을 뜻하는지 이해하고 있어야만 하기 때문이다. 존재론자는 이때 '이해하는 존재는 어떤 존재인가?'라는 질문에 답하기 시작한다.(Ricœur 1974 : 6)

하이데거의 작업은 그의 스승인 후설의 작업을 급진적으로 발전시킨 것이었다. 그렇기 때문에 후설은 하이데거의 존재론적 철학을 자기가 창안한 현상학으로 승인할 수 없었다. 리쾨르는 이해에 도달하는 경로에서 하이데거의 짧은 존재론적 경로보다 후설의 긴 현상학적 경로를 더 좋아했다. 하이데거의 유용성을 인정하기는 하지만, 리쾨르는 그의 해석학에서 후설의 현상학적 전통으로 돌아간다.

하지만 하이데거가 제시한 존재론적 전통이나 후설이 제시한 현상학적 전통 등 철학적 전통들의 목적이 같다면, 다시 말해 그 목적이 이해에 있다면, 짧은 경로로도 이해를 추구할 수 있는데 굳이 긴 경로를 선택하는 이유는 무엇인가? 리쾨르의 답은, 긴 경로 자체가 당연히 애쓸 가치가 있기 때문이다. 이해를 추구하는 경로는 이해의 일부이다. 해석학자는 그 이전의 현상학자들과 마찬가지로, 문제를 해결해서 없애기보다는 해명을 시도한다.

마르틴 하이데거Martin Heidegger(1889~1976) 마르틴 하이데거의 『존재와 시간Sein und Zeit』(1927)은 근대 철학의 혁명을 상징한다. 하이데거는 존재론적 질문, 예를 들면 존재에 대한 의문에 관심이 있었다. 존재란 무엇인가, 존재를 가진다는 것은 무슨 뜻인가? 하이데거가 보기에 인간은 존재 물음이 쟁점이 되는 유일한 존재이다. 인간은 자기 존재를 인지하는 유일한 동물이다. 인간은 단순히 존재를 인지한다기보다는, 존재를 가진다는 것을 인지한다. 그리고 '존재를 가진다'는 것은 인간이 지식을 얻기 위해 어떤 질문이든 더 개진할 수 있으려면 그 이전에 반드시 받아들여야 하는 전제이다. 이런 이유로 하이데거는 '나는 무엇을 알 수 있는가?'에 답하고자 데카르트가 시도했던 연구를 거부한다. 하이데거의 프로젝트는 자기 존재를 인지할 수 있는 존재, 즉 인간의 본성을 탐구하고자 서구의 형이상학을 '파괴하는 것'이었다. 하이데거는 자기 존재를 인지한다는 점을 들어 인간을 '현존재Dasein'라고 부른다. 현존재는 '거기에-있음', 즉 존재를 가진다고 불릴 수 있지만, 동시에 존재 가짐의 상황 속에 이미 던져진 실재라는 뜻이다. 하이데거는 자신의 프로젝트를 현존재의 존재론적 분석, 달리 말하면 존재를 미리 주어진 것으로 보고 인간 존재를 분석하는 것이라고 부른다. 이를 통해 그는 자신이 영향을 받은 실존주의자들과 많은 공통점을 지니면서도 인간과 세계 일반의 관계에서 그들과는 전혀 다른 결론에 도달했다.

해석학적 순환

짧은 경로는 존재 물음과 이해를 통해 자기 존재를 인지하는 존재(인간)를 이해하는 모든 방법론을 거부하기 때문에 짧다. 긴 경로는 단순히 안주하기보다는 동일한 지점으로 돌아오는 원주를 도는 해석학적 순환을 따르기 때문에 길다.

해석학적 순환은 하이데거가 『존재와 시간』에서 처음 기술했던 문제이다. 이 책에서 하이데거는 존재 이해는 세계 이해의 결과물이며 세계 이해는 존재 이해의 결과물임을, 즉 이해에 기여하는 해석은 그것이 무엇이든지 간에 반드시 이미 해석 대상에 대한 이해를 가지고 있음을 지적한다.(Heidegger 1962 : 194) 이것은 과학적 지식에 해당하는 문제이다. 만약 우리가 증명하려고 하는 X가 이미 X를 전제하고 있다면 우리는 어떻게 지식을 진전시킬 수 있는가? 과학은 이 순환을 가설 작업을 통해 순환논법으로, 즉 논의를 위해 X를 가정하고, 그 가정을 경험적 수단을 통해 시험하는 것으로 전환한다.

이것은 역사학 방법론(역사에 관한 기록)과는 다르다. 오늘날 모든 역사학과들이 인문대학에 속해 있기 때문에 역사는 과학이 아니라고 말할 수도 있다. 하이데거는 역사가 계급투쟁의 '과학적' 법칙으로 결정되는 예측 가능한 사건의 연속이라고 주장한 카를 마르크스Karl Marx(1818~1883)와 그의 추종자들과 상당히 가까운 시기에 저술을 하고 있었다. 하지만 하이데거는 역사적 사건 속에서 발생한 것들은 경험적 방법으로 실험할 수 없다고 보았다. 사건의 '진실'은 관찰자의 주관적 관점에 의존하기 때문이다. 예를 들어 한 역사가에게 이스라엘의 창조로 보이는 것이 다른 역사가에게는 팔레스타인의 파괴로 보일 수 있다. 사건의 해석은 이미 그 기술 속에 포함되어 있다. 역사학 방법론에서 해석학적 순환은 순환논법일 수 있다. 하이데거에 의하면 이는 역사가 과학일 수 없음을 뜻한다. 왜냐하면 역사 기술은 객관적 진리를 드러낼 능력이 없기 때문이다.

해석학적 순환에 대한 리쾨르의 진술은 하이데거와 조금 다르다. '우리는 믿기 위해 반드시 이해해야 한다. 하지만 우리는 이해하기 위해 반드시 믿어야 한다.'(Ricœur 1967 : 351) 순환도 다른 방식으로 표현될 수 있다. '해석학은 우리가 해석하면서 이해해야 할 그 무엇에 대한 전前이해에서 출발한다.'(Ricœur 1967 : 352) 다만 리쾨르는 하이데거와 마찬가지로 이를 악순환이 아니라, '살아 있고 고무적인 순환'으로 본다. 해석학 작업에서 믿기 위한 이해와 이해하기 위한 믿기라는 등식의 양쪽 항은 서로 상대방과의 친연성親緣性, 즉 '삶이 겨냥하는 그 무엇에 대한 사유의 친연성을 찾아야만 한다.'(Ricœur 1967 : 352)

이런 식으로 해석학은 자신을 이해한다. 그리고 순환성은 '해석에 생명을 불어넣는 전-이해가 무엇인지 밝히면서 신성한 것과 소통'을 해석할 수 있게 해 주는 선물이다.(Ricœur 1967 : 352) 해석학은 그러므로 어떤 의미에서 진부한 것의 재발견이다. 그래서 원래 상징이 바로 믿어지는 것이다.

내기

여기까지 해석학은 믿는 과정의 재실행만을 구성할 뿐이다. 이것이 믿음 자체를 만들어 내지는 않는다. 믿음은 오직 사유를 통해 도달할 수 있다. 만약 해석학적 순환이 '상징은 생각을 불러일으킨다'의 '선물'이라면, 우리는 반드시 '사유'로 나아가야 한다. 그러기 위해서 우리는 반드시 해석학적 순환을 깨고 그 너머로 나아가야 한다. 해석학적 순환에서 벗어나려면 '순환을 확신으로' 바꾸면 된다.(Ricœur 1967 : 355) 확신은,

> 만약 내가 상징적 사유의 지표라면, 인간에 대해서 그리고 인간 존재와 다른 모든 존재의 관계에 대해 더 잘 알게 되리라고 확신한다. 그런데 그 확신이 서려면 그것을 지성적으로 만족시키고 입증해야 하는 과제가 생긴다. 이때 이번에는 그 과제가 나의 확신을 변형시킨다. 상징적 세계의 중요성을 확신하면서 동시에 나는 내 확신이 반성의 힘을, 일관성 있는 담론을 나에게 회복시켜 줄 것이라고 확신한다.(Ricœur 1967 : 355)

그렇다면 리쾨르의 해석학은 '상징에서 출발해서, 창조적인 해석을 통해 의미를 촉진하고 의미를 형성하는 노력을 기울이는 것이다'.(Ricœur 1967 : 355)

따라서 해석학을 수행하기 위해 우리는 반드시 세계를 바라보는 후설의 현상학적 방법(현상을 심사숙고할 때 현상 자체의 비본질적인 것까지 모두 괄호치기하기)과 지향성 이론(의미는 지향적 태도로써 촉발된다.)을 결합해야 한다. 해석학은 핵심적인 방식으로 의미를 읽는다. 달리 말하자면, 해석학은 텍스트 속 상징을 현상으로 보고, 그렇게 함으로써 그것들을 의미 있게 만드는 지향적 태도를 드러낸다.

거리 두기

독일 철학자 한스 게오르크 가다머Hans-Georg Gadamer의 『진리와 방법*Wahrheit und Methode*』은 리쾨르의 저서 『악의 상징』과 같은 해인 1960년에 출간되었다. 하지만 리쾨르는 가다머의 『진리와 방법』을 흡수하기 훨씬 전부터 『악의 상징』을 저술하고 있었다. 가다머의 주장에 정통해지면서 리쾨르는 상징 해석이 해석학에서 필수적이긴 하지만 그것만으로는 충분치 않다는 것을 깨닫게 된다. 그리하여 리쾨르는 해석학 이론을 텍스트 내부의 상징에 국한된 이론이 아니라 텍스트 자체에 관한, 다시 말해 텍스트성에 관한 이론으로 고양시키고 정교하게 만든다.

가다머의 사상 중에서 리쾨르에게 가장 큰 영향을 미친 것은 '거리

한스 게오르크 가다머(1900~2002) 가다머의 기념비적인 작품인 『진리와 방법』(1960)은 근대적 의미의 성숙한 '해석학'을 전개한 노작이다. 가다머의 해석학은 과학적 방법을 통해 발견된 것보다 더 깊은 인간 삶의 진리를 드러내는 것과 관련된다. 그는 무엇보다도 미적 경험(예술 작품의 경험) 위에 이 같은 진리 계시를 정초한다. 그리고 이 미적 경험에서 경험 일반으로 탐구를 확장해 나간다. 경험은 철학과 대립한다. 철학은 사변적이지만 경험은 인간이 만든 것들을 이해하는 방법인 전통의 관여를 요구하기 때문이다. 언어는 이러한 이해를 위한 매체이다. 인간이 '말하는 존재'라는 점은 인간을 '역사적 자기의식'을 획득할 수 있는 존재로 만든다. 역사적 자기의식의 획득은 해석학을 통해 이루어신다. 예술 작품은 객관적인 방식이 아니라, 그것에 감동받은 사람들 간의 '대화'로서 해석되기를 바란다. 이것이 바로 가다머가 이해하는 바 예술의 '참된' 의미를 이루는, 또한 삶의 확장에 의한 대화인 것이다.

두기' 개념이다. 거리 두기는 텍스트 생산자와 그 생산자가 처한 문화적 조건에서 거리를 둘 때 생기는 효과이다. 거리 두기는 엄밀히 말하면 텍스트의 효과이다. 거리 두기는 역사를 견디는 텍스트의 능력이기 때문이다.(그 결과 독자는 작가의 시공간으로부터 분리된다.)(리쾨르는 어떠한 형태의 담론이라도 거리 두기를 만들어 내는 잠재성이 있다고 인정한다. 하지만 단순한 '원시적' 수준을 넘어서는 거리 두기를 진척시키는 것은 바로 텍스트이다.)

  가다머는 거리 두기를 '소외시키기'로 설정하지만, 리쾨르는 그것이 '긍정적이고 생산적'이라는 것을 발견한다.(1991a : 76) 리쾨르에게 텍스트는 '인간 경험이 지닌 역사성의 근본적 특성을 보여 주는 것이다. 즉, 거리 속에서 그리고 거리를 통해서 이루어지는 의사소통인 것이다'.

  텍스트는 수많은 '변증법적' 단계를 거쳐 거리를 확보하게 된다.(각 단계는 전 단계를 통합한다는 의미에서 '변증법적'이다.) 첫 단계는 텍스트 내부의 담론으로서의 언어가 실행되는 것이다. 후설 같은 현상학자들은 의식은 항상 무엇에 관한 의식이라고 말한다. 따라서 리쾨르는 언어는 항상 무엇에 관한 언어라고 주장한다. 발화되자마자 언어는 하나의 사건이 된다. 언어는 담론이 된다. 언어는 그저 일종의 체계일 뿐이다. 하지만 담론을 언표하는 것은 언표의 시간 속에 언어를 자리매김해 주는 것이다. 게다가 담론은 단순한 언어 이상의 무

역사성Historicity 어떤 역사적인 사실 ; '역사적임': 전설적인 혹은 허구적인 것과 대립되는 '역사적 특질 혹은 특성'(옥스포드 영어 사전)

언가를 말한다. 담론은 누가 말하고 있는지, 누가 누구에게 말하고 있는지 우리에게 말해 준다. 요약하자면, 담론 사건은 언어를 수행할 때 드러나는 우리가 지닌 언어 능력의 구현으로 이루어진다.

언어와 담론의 차이를 다음의 신문 머리기사로 설명해 보자. 여기 '제너럴 벨그라노General Belgrano 호 격침'과 'Gotcha!'라는 제목이 있다. [1982년 5월 영국과 아르헨티나가 포클랜드 섬들의 영토 문제를 둘러싸고 벌인 포클랜드 전쟁 중에 아르헨티나 해군 순양함 ARA 제너럴 벨그라노 호가 영국 해군 공격원잠의 중어뢰를 맞고 침몰했다. 당시 탑승했던 1,138명의 승조원 중 323명이 사망했다. 결국 이 전쟁에서 영국이 승리했다.] 두 번째 기사 제목은 첫 번째 것보다 적은 수의 단어로 구성되었지만 훨씬 담론적이며 그렇기 때문에 더 풍성한 의미를 지닌다. 이 기사 제목은 이중적인 독자(신문의 독자와 익사한 아르헨티나 군인들)를 대상으로, 독자들이 공유하고 있다고 가정되는 이데올로기적 태도('그들'에 대한 '우리'의 승리라는)를 드러낸다. 그리고 이 모든 것은 특정 시기에 벌어진 특정한 역사적 사건(1982년 포클랜드 전쟁 중 영국군에 의해 침몰된 아르헨티나 군함 제너럴 벨그라노)을 통해서만 이해할 수 있다.

두 번째 변증법적 단계는 담론이 구조화된 작품이 될 때이다. 언어가 담론으로 현실화됨으로써 체계에 불과했던 것이 사건이 되는 것처럼 담론도 이해의 과정에 진입함으로써 사건을 넘어서 의미가 된다. (Ricœur 1991a : 78) 담론이 단순한 언어보다 의미를 더 많이 전달하는 것처럼, 작품은 단순한 담론보다 의미를 더 전달한다. 작품은 (종종) 한 문장보다 길고, 그래서 문장들의 조합은 각각의 개별적 분

Gotcha!
Gotcha는 "그것 봐!" 혹은 "좋아!"라는 뜻이다.
1982년 5월 포클랜드 전쟁 중 제너럴 벨그라노 호가 영국의 어뢰에 격침되면서 300명이 넘는 아르헨티나의 젊은이들이 희생되었다. Gotcha는 평상시 다른 나라의 민간 여객기가 추락해 이렇게 큰 인명 피해가 났다면 도저히 갖다 붙일 수 없는 기사 제목이다. 아주 간단한 단어이지만 Gotcha라는 말 속에는 다양한 의미와 지향이 담겨 있다는 점에서 담론적이다.

장의 의미뿐 아니라 다른 의미도 지니게 된다. 또한 작품은 '구성된다'. 구성된다는 것은 두 가지 의미를 지니는데, (이야기, 시, 에세이 같은) 하나의 장르에 속한다는 것과 스타일을 가진다는 것이다. 리쾨르에 의하면, 이런 의미에서 담론의 일부인 구성된 작품은 언제나 텍스트이다.

텍스트성(텍스트가 되게 하는 것)은 이중적으로 거리 두기를 한다. 즉, 텍스트성은 작품을 생산수단에서 떼어 놓는다. 그리고 청중들에게서도 떼어 놓는다. 텍스트는 저자의 심리적인 '의도들'에서 자유로울 수 있고, 저술 시기를 지배하고 있던 사회적 조건들에서도 자유로울 수 있다. 더 나아가 텍스트는 그것이 말해진 사람들에게만 읽히는 것이 아니라 읽을 수 있는 사람들 누구에게나 읽힐 수 있다. 리쾨르는 이러한 텍스트 해방의 '자율성'을 발견했다. 이 같은 속박에서 자유로워졌을 때 텍스트는 자신의 세계를 창조한다. 그 세계에 거주하는 것은 독자의 몫이다. '텍스트에서 반드시 해석해야 할 것은 제안된 세계, 즉 내가 거주할 수 있고 그 안에 나의 최선의 가능성 중 하나를 투영할 수 있는 세계이다. 이것이 내가 말하는 텍스트의 세계, 이 유일한 텍스트에만 있는 고유한 세계이다.'(Ricœur 1991a : 86)

이러한 텍스트의 세계는 독자가 자기 이해를 획득할 수 있는 수단이 되며, 네 번째 변증법적 운동을 이루는 통로가 된다. 독자는 작품과 결합함으로써 자기 이해를 획득하는데, 이는 저자의 의도에서 작품을 떼어 놓을 수 있는 글쓰기의 거리 두기 효과를 통해 가능하다. '글쓰기의 거리 두기 덕분에 전유는 더 이상 저자의 의도와 아무런 감정적인 유사성의 흔적도 갖지 않는다.'(Ricœur 1991a : 87)

이름을 명시하지는 않지만 분명 이 대목에서 리쾨르의 사유는 프랑스의 문화 이론가이자 비평가인 롤랑 바르트Roland Barthes(1915~1980)와 상당히 일치한다. 롤랑 바르트는 유명한 에세이 「저자의 죽음 Death of the Author」(1966)에서 '텍스트는 복합적인 글쓰기로 이루어지며 수많은 문화에서 인용되어 대화, 패러디, 논쟁의 상호 관계 속으로 들어가는 것이지만, 이 같은 복합성이 초점을 맞추는 한 장소가 있는데 그 장소는 지금까지 저자라고 알려진 것이 아니라 바로 독자라는 장소이다'(Barthes 1977 : 148)라고 주장했다.

바르트와의 유사성은 리쾨르의 짧은 책『해석 이론 : 담론과 의미의 넘침Interpretation Theory : Discourse and the Surplus of Meaning』(1977)에서 더 명확히 드러난다. 이 책에서 리쾨르는 인간 역사의 한 시점에서 글쓰기는 '단순히 전대前代의 구전 담론을 고정시키는 것'이기를 그치고, 대신에 '인간 사유는 직접적으로, 구어의 매개 단계 없이 바로 글쓰기가 되었다'고 말한다.(Ricœur 1976 : 29) 이런 의미에서 우리가 '써어진 담론' 또는 새긴 글자를 갖게 되면서부터 '저자'의 의도와 텍스트의 의미는 서로 부합하기를 그친다.(Ricœur 1976 : 29) 이로서 텍스트는 해석자 혹은 독자의 관점을 통해 '의미론적 자율성'을 획득한다.

가다머는 텍스트의 독자와 저자 간의 역사적 거리에서 소외를 발견한다. 거리가 텍스트 이해를 더욱 어렵게 만들기 때문이다. 그러나 리쾨르는 그 거리에서 텍스트의 해방을 발견한다. 독자가 저자의 의도와 상관없이 작품 자체를 숙고함으로써 자신을 이해할 수 있게 해주는 것이 바로 그 거리이기 때문이다. 이러한 생각은 리쾨르를 '독자로서, 나는 오직 나 자신을 잃어버릴 때 나 자신을 발견한다'(1991a : 88)는 역설적인 주장으로 이끈다.

하지만 우리는 모두 훌륭한 책 속에서 '자신을 잃어버린' 경험을 가지고 있다. 이러한 경험 속에서 우리는 우리 자신을 텍스트에 '노출하고' '텍스트의 세계' 속으로 들어간다고 리쾨르는 말한다. 우리는 텍스트에 우리의 이해를 강요하지 않으며, 오히려 텍스트가 우리의 삶에 대한 이해를 증진시킨다. 일단 그렇게 되면 우리는 책 속에 침잠하게 된다. 인간은 본래 해석적 존재라는 하이데거의 주장을 진지하게 받아들임으로써 리쾨르는 '이해한다는 것은 텍스트 앞에서 자기 자신을 이해하는 것'(1991a : 88)이라고 주장한다. 그렇다면 읽는다는 것은 해석하는 것이고, 해석하는 것은 자기 자신을 이해하는 것이다. 다시 말해, 다른 사물들 가운데서 자신을 이해하는 것은 우리 존재가 해석될 때에만 비로소 충족될 수 있다는 것을 이해하는 것이다.

이러한 순환적 논의는 해석학적 순환의 다른 변형이다. 그러나 이 순환성은 핵심을 흐리지 않는다. 우리가 삶은 맹목이라고 말하는 것을 원하지 않는다면 말이다. '존재의 이유'는 우리를 둘러싼 세계를 이해하기 위해 그것(세계)을 해석하는 것이라는 점을 이해하기 위해 우리가 우리를 둘러싼 세계를 끊임없이 해석하고 있는 한, 그것이 바로 우리가 삶 속에서 '하는' 일인 것이다. 이것이 순환적 여정의 항상적 갱신이며 주제의 상상적인 변주이다. 그리고 이것이 삶을 값진 것으로 만든다.

텍스트성과 해석학

『악의 상징』에서 보여 준 리쾨르의 실천은 텍스트에 대한 상징적 해석을 포괄한다. 해석한다는 것은 텍스트 개별 문장의 축어적 의미가 무엇인지를 해석할 뿐 아니라, 부분들의 합(문장들의 합)을 넘어서는 텍스트 전체의 의미가 무엇인지를 해석하는 것이다. 이러한 해석을 통해 드러나는 의미는 그 텍스트의 지향적 의미이다. 이때 '지향적'이라는 단어는 텍스트는 (저자의 의도와는 무관하게) 믿음과 같은 태도를 통해 동기화된다는 특수한 철학적 의미를 지닌다. 나는 이해하기 위해 반드시 믿어야 하지만 믿기 위해 반드시 이해해야 한다는 해석학적 순환은, 나의 이해는 나의 믿음을 확증해 줄 것이며 그 역도 마찬가지라는 것에 내기를 걸 때 값진 순환이 된다.

『악의 상징』 이후의 에세이에서 리쾨르는 해석학을 현상학적 철학으로 발전시켰다. 현상학적 철학은 세계를 이해하는 경로들을 탐사하고자 '나는 직접적 지각을 통해 세계에 관해 무엇을 알 수 있는가'에 관한 판단을 보류한다. 리쾨르에게 세계를 이해하는 주요 경로는 마치 세계가 하나의 텍스트인 양 그것을 읽는 것이다. 설사 그렇지 않더라도 최소한 텍스트 읽기는 세계의 이해에 도달하는 최고의 방법이다. 이는 텍스트성의 거리 두기 효과에서 비롯된 것이며, 텍스트성이 독자와 텍스트의 생산수단 간의 역사성에 관해 비판적 거리를 허용하는 한 그것은 긍정적인 힘이다. 텍스트 해석(해석하기)은 인간으로서의 자기 이해에 도달하는 길이다. 왜냐하면 역사적 존재(역사성을 지닌 존재)는 인간의 특성이기 때문이다. 텍스트는 독자들이 그것을 통하여 자기 이해에 도달하는 매체이다. 텍스트는 자아라는 주관성과 세계라는 객관성을 잇는 다리이다.

03

정신분석

Paul Ricœur

상징 해석이라는 연결 고리

『의지의 철학』의 마지막 부분인『악의 상징』에 이어 리쾨르의 정신분석 연구가 출간된다. 이 연구는 주로 리쾨르의 기념비적인 저작인 『해석에 관하여: 프로이트에 관한 시론』을 통해 수행되는데, 1960년대에 출간되고 나중에『해석의 갈등 Le conflit des interprétations』(1969)에 대부분 수록된 다양한 논문들을 통해 보충된다.

정신분석 연구에서 리쾨르는 거의 배타적으로 정신분석의 창시자 프로이트 Sigmund Freud 의 작품에만 관심을 기울인다. 그의 관심은 해석학과 마찬가지로 다음과 같은 사실, 즉 정신분석은 해석의 한 방법이며 더 나아가 해석학과 정신분석이라는 두 학문은 상징이 해석의 기초를 이룬다는 사실에서 비롯되었다. 이러한 유사성에도 불구하고, 얼핏 보기에 정신분석과 해석학은 인간 삶에 대해 매우 상반된 관점을 가지고 있는 것으로 보인다. 이러한 표면적인 모습의 배후를 파헤치고, 정신분석과 해석학의 감추어진 친연성을 드러내는 것이 리쾨르의 작업이다.

정신분석 대 해석학

정신분석과 해석학 사이에는 수많은 차이가 있고, 이 차이들은 프로이트를 연구 대상으로 삼은 리쾨르를 의아한 눈으로 보게 만든다. 특히 그의 연구가 정신분석에 공감할 때 더욱 그러하다.

우선, 리쾨르가 지적한 것처럼(1970 : 17) 해석에 관한 프로이트의 이론은 미심쩍은 구석이 있다. 예를 들어 꿈에서 무의식은 계속해서 교활한 술수를 부리는 행위자이며, 이 교활한 술수는 환자가 분석가의 도움을 받으며 풀어내야 하는 과제이다. 프로이트에 의하면, 꿈 언어는 왜곡된 언어이다. 무의식이 (꿈)재료를 억압하기 때문이다. 기

지그문트 프로이트Sigmund Freud(1856~1939) 프로이트의 첫 번째 주요 저작이자, 논쟁적이긴 하지만 가장 중요한 작품은 『꿈의 해석Die Traumdeutung』(1899)이다. 이 책에서 프로이트는 꿈을 상징의 한 종류, 일련의 수수께끼 그림 같은 것으로 설명한다. 수수께끼 그림은 이중적인 번역을 요구하는 그림 퍼즐이다. 다시 말해서 우선 한 코드에서 다른 코드로 번역하고, 다시 두 번째 코드 안에서 번역해야 한다. 예를 들어 보자. 1970년대의 한 맥주 광고가 양철 깡통 옆에 정강이뼈를 수북하게 쌓아 올린 장면을 보여 주었다. 첫 번째 번역은 'high knee can'처럼 그림 코드를 언어 코드로 번역하는 것이다. 두 번째 번역은 'Heineken'처럼 첫 번째 번역을 언어 코드 내에서 다시 번역하는 것이다. 꿈에서 '꿈 작업'은 의식이 진리를 눈치 채지 못하도록 그것을 감추거나 억압하려고 앞서 보여 준 해석 작업을 거꾸로 수행한다. 진리 혹은 실제 의미는 무의식적이다. 이어지는 작업에서 프로이트는 꿈 재료가 억압된 이유는 사실 언제나 성적인 것이며, '나는 어떻게 태어났어요?'라는 아이들의 질문에 대한 답변, 다시 말해 실제이든 혹은 (대부분은) 상상된 이미지이든 부모의 성교 장면인 '원초적 장면'에서 찾을 수 있는 답변에서 비롯된 것이다.

실 이 억압은 꿈 재료가 의식에 들키지 않도록 감추는 것이다. 반면 신화를 다루는 대목에서 보았다시피, 리쾨르가 보기에 담론은 우리를 속이려 하지 않는다.

신화의 언어가 상징적일 수는 있다. 그리고 그 언어가 신화의 의도를 감추려고 구축된 것일 수도 있다. 그럼에도 불구하고 신화의 의도 자체는 발견될 것을 지향한다. 신화는 해석을 요청한다. 다시 말해 발견되기 위해 감추어진 것들을 소환한다. 반면, 프로이트에 의하면 꿈에서 볼 수 있는 무의식의 언어는 그것의 진정한 의미를 결코 드러내지 않겠다는 의도 하에 고안된 것이다. 따라서 정신분석가는 감

> 어린이에게 알아 간다는 것은 자신이 엄마에게 사랑받는 유일한 대상이 아니라는 것을 알아 간다는 뜻이다. 어린이의 진정한 욕망은 자신의 '바람직한' 자리를 다시 얻고자 아버지의 자리를 대신 차지하는 것이다. 프로이트는 이 콤플렉스(소포클레스 비극 속 등장인물의 이름을 따서 '오이디푸스 콤플렉스'라고 부른다. 오이디푸스는 아버지를 죽이고 어머니와 결혼한 인물이다.)가 인간 존재 전반을 결정하는 것으로 보았다. 대부분의 사람들은 성공적으로 그와 같은 상황을 감내한다. 하지만 신경증 환자들은 이 화해 작업에 완전히 실패한다. 후기 작품에서도 여전히(특히 『새로운 정신분석 강의』(1932)에서) 프로이트는 이드·자아·초자아로 구성된 심리 구조의 '지형학'을 전개한다. 이드는 초기 작품에서 '무의식'으로 불렸는데, 의식에 의해 억압되었기 때문에 잊혀진 원초적 욕망들의 훼손되지 않은 집합체이다. 자아는 의식이며, 이드와 초자아 사이에 끼어 있다. 초자아는 양심이며, 이드를 억압함으로써 자아에 제동을 거는 역할을 한다. 그러나 이드는 종종 꿈, 농담, 번뜩이는 재치를 통해 밖으로 드러난다.

추어져 있는 소원이 무엇인지 드러내긴 하지만 미심쩍고 끊임없이 자기를 진정한 의미에 이르는 길에서 이탈시키려 하는 언어를 의심한다. 이에 반해 해석학자는 드러나기 원하는 것을 드러내고, 대상이 실제로 의미하는 것으로 인도하는 언어의 진실성을 믿는다.

프로이트의 정신분석과 리쾨르 해석학의 두 번째 차이는, 전자가 무신론을 향한다면 후자는 기독교 신앙의 표현이라는 점이다. 정신분석에 의하면 양심은 초자아의 기능, 즉 정신에게 사회적으로 용인될 만한 면모를 세계에 보여 주라고 가르치고, 분석가가 분석을 통해 드러내기 원하는 원재료를 철저히 억압하는 작업을 돕는 억압의 행위자이다. 이런 식으로 '양심'은 단순히 사회적으로 용인될 만한 것의 이름이 되고, 사회의 명령에 순응하기 위해 이기적인 정신이 따라야 하는 유일한 모티프가 된다. 양심은 좋은 것이든 나쁜 것이든지 간에 도덕성을 상대화하고 내면화하는 효과가 있다. 왜냐하면 시대를 막론하고 한 사회는 좋고 나쁨에 관해 생각하기 마련이고, 그 사회의 도덕성에 동의할지 말지는 심지어 꼭 동의해야 하는 것인지의 여부는 개인의 판단에 달려 있기 때문이다. 선악을 측정할 수 있는 외적이고 절대적인 도덕적 기준은 없다. 대신 '선'과 '악'은 상대적으로 '허용될 만한 행동'과 '허용될 수 없는 행동'으로 축소된다.

『의지적인 것과 비의지적인 것』과 이후의 작품에서 볼 수 있는 것처럼 이 모든 것은 리쾨르의 사유와 상반된다. 이미 우리가 살펴본 것처럼 리쾨르에게 악은, 설령 그것이 사람의 양심에서 비롯된 것이라 하더라도, 그리고 그 사람에게 작용하는 외적인 힘이 아니라 하더라도, 실재이며 영원히 그러하다. 게다가 악은 선의 직접적인 상대역이 아니다. 그렇기 때문에 선과 악은 같은 정도의 도덕적 행위에 속할 수 없다. 리쾨르가 인간은 선을 향한 자연적 기질을 가지고 있다는 입장을 견지하는 한편, 프로이트는 인간은 자연적으로 우리가 '악'이라고 부르는(프로이트 자신이 '자연'이라고 부른 것) 기질을 가지고 있음을 암시한다. 리쾨르에게 악은 우리가 가장 연약한 순간, 즉 우리가 우리 자신을 정념이 이끄는 대로 내버려 두는 순간 우리 마음에 받아들이는 어떤 것인 반면, 프로이트의 사유는 모두가 자기 자신을 정념이 이끄는 대로 개방적으로 내맡길 때 세계가 더 나아질 것이라는 내용을 함축하고 있다. 정신분석에서 '실수'는 예의 바른 사회에 의해 정념이 억압되는 곳에 존재한다.

정신분석이 해석학과 양립할 수 없는 세 번째 차원은 해석학이 현상학의 한 변형태 혹은 현상학이 발전한 것이라는 점이다. 현상학은 의식 철학이다. 그러나 정신분석은 무의식을 연구 대상으로 삼는다. 리쾨르는 데카르트주의의 이원론을 없애 버렸다. 다시 말해서 리쾨르는 정신을 몸과 분리될 수 있는 것으로 다루지 않고, 정신은 몸에 대한 성찰 없이 자신을 사유할 수 없다는 현상학적(그리고 기독교적 실존주의자의) 관점을 공유한다. 이 주장에서 현상학자는 존재하지만 알려지지 않은 정신의 일부인 무의식이 있다고 말하지는 않는다.

망각될 수 있는, 하지만 의지의 작동으로 소환될 수 있는 사유가 있는 것은 사실이다. 때때로 우리가 원하지만 기억할 수 없는 사실이 억압의 표시가 아니라 일상적 의미에서 기억이 저지르는 단순하고 사소한 실수이기도 하다. 정신 자체는 알지 못하는, 하지만 정신을 통제하고 어떤 기억을 의식하고 억압할 것인지 선택하는 정신의 대리인 혹은 체계가 있을 것이라고 가정하는 정신분석적 관점은 현상학의 데카르트적 확실성에 관한 탐구와 일치하지 않는다. 만약 '나는 생각한다'는 부분이 나의 사유 전체가 아니라 내가 인지하는 일부만을 가리킨다면 데카르트적 코기토 '나는 생각한다. 따라서 나는 존재한다'가 무슨 쓸모가 있겠는가? 프로이트는 정신의 다른 부분, 즉 '이드' 혹은 '그것'도 역시 생각한다고 주장하고 싶었을지도 모른다. 만약 그렇다면 이드 역시 실존을 요구할 수 있을 것이다. 하지만 그 요구는 코기토의 발화자, 즉 '나는 생각한다. 따라서 나는 존재한다'는 말 속에 있는, 그리고 단지 부분이 아니라 전체로서 자신을 내세우는 발화자의 실존을 위협할 수 있다.

실제로 프로이트는 데카르트적 코기토를 '이드가 있는 곳에 에고가 있을 것이다'라는 공식으로 대체한다.(1973 : 112) 이 공식 전체에서 프로이트는 '이다'라는 현재 시제를 제거한다. 프로이트가 보기에 에고는 절대로 '나는 ~이다'라고 확실하게 말할 수 없다. 주체, 즉 '나'라고 말하는 사람은 절대로 자기 자신과 완벽하게 일치하지 않는다.

정신분석학은 해석학이다

정신분석과 해석학(그리고 해석학의 전신인 현상학)이 세계를 바라보는 방식이 서로 많이 다름에도 불구하고, 리쾨르는 프로이트에 대한 공감적 비평에 착수한다. 정신분석의 뚜렷한 단점을 집중 조명하면서도 프로이트를 사상사의 중요한 인물로 인정한 것이다. 리쾨르는 우선 정신분석학과 해석학의 접점과 유사성을 기술한다. 이 작업의 핵심은 정신분석학과 해석학의 차이를 그럴듯하게 설명하는 것이 아니라, 정신분석학과 해석학이 비록 다른 방식과 경로를 밟아 갈지라도 동일한 진리에 접근하고 있음을 보여 주는 데 있다.

정신분석학과 해석학의 첫 번째 유사성은 둘 다 어느 정도 성스러움의 경험과 관련이 있다는 점이다. 프로이트는 환자들에 관한 사례 연구뿐 아니라 '일상생활의 정신병리학'에 관해서도 저술했는데, 이 저술들에는 인류학에 대한 관심, 특히 인간이 어떻게 종교를 경험하는지에 대한 관심이 두드러지게 나타나 있다. 한편 해석학은 철학적으로는 현상학에서 나온 것이지만, 읽기 경험으로 보면 성경 해석의 전통인 '성경해석학'에서 나온 것이다. 더 근본적으로는 정신분석과 해석학이 다루는 '텍스트들'은, 정신분석 사례에서는 환자의 담론, 문학적 의미로 보자면 텍스트(신화 등을 포함한)들은 모두 고백의 양태라고 볼 수 있다. 정신분석은 세속적인 고백과 유사하다는 말을 종종 듣고 있으며, 해석학도, 최소한 리쾨르가 실천한 해석학은 인간 조건 안에서의 실수 분석과 관련된다.

이 같은 설명은 정신분석과 해석학이 동일 선상에 있다고 느끼게 만든다. 정신분석과 해석학은 둘 다 해석 방법이다. 정신분석이 해석학의 한 양태라는 것이 리쾨르의 주장이다. 정신분석이 환자의 담론을 의심하는 반면 해석학은 텍스트 담론을 믿는다는 차이가 있긴 하지만, 양지는 모두 숨은 의도의 발견 혹은 느러냄이라는 동일한 목표를 가지고 있는 것이다. 게다가 이 과업을 수행하는 목적도 이 세계를 더 나은 곳으로 만들겠다는 것으로 동일하다. 침대 머리맡에서 뒤적거리는 잡지부터 문학비평에 이르기까지 거의 모든 종류의 읽기는 자기 자신을 위해 행하거나 읽기 자체로 끝나는 반면, 정신분석과 해석학의 목적은 단순히 읽은 것이 무엇인지 설명할 뿐 아니라 행동을 촉구한다. 정신분석은 환자들에게 무의식의 감추어진 의미가 드러나면서 파악된 진리에 입각해서 어떻게 행동해야 하는지 말해 준다. 해석학은 텍스트의 감추어진 의도 속에서 세계 속에서 윤리적으로 정치적으로 어떻게 행동해야 하는지에 관한 교훈을 발견한다.

정신분석과 해석학은 모두 엄밀한 철학이 아니라는 점도 유사하다. 정신분석과 해석학은 모두 철학으로 채워져 있지만, 그것이 해석의 수단이라는 점에서 그리고 해석을 통해 드러난 지식에 입각해서 어떻게 행동해야 하는지 제안한다는 점에서 철학보다 더 실천적이다.

정신분석 이론과 현상학적 태도

리쾨르가 정신분석에서 가치 있는 것을 발견하려고 프로이트 연구에 착수한 것은, 정신분석과 해석학 간의 유사성과 차이에 대한 인식에 위배된다. 정신분석의 가치 있는 국면 중 하나는 그것의 인식론적 위상인데, 리쾨르는 그 위상을 지식의 결정체라고 생각했다. 하지만 어떻게 진리가 발견 혹은 요구이며, 어떻게 진리가 정신분석을 통해 만들어지는가? 이 질문에 답하기 위해서는 정신분석이 어떤 종류의 과학인지 이해할 필요가 있다.

리쾨르는 정신분석을 '역사적인' 과학이라고 불렀다. 왜냐하면 정신분석은 사례 연구를 토대로 삼는데 사례는 환자의 역사이기 때문이다. 사실 정신분석이 해석의 방법론이 될 수 있는 이유는 그것이 바로 역사적 과학이기 때문이다. 화학이나 물리학 같은 자연과학은 과학적 방법론을 통해 알게 되는 것이지만, 자연과학 자체가 방법론은 아니다. 자연과학의 방법은 가설을 세우고 실험을 통해 검증하는 귀납법이다. 이런 방법으로 과학은 보편 진리에 도달한다. 하지만 '역사적 과학의 불확실성은 자연과학의 방법론에는 어울리지 않는다.'(Ricœur 1970 : 374)

역사적 과학은 보편 진리가 아니라 타당한 개별적 진리를 목표로 삼는다. 정신분석적 해석의 타당성은 '이것이 그럴듯하다고 제시할 수 있는 증명력이 있는가?'보다는 '당신은 이것이 진리임을 입증할 수 있는가?' 같은 계열의 질문들, 다시 말해 역사적 혹은 해석학적 해석의 타당성이 맞닥뜨리는 것과 똑같은 질문을 받는다. 과학적 진리의 단일성과 이에 대립하는 역사적 진리의 복수성 간의 차이는, 리쾨르가 이야기와 관련해서 역사 기술(역사적 글쓰기)의 위상을 검토할 때 다시 돌아가는 문제이기도 하다.

그렇다면 정신분석은 증명할 수 없다는 측면에서 역사와 유사하다. 그 타당성은 정신분석이 기술하는 것이 역사적으로 촉발된 것임을 보여 줄 수 있는지의 여부에 달려 있다. '촉발되었다'는 것은 어떤 사람이 특정한 방식으로 행동하는 데에는 그럴 만한 이유가 있다는 의미이다. 하지만 정신분석과 역사를 구분하는 것은 무엇인가? 둘 사이의 차이는, 역시 영역이 행동 배후의 동기가 무엇이든 그것을 찾아내는 데 반해, 정신분석은 그 동기를 욕망의 장으로 제한한다는 데 있다. '인간에 관한 정신분석적 관점'은 욕망이라는 관점으로 인간을 보는 것이다. 그렇기 때문에 '정신분석 이론의 기능은 해석 작업을 욕망의 영역 안에 위치시키는 것이다'.(Ricœur 1970 : 375) 정신분석적 이론(정신분석의 실천과 대립하는)의 목적은 '욕망의 의미론의 가능 조건들', 즉 욕망을 지시하는 의미의 표현을 가능케 하는 조건들을 상세히 설명하는 것이다.(Ricœur 1970 : 375)

그렇다면 그 조건들이란 과연 무엇인가? 역설적이게도 리쾨르는 이 질문에 대한 답변을 현상학에서 부분적으로 발견한다. 데카르트는 (몸을) 제외시켰지만, 현상학은 몸을 데카르트주의에 되돌려 준다. 리쾨르는 현상학자에게 '존재하는 의미는 몸 안에 휘감긴 의미, 즉 의미 있는 행동'이라고 말한다.(Ricœur 1970 : 382) 이는 '의미와 연관된 모든 실천praxis〔실천은 관념을 실행하는 것이다〕은 살로 이루어진 지시하기 또는 지향(Ricœur 1970 : 382)'이라고 말할 수도 있다. 달리 말하자면 몸은 '육화된 의미'인 것이다.

지금, 정신분석이 섹슈얼리티에 관한 것인 한, 그리고 섹슈얼리티가 몸에 연루되어 있는 한('성행위는 우리를 우리와 우리 자신 간에 거리가 전혀 없는 몸으로 존재하게 만든다.'(Ricœur1970 : 382-3)), 사유는 몸을 제쳐 두고는 생각할 수 없다는 현상학에 의거한 이러한 주장은 현상학이 '프로이트의 무의식을 향'하게 만든다.(Ricœur 1970 : 382)

현상학과 정신분석은 언어관에서도 유사하다. 현상학자는 언어를 의미를 작동시키는 하나의 방식으로 본다. 몸이 인간이 행동할 수 있는 것과 마찬가지로 의미도 가질 수 있음(의도를 가질 수 있음)을 보여 준다는 점에서 언어는 몸과 함께 묶여 있으며, 그렇기 때문에 인간의 언어는 의미 혹은 의도가 무엇인지 드러내는 일종의 행동이다. 이 같은 주장을 통해 현상학자는 언어의 기원, 곧 언어가 어디에서 왔는지를 말한다. 정신분석가도 언어의 기원에 관해 유사한 주장을 펼친다.

『쾌락 원칙을 넘어서*Jenseits des Lustprinzips*』(1920)에서 프로이트는 엄마가 방에 없을 때마다 "fort-da"를 중얼거리며 실패를 던졌다가 다시 잡아당기는 단순한 놀이를 반복하는 어린아이를 언급한다. 리쾨르가 기술한 것처럼, '결여가, 결과적으로 현존도 마찬가지인데, 지시되고 이 결여는 곧 지향성으로 바뀐다. 다시 말해 엄마의 결여는 엄마를 향한 지향이 된다'. 어린아이는 엄마의 현존과 부재가 교차하는 변증법을 실패 놀이를 통해서만이 아니라 언어로 변형함으로써 극복한다. 아이가 엄마의 부재라는 트라우마trauma를 극복하고 엄마가 돌아왔을 때 과잉 보상하듯 즐거워할 수 있게 만드는 것은 그와 같은 변형이다. 그 아이의 담론 뒤에 숨겨진 의도는 트라우마의 극복과 과잉 보상적 기쁨이며, 그 의도는 언어적 행동으로 변모하는 아이의 행동으로 표현된다. 정신분석적 해석과 현상학적 해석은 일치하는 것이다.

이 같은 일치는 상호주관성intersubjectivity 이론〔주체로서의 의식들 사이의 상호적이고 구성적인 관계. 반대어로 유아론唯我論을 들 수 있다. 현상학은 타인의 문제를 철학적 탐구의 핵심 주제로 삼았다. 각각의 의식이 지향성인 한, 즉 자신과는 다른 사물을 향하고 있는 한, 의식은 우선 상호주관성에 의해 구성된다. 즉, 의식은 모든 인간을 타인에 대해 나아가 자기 자신에 대해 터이, 즉 다른 나로 만드는 이 본질석인 타자성에 의해 구성된다.〕으로 이어진다. 현상학자에게 '지각된 것은 타인들도 지각할 수 있다는 사실'(Ricœur 1970 : 386)은 상호적인 관계로 이어진다. 나는 타인들이 나를 인식하고 있다는 것을 인식함으로써 그들을 인식하는데,

나에게 그들이 그러하듯이 나 또한 그들에게는 지각장知覺場 안에 있는 하나의 대상임이 틀림없기 때문이다. 정신분석도 욕망의 언어로 표현된다는 점을 제외하고는 현상학과 동일한 이론을 견지한다. 욕망은 '인간들의 상황 안에 위치한다'. 그렇지 않으면 '억압, 검열, 환상을 통한 소망 충족 같은 것은 없을 것이다'.(Ricœur 1970 : 387) '타인들은 무엇보다도 금지의 전달자이다'라는 경구는 '욕망은 다른 욕망, 곧 반대 욕망에 직면한다'는 경구의 다른 표현에 불과하다.(Ricœur 1970 : 387) 나와 타인의 관계에 관한 정신분석적 '변증법'은 타자에 대한 나의 현상학적 '인식'과 상동 구조이다. 따라서 현상학과 정신분석은 동일한 목표, 즉 '욕망의 피조물(로서), 고유한 상호주관적 담론을 통해 주체의 구성을 추구한다는 점에서 유사하다'.(Ricœur 1970 : 389)

반대 방향의 에포케

리쾨르의 말에 의하면, 유사하긴 하지만 그래도 '현상학은 정신분석이 아니다'.(Ricœur 1970 : 390) 그러나 현상학과 정신분석의 차이는 실행 과정이 끝날 무렵에나 이해할 수 있다. 왜냐하면 '현상학은 욕망의 실제 역사에 우회적으로 접근하기 때문이다. 즉, 현상학은 의식에 관한 지각 모델에서 출발하여 점차 살아 있는 혹은 육화된 의미, 다시 말해 언어 요소를 통해 수행된 의미까지 포괄하는 모델로 일반화되기 때문이다'.(Ricœur 1970 : 389-90) 한편 정신분석은 환자에게 자신의 이야기를 분석가에게 말하라고 요구함으로써 '직접 욕망의 역사 속으로 떨어든다'. 그렇지만 정신분석과 현상학은 '동일한 목적, 즉 진정한 담론으로의 귀환이라는 목적을 가진다'.(Ricœur 1970 : 390)

후기 프로이트는 리쾨르가 '반反현상학'이라고 부른 것을 다루기 시작한다. 그 사유는 '무의식'이라는 용어를 형용사로 사용하는 것에서 명사로 사용하는 것으로의 전환 속에, 즉 무의식이라는 용어를 일종의 표상으로('무의식적인 사유 과정'에 속한 것으로서) 사용하다가 이제는 실체로('무의식'으로) 사용하는 것을 통해 드러난다. 이러한 전환은 즉시 하나의 의미, 곧 무의식을 하나의 과정으로 보게 만드는 의미를 얻고 동시에 하나의 의미, 곧 '무의식'이라는 용어가 더 이상 서술적 기능을 갖지 않는다는 의미를 잃는다. 이 같은 의미 전환이 리쾨르가 '반대 방향의 에포케epochē'라고 부른 것을 이룬다.(Ricœur 1970 : 118)

현상학적 판단 중지 혹은 '환원'은 절대적 확실성, 즉 자기의식으로 알 수 있는 것을 성찰하고자 감각을 통해 우리에게 제시된 외부 세계의 상태처럼 우리가 확실하게 알 수 없는 것에 대한 모든 판단을 괄호치기 하는 것이다. 이에 반해 무의식적인 것의 설정은 반대 방향의 판단 중지이다. 왜냐하면 가장 잘 알려진 것은, 다시 말해 의식적인 것은 즉시 보류되고 가장 알려지지 않은 것으로 변하기 때문이다.(Ricœur 1970 : 118) 프로이트가 사용한 '무의식'에 해당하는 독일어는 'das Unbewusste', 즉 '알 수 없는 것'인데, 이 용어를 명사로 사용한 지 얼마 안 되어서 그는 다시 이를 das Es, 즉 '그것the it'이라고 명명한다.(프로이트 번역자들은 이 단어를 라틴어 '이드the id'로 번역했다.)

프로이트의 후기 사상에 의하면 '우리가 직면하게 된 것'은 '의식으로의 환원이 아니라 의식의 환원'이다.(Ricœur 1970 : 424) 다시 말해 '의식은 더 이상 가장 자명한 것이 아니라 문제적인 것이 된다'. (이제) 자명한 의식을 대신해서, 데카르트적 코기토의 대체를 염두에 두고 만든 프로이트의 유명한 공식 '이드가 있던 곳에 에고가 있을 것이다'로 표현된 의식화 과정이 있(을 뿐이)다. 리쾨르가 반성철학에 대한 '도전'이라고 부른 것이 바로 이것이다.(현상학은 반성철학이다. 왜냐하면 자신을 반성하는 에고에 기반하고 있기 때문이다.)

프로이트는 신화에서 나르키소스가 자신의 영상reflection과 사랑에 빠진 것에 착안하여 나르시시즘 개념을 도입함으로써 이러한 지적 움직임을 자기 이론 속에 끌어들일 수 있었다. 그 결과, 프로이트주의자에게 현상학 혹은 데카르트적 코기토로 표현된 반성철학은 나르시시즘의 표현에 불과한 것이 된다. 반성철학은 이드에 의해 추동되는 철학적 환상, 즉 자아에 도달하기 위해 자아를 포획하려는 시도이다. 이때 자아는 에고('나'라고 말하고 그것을 온전한 인간이라고 상상하는)가 자기애의 표현에 불과한 것임을 깨닫지 못하고 오히려 진리를 발견했다고 자랑스럽게 거들먹거린다.

프로이트는 나르시시즘에 관한 저술에서 정신분석이 인간의 세 번째 굴욕적인 상처를 다루었다고 말한다. 첫 번째 상처는 인간이 우주의 중심이 아니라는 것을 깨달은 코페르니쿠스Nicolaus Copernicus가 다루었고, 두 번째 상처는 인간이 동물의 왕국의 중심이 아니라는 것을 깨달은 다윈Charles Darwin이 다루었으며, 세 번째이자 마지막 상처는 인간은 자기 자신의 중심이 아니라는 깨달음, 다시 말해 '에고는 자기 집의 주인이 아니다'라는 깨달음을 얻은 정신분석이 다루었다는 것이다.

리쾨르는 프로이트의 에고 이론에 '의식이라는 환영幻影을 존중해야 한다는 속박에서 벗어나는 해방감과, 의식에는 내가 어떤 의미를 생각하게 하는 능력이 없다는 사실에서 느끼는 실망감'이 담겨 있음을 발견한다.(1970 : 428) 리쾨르는 정신분석이 의식의 환영을 드러내는 과정을 자세히 설명하지 않는다. 정신분석은 스스로 의식의 환영을 드러낼 만한 능력이 있기 때문이다. 그보다 리쾨르는 철학자로서 정신분석이 '나'라고 말하는 주체에게 의미를 제공하는 데 실패한 것에 더 큰 관심을 기울인다.

리쾨르가 정신분석이 실패했다고 주장하는 것이 이상해 보일 수도 있다. 왜냐하면 정신분석은 아픈 사람을 치료한다고 알려져 있을 뿐 아니라, 실제로 언어를 통해, 즉 '이야기 치료'를 통해 고치기 때문이다. 하지만 이 치료는 의미 없는 삶 속의 의심스러운 사실들이 만들어 내는 모순을 제거하는 것이지 삶에 의미를 제공하지는 않는다. 정신분석가에게 코기토를 가정하는 것, 즉 '나는 생각한다. 따라서 나는 존재한다'고 말하는 것은 자명한 것(혹은 현상학자들이 말하는 '명백한 것')을 드러내는 것이 아니다. 오히려 코기토는 체계의 산물인 에고의 결과, 즉 '나는 나를 ~라고 생각한다'고 선언할 수 있는 에고의 '경제적 기능'의 결과에 불과한 것이다. 다시 말하자면, 작동하고 있는 진반직인 정신 구소의 체계가 있고 정신 구조 내의 다양한 요소들이 계속해서 증여와 교환을 통해 서로 균형을 이루고 있는 것이다.

코기토는 에고가 지속적인 안전감을 느낄 수 있도록 이드가 제공하는 선물이다. 이러한 이론을 통해 의식은 확실성을 박탈당하게 된다. 게다가 정신분석 이론을 받아들임으로써 의식은 확실성을 박탈당했음을 깨닫게 된다. 여기서 '깨닫는다'는 말은 축어적 의미로 쓰였다. 무의식 혹은 이드는 정신분석 이론으로 실제로 만들어진 것이다. 무의식이 작용하는 힘을 가지고 있을 뿐 아니라, 코기토가 우리 존재의 보증이라고 생각하도록 우리를 속이는 것이 가능한 실재라고 주장하는 정신분석가들의 견해는 의심스럽다.

무의식에 관한 리쾨르의 응수는 단호하다.(1970 : 429) '그 자체를 고려해 볼 때 …… 이 실재론은 난해하다. 만약 그것이 왜곡된 성찰이 사물에 대한 고찰로 변한 것에 지나지 않는다면 의식의 강제 점유는 무의미한 것일 수 있다. 다시 말해, 만약 데카르트주의적 혹은 현상학적 방식으로 자신을 성찰할 때 내가 발견한 모든 것이 사물, 즉 에고 혹은 이드라면 발견된 것들은 아무 의미도 없을 것이다. 왜냐하면 언어를 의미로 가득 채우고, 언어에 의도(이때 의도는 표현된 언어에 태도를 제공하는 것이다.)를 불어넣는 것은 사물이 아니라 오직 인간이기 때문이다.(내가 '비가 온다'라고 말할 때 나는 그것을 믿는다. 그러나 컴퓨터 같은 사물은 그와 같은 태도를 가질 수 없다.)

리쾨르는 프로이트가 이드의 실재성을 강조함으로써 결국 의미의 관념성을 주장하게 되었다고 말한다.(1970 : 439) 의미가 '전이의 언어를 통해 분석 경험 속에서 정교하게 다듬어지는' 분석의 종결점에 이르러서야 간신히 드러나는 것인 한 정신분석적 의미는 실재가 아니라 관념적인 것이다. 의미는 무언가를 의도하는 주체에 의해 생산되는 것이 아니라, 분석을 수행하는 경험 속에서 분석가를 통해(이것이 '전이'다.) 주체에게 부여되는 것이다.

  이는 분석가에게 해석하는 자의 지위뿐 아니라 의미의 문제에 관해 특정한 답변을 제공하는 자로서의 강력한 지위까지 부여한다. 이것은 정신분석을 절대적인 진리에 대한 권리 주장자로 변모시킬 수 있는데, 이는 정신분석이 지닌 역사 과학으로서의 지위와 상반된다. 프로이트는 너무 많은 것을 가정한다. 그럼에도 불구하고 해석학으로서의 정신분석에 대한 리쾨르의 이해는, 인간 조건의 모든 차원에 관한 종합적 설명에 관한 정신분석의 요구(그보다는 프로이트의 요구)에서 정신분석을 구해낸다. 정신분석은 인간 조건에 관한 특정한 진리, 즉 '인간의' 욕망에 관한 진리를 드러낸다. 하지만 그것은 인간성에 관한 수많은 진리들, 그러니까 해석학의 다른 양태들이 드러내야 하는 과제들 중 하나이다. 그중에 리쾨르가 하나 끄집어내서 이야기하는 것이 오이디푸스 콤플렉스이다.

오이디푸스

프로이트는 소포클레스의 비극 『오이디푸스 왕 *Oidipous Tyrannos*』을, 아버지를 죽이고 어머니와 결혼한 오이디푸스는 '우리가 어린 시절 품었던 소원의 충족을 보여 주는 것이며, 오이디푸스가 느끼는 죄책감은 무도덕한 어린이에서 도덕적인 성인으로 성장하면서 우리가 모두 경험한 소망의 억압을 표명하는 것'이라고 읽는다.

  리쾨르는 이러한 독법에 '제2의 해석'으로 도전한다. (1970 : 56) 리쾨르에 의하면, 소포클레스의 창작은 관객들의 마음속에 오이디푸스 콤플렉스를 불러일으키는 것이 목적이 아니다. 소포클레스의 작품은 자의식의 비극, 자기 인식의 비극을 목표로 삼는다. 오이디푸스의 죄는 자신의 어머니를 차지해 결혼하고 싶다는 어린아이 같은 죄가 아니라(결국 그는 그녀가 자신의 어머니라는 사실을 몰랐다.), 그 자신의 오만과 분노라는 어른의 죄이다.

희곡의 첫머리에서 오이디푸스는 전염병을 돌게 한 원인을 제공한 자에게 저주를 내려 달라고 기원한다. 이때 그는 그 원인 제공자가 자기 자신일 수 있다는 가능성은 배제하고 있다. 전체 드라마는 오이디푸스의 가정假定에 대한 반박이자, 그 가정의 궁극적인 붕괴로 이루어져 있다. 고통 속에서 그의 자부심은 반드시 붕괴된다. 다시 말해, 이 가정은 더 이상 비난받아 마땅한 어린이의 욕망이 아니다. 그것은 왕의 자부심이다. 이 비극

오이디푸스 왕 Oidipous Tyrannos 그리스의 비극 작가 소포클레스Sophocles (기원전 495~405)가 기원전 약 426년경에 쓴 비극이다. 부모가 원치 않았던 아이였던 오이디푸스는 산기슭에 버려진다. 하지만 뜻밖에도 어떤 부부의 도움으로 살아남게 된다. 젊은 시절 그는 교차로에서 만난 한 여행객과 말다툼 끝에 그를 죽이게 된다. 나중에 오이디푸스는 테베의 왕이 되고 왕녀 이오카스테와 결혼한다. 테베에 불행이 닥치자 오이디푸스는 이 불행을 불러일으킨 자를 저주한다. 그런데 예언자 테이레시아스는 이 도시에 불어 닥친 불행의 원인이 바로 오이디푸스임을 밝힌다. 이 불행은 그가 부지중에 아버지를 죽이고 어머니와 결혼했기 때문에 생긴 것이다. 도시를 구하고자 오이디푸스는 자신이 제정한 법령에 따라 결국 도시에서 추방된다. 뒤이어 이오카스테가 자살하자, 그는 그 분노에 못 이겨 스스로 눈을 찔러 맹인이 된다.

은 어린 오이디푸스의 비극이 아니라 오이디푸스 왕의 비극이다.(Ricœur 1970 : 516)

엄밀하게 말해서 오이디푸스는 윤리적으로 자기는 죄가 없다며 자신의 사면을 주장하기 때문에 유죄인 것이다.(Ricœur 1970 : 516)
프로이트의 이론은 텍스트의 질주를 저지하려고 오이디푸스가 윤리적으로 그의 범죄에 대해 유죄라고 가정하는데, 이는 오이디푸스가 이오카스테가 자신의 어머니라는 것을 알았을 경우에나 해당하는 것이다. 하지만 오이디푸스는 이오카스테와 결혼했기 때문에 처벌받은 것이 아니라 자신의 가정, 즉 자신의 자부심 때문에 처벌받은 것이다. 이러한 관점을 지지해 주는 증거가 예언자 테이레시아스라는 캐릭터이다.

예언자……는 비극의 중심부에 자리 잡고 있는 희극적 인물, 오이디푸스가 오직 괴로움과 고통을 통해 재회하려 하는 인물이다. 오이디푸스의 분노와 진리의 힘 사이의 연관성을 강조하는 것이 참된 비극의 핵심이다. 핵심은 성性의 문제가 아니라 빛의 문제이다. 예언자는 눈이 멀었다. 그러나 그는 마음의 빛 속에서 진리를 본다. 이것이 바로 한낮의 빛은 보지만 자기 자신에 관해서는 맹목이었던 오이디푸스가 맹인 예언자가 된 이후에야 비로소 자기의식을 가질 수 있었던 이유이다.(Ricœur 1970 : 517)

이로써 우리는 비극의 의도와 대조적인 프로이드의 독법과 프로이트와 대조적인 리쾨르의 독법 두 가지를 갖게 되었다. 하지만 리쾨르는 자신의 견해를 피력하면서 프로이트의 독해를 평하하는 걸 바라지 않았다. 오히려 그는 위장하고 감추면서 동시에 드러내는 힘을 지닌 상징의 통합성 속에서 두 가지 독법을 결합시킨다.(Ricœur 1970 : 517)

프로이트의 독법은 잘못된 것이 아니라 불완전한 독법이다. 그의 독법은 드라마를 진리의 비극이 아니라 기원의 비극으로 본다. 프로이트에 의하면, 비극의 경고는 어린 시절의 환상을 성인의 삶 속으로 끌어들이는 것이라기보다는, 대조적인 독법에서처럼, 성인으로서 분노와 자부심이 스스로 통제할 수 없을 정도가 되지 않게 하라는 것이다.(리쾨르가 『의지의 철학』에서 논한 '정념')

하지만 리쾨르에 따르면 첫 번째 독법은, 즉 프로이트주의자들의 독법은 두 번째 독법을 전제하고 있다. 반대 입장에서 말하자면, 프로이트주의의 대립 없이는 '대립적인 견해'를 인식하는 것도 불가능하다. 두 개의 독법 사이에는 '비밀스런 동맹'이 있으며, 이는 '상징 그 자체의 중층 결정 속에 존재한다'고 리쾨르는 말한다.(Ricœur 1970 : 519)

상징은 오이디푸스가 왕으로서 감당해야 할 처벌로 고통, 즉 추방을 겪었을 뿐 아니라 인간으로서 자신에게 부과한 처벌, 즉 눈이 먼 것으로도 고통을 겪었다는 점에서 중층 결정된다. 두 번째 처벌은 분노한 순간에 내려졌다. 다시 말해, 두 번째 처벌은 오이디푸스가 왕인 자신에게 부여했던 첫 번째 처벌의 순간에 그랬던 것처럼 정념에 굴복한 순간에 내려진 것이다. 두 개의 처벌이 있지만 두 번째 처벌은 첫 번째 처벌의 기원(정념에 굴복)이 반복되는 것이다. 예언자 테이레시아스는 두 처벌의 연결 고리이다. 첫 번째 처벌은 테이레시아스에 의해 촉발된 분노가 동기가 되었다. 두 번째 처벌에서 오이디푸스는 테이레시아스처럼 다시 한 번 발끈한다.

따라서 비록 이 비극이 프로이트가 생각한 것처럼 오이디푸스 콤플렉스에 '관한' 것은 아닐지라도, 두 번째 처벌을 통해 상징화되는 오이디푸스 콤플렉스의 극복 없이는, 오이디푸스의 입장에서는 자기-지식에 도달할 수 없다. 그렇기 때문에 오이디푸스 콤플렉스는 삶과 함께 간다. 이 비극이 우리에게 주는 것은 보편적인 적용 가능성이다. 오이디푸스 콤플렉스는 삶 전반을 설명해 주지 않는다. 하지만 그럼에도 불구하고, 우리의 삶이 자기의식 혹은 자기 이해에 이르기 위해서 반드시 극복해야 하는 것이다.

종교

우리는 리쾨르의 『오이디푸스 왕』 다시 읽기를 통해 프로이트가 인간 조건에 관하여 완전하진 않지만 부분적인 진리를 제공해 주었음을 알 수 있었다. 종교에 관해서도 마찬가지이다. 프로이트의 종교에 대한 관점은 부분적인 진리를 제공한다.

프로이트에게 '종교는 자기 기원의 단순한 반복'이라고 리쾨르는 말한다.(1970 : 534) 종교는 억압된 것의 귀환이 표명된 것이다. 아버지를 죽이려고 시도할 때마다(이깃은 오이니푸스 콤플렉스에서 물려받은 욕망이다.) 그는 새로운 모습으로 돌아온다. 예를 들어 기독교에서 예수로, 모세로, 하나님으로 돌아오는 것이다. 이것이 바로 하나님이 '아버지'로 불리는 이유이다. 리쾨르에 의하면, 반복에 대한 프로이트

오이디푸스의 죄?
리쾨르는 오이디푸스 콤플렉스로 알려진 소포클레스의 희곡을 프로이트와 다르게 해석한다. 리쾨르에 의하면, 소포클레스의 창작은 관객들의 마음속에 오이디푸스 콤플렉스를 불러일으키는 것이 목적이 아니다. 소포클레스의 작품은 자의식의 비극, 자기 인식의 비극을 목표로 삼는다. 오이디푸스의 죄는 자신의 어머니를 차지해 결혼하고 싶다는 어린아이 같은 죄가 아니라, 그 자신의 오만과 분노라는 어른의 죄이다.

의 집요한 관심은 종교적 감정을 후성설後成說[물질이 서서히 형성되면서 이를 통해 존재가 되는 것]로 보지 못하게 한다.(1970 : 534) 다시 말해, 종교가 욕망과 공포의 변형 혹은 전환일 수 있다는 생각을 거부하게 만드는 것이다. 이러한 거부는 분석에서 비롯된 것이 아니라, 프로이트의 개인적인 불신앙의 표현으로 보인다.

리쾨르는 프로이트가 그의 작품 전체에서 '종교적 감정'이 지금까지 제한되어 온 범위를 막 넘어서려고 할 때마다 그것을 '잘라 낸다'는 점에 주목한다.(1970 : 534) 리쾨르는 신화에서 반복이 중요하다는 것을 부인하지 않는다.(1970 : 540-1) 민족학, 비교신화학, 성경해석학이 모든 신화가 이전 설명에 대한 해석이라는 점을 확증해 준다. 리쾨르는 단지 신화에 대한 설명이 그 정도에 그치는 것을, 혹은 '오이디푸스 콤플렉스'의 '억압'으로서 내면화될 수도 있다는 것을 부인할 뿐이다. 중요한 것은 이러한 '감각 재료'가 아니라 의미의 발달에 담겨 있고, '재료'를 지향적으로 구성하는 해석의 움직임이다.(Ricœur 1970 : 541)

더 간단하게 말해서, 신화가 반복되는 것이 중요한 게 아니라, 매번 신화가 반복되면서 그 의미가 더해지고 그로 인해 신화가 변형된다는 점이 중요한 것이다. 이 같은 변형은 설령 원래의 신화가 아버지를 죽이고 싶어 하는 어린아이의 욕망의 표명이라 하더라도 그 이후의 변형태에서는 그것이 더 이상 진실이 아니라는 것을 뜻한다. 리쾨르의 소기작 『악의 상징』의 관점으로 돌아간다면, 신화는 이미 자신의 기원을 해석한다. 예수 이야기는 모세 이야기의 반복이 아니라 그것의 재해석이다.

이렇게 본다면 신화, 특히 종교적 신화는 고고학적 의미뿐 아니라 목적론적 의미를 지닌다. 신화의 의미는 인간의 기원에 관한 것일 뿐 아니라, 인간이 어디로 가고 있는지에 관한 것이다. 다시 말해 신화는 비극 같은 예술 작품처럼 어린이에 관한 것이 아니라 성인에 관한 것이다. 비록 신화를 삶과 연관된 것으로 만드는 것이 자기 안에 어린이를 품고 있는 성인이라 하더라도 말이다. 프로이트는 고고학적 단계에 머무를 뿐 목적론적 단계로 나아가지 않는다. 하지만 우리는 신화를 이해하기 위해서 혹은 성스러운 것의 상징을 이해하기 위해서 프로이트의 독법을 단순하게 거절할 수는 없다. 프로이트의 독법은 그 자체로 충분하지는 않다. 하지만 전체 그림의 일부로서 필수불가결한 것이다.

만일 상징이 끊임없이 부인당해 왔으며 극복해 온 환상이라면 그것은 절대로 폐지된 환상이 아니다. 바로 이 점이 우리가 성스러운 상징이 단순하게 '억압된 것의 귀환'이라고 절대로 확신하지 않으며, 오히려 언제나 그것은 유아기의 그리고 고대적 상징의 부활이라고 확신하는 이유이다. 상징의 두 가지 기능은 떼려야 뗄 수 없다. 신학적·철학적 성찰에 가장 근접한 상징적 의미는 항상 고대 신화의 흔적과 관련되어 있다. 고풍스러움과 예언의 친밀한 동맹은 종교적 상징의 풍부함을 이루고, 그 상징의 모호성을 이룬다.(Ricœur 1970 : 543)

프로이트를 읽는 신자들에게 이 모호성은 믿음이 다시는 똑같을 수 없음을 뜻한다. 종교적인 신자는 위안을 얻고자 반드시 종교 이면의 욕망을 인식해야 한다. 하지만 신자가 위안을 바란다는 인식이 부당한 믿음인 것은 아니다. 정신분석은 종교에 혹은 최소한 종교철학에 배울 것이 있다. 그것은 실재의 본성이다. '실재는 단순히 관찰 가능한 일련의 사실들과 입증할 수 있는 법칙들이 아니다. 정신분석적 개념으로 보자면 그것은 사물과 사람의 세계이다.'(Ricœur 1970 : 550)

실재가 이런 것이라면 정신분석은 프로이트가 신화, 우화, 이야기들은 존재 이면의 진리, 즉 오이디푸스 콤플렉스라고 말하는 진리에 대한 거부의 표명이라고 설명할 때 그랬던 것처럼 그것들을 비실재와 거짓과 환상의 영역에 할당해서는 안 된다. 신화는 진리를 부인하지 않는다. 오히려 진리를 말한다. 신화는 '존재들 그리고 존재와의 관계에 관한 상징적 탐험이다'. (Ricœur 1970 : 551) 이런 식으로 상징은 우리가 필연성을 받아들일 수밖에 없다는 것을 가르쳐줄 뿐 아니라(정신분석가도 가지고 있는, 태어난 존재라는 필연성), 우리가 사랑받을 자격이 있는 피조물이라는 것도 가르쳐 준다. 실재는 무작정 감수해야 하는 필연성이 아니다. 그것은 사랑받기 위한 창조물이다.

정신분석, 욕망의 해석학

두 학문 사이의 명백한 차이에도 불구하고, 리쾨르는 정신분석이 일종의 해석학임을 입증하려 한다. 정신분석은 욕망의 해석학이다. 프로이트는 정신분석이 '욕망의 기호학'에 관한 적절한 설명이긴 하지만 그것이 정신분석적 탐구 영역의 한계라는 점을 깨닫지 못했기 때문에 실패했다. 정신분석은 자연과학이라기보다는 역사적인 과학이다. 즉, 그 목표가 진리의 입증이 아니라 그럴듯한 설명이다. 정신분석은 또 현상학적 판단 중지 혹은 환원이다. 역으로, 가장 잘 알려진 것으로 생각되던 의식은 현상학을 통해 가장 알 수 없는 것이 된다. 데카르트의 '나는 생각한다. 따라서 나는 존재한다'로 표현되는 반성철학은, 정신분석가의 눈으로 보자면 그저 나르시시즘의 표현에 불과하다. 하지만 이것이 오로지 사례라면 정신분석가는 절대적 진리, 그러니까 자연과학이라기보다는 역사적 과학인 정신분석의 존재와 모순되는 절대적 진리의 저장고가 될 수 있다. 이러한 정신분석은 욕망에 관한 진리를 움켜쥔다. 하지만 그 진리가 인간 존재의 총체적인 진리가 아님은 프로이트의 예술과 종교 해석을 통해 볼 수 있다. 오이디푸스의 비극은 그저 오이디푸스 콤플렉스만을 보여 주지 않는다. 그것은 분노와 가정假定의 결과를 보여 준다. 이 비극은 타자를 보여 줌으로써 인간 조건의 이러한 차원 중 하나를 제시할 뿐이다. 종교적 신화는 그 자신의 반복도 억압의 표지도 아니다. 종교적 신화는 자신을 재해석하며, 그럼으로써 실재가 단순히 감수해야 할 필연성이 아니라 사랑받기 위한 창조물임을 증명한다.

04

은유

Paul Ricœur

리쾨르의 '살아 있는 은유'

『악의 상징』을 저술한 후 리쾨르는 해석학이 상징을 해석하는 것만으로는 충분치 않다는 것을 깨닫는다. 『악의 상징』은 신화와 신화의 상징적 지위를 그것이 표현되어 있는 언어와 분리하고 언어 그 자체를 완전히 투명한 것으로 가정했다. 그러나 물론 이중-의미 문제는 언어적 차원에서도 발생할 수 있다. 그래서 1960년대 후반 리쾨르가 해석학을 해석 이론에서, 읽기를 통한 해석 이론으로 확장할 때 언어적 차원의 의미 문제를 언급할 필요가 생겼다. 그는 『살아 있는 은유』라는 중요한 자기 충족적인 작품에서 이 문제를 다룬다.

여덟 개의 연구로 되어 있는 『살아 있는 은유』는 세 가지 실재 속의 은유, 즉 단어·문장·담론 속의 은유를 혁신적으로 고찰한다. 리쾨르에 의하면 단어 층위에서의 은유는 수사학의 영역에, 문장 층위에서의 은유는 의미론의 영역에, 담론 층위에서의 은유는 해석학의 영역에 속한다. 마지막 여덟 번째 연구에서 리쾨르는 '은유적인 언급에 관한 이론의 철학적 함축'을 해명한다.(Ricœur 1977 : 7) 그러나 리쾨르가 설명하는 바에 의하면 이 책은,

수사학을 의미론으로 대체하고 의미론을 해석학으로 대체함으로써 이

둘을 논쟁시키려는 것이 아니라, 유사한 학문 분과의 한계 내에서 개별적으로 접근하는 것을 정당화하고, 동시에 단어에서 문장까지, 문장에서 담론까지의 진행을 따라감으로써 관점들의 체계적인 연속성을 증명하려고 한다.

리쾨르는 이 책에서 자신의 은유 이론만을 내세우지 않는다. 거의 백과사전적 수준에서 아리스토텔레스 이후 은유를 다룬 이론들을 전반적으로 설명하고 비판하면서 고찰한다는 점에서 이 책은 매우 끈기 있는 작품이라고 할 수 있다.

은유, 미메시스, 행동

리쾨르는 아리스토텔레스의 이론을 비판하면서 은유에 관한 탐색을 시작한다. 리쾨르에게 은유 이론의 핵심은 은유의 '~로 보기' 측면이다. 우리는 은유를 통해 익숙한 것을 새로운 빛 속에서 본다.

『수사학』과 거의 같은 시기에 쓰어진 『시학』에서 아리스토텔레스는 '미메시스mimesis'에 관해 논의한다. 미메시스는 '모방'을 뜻한다. 플라톤은 이 용어를 어떤 방식이건 간에 뭔가를 흉내 내는 것을 뜻할 때 폭넓게 사용했다. 플라톤은 자연 자체가 이상적 세계를 흉내 내는 것이라고 생각했다. 결과적으로 자연을 그린 그림은 모방의 모방인 것이다. 아리스토텔레스는 플라톤의 철학을 반대하면서 훨씬 엄격하고 협소한 미메시스의 정의를 제시했다.

아리스토텔레스에게 미메시스는 반드시 '만들기'를 수반한다. 미메시스는 특히 어떤 것을 다른 것과 유사하게 만드는 인간 활동인 것이다. 미메시스는 어떤 것을 우발적이고 원본과는 다른 식으로 단순하게 모방하는 것이 아니다. 그것은 어떤 것을 재현하고자 신중을 기한 창조이다. 달리 말하자면, 리쾨르가 지적하는 것처럼, 미메시스(아리스토텔레스가 『시학』에서 기술한)와 메타포(그가 『수사학』에서 기술한) 사이에는 직접적인 대비가 있다. 즉, 은유와 직유의 관계는 미메시스와 모방의 관계와 같은 것이다.

이처럼 아리스토텔레스에게 미메시스는 모방이 아니라 재현이다. 이 둘의 차이는 결정적이다. 모방 그 자체는 겉모양과 관련되지만, 미메시스는 행동의 모방이다. 달리 말하면, 미메시스는 플롯muthos을 수반한다. 플롯은 '인간 행동을 더 정합성 있는 형식으로 재배치하는 것이 아니라 행동을 고양시키는 구조화이다'. 그러므로 미메시스는 바로 이 뮈토스muthos를 통해서 인간적인 것을 보존하고 재현한다. 이때 인간적인 것은 인간의 본질적 특성이 아니라 어떤 면에서 인간을 더욱 위대하고 고상하게 만드는 것을 뜻한다. 지금, 리쾨르는 아리스토텔레스의 미메시스 이론과 자신의 은유 이론 사이에 '더욱 엄밀하게 부합하는 관계'를 적용하려 한다.

『수사학』에서 아리스토텔레스가 말하는 바에 의하면, 낯선 것과 고상한 것은 좋은 은유 안에서 만난다. 『시학』에서 아리스토텔레스가 말하는 바에 의하면, 미메시스는 뮈토스를 통해 고상한 것으로 격상된다. 은유 연구에서 '아리스토텔레스의 의도를 넘어서는' 리쾨르의 고유한 기여는,

'단어 층위에서 일어나는 의미의 전위'라는 은유의 비밀이, 뮈토스 층위에서 일어나는 의미의 고양에 기인한 것은 아닌지를 묻는 데 있다. 만약 이러한 가정이 받아들여질 만하다면, 은유는 일반적인 용법에서의 일탈일 뿐 아니라, 미메시스로 촉진된 의미의 상승적 움직임이라는 점에서

아리스토텔레스Aristoteles(기원전 384~22) 플라톤과 더불어 고대 그리스의 가장 중요한 철학자인 아리스토텔레스는, 일반적으로 철학을 윤리학·법철학·정치철학 같은 분과로 나눈 최초의 철학자로 여겨진다. 그의 가장 중요한 구분은 물질적 자연의 재료를 다루는 물리학과 물질세계 배후에 놓인 형이상학 사이의 구분인데, 이때 형이상학은 자연 세계 너머에 자리 잡고 있기 때문에 순수하게 지적 탐색의 영역이다. 아리스토텔레스의 우선적인 관심은 우리가 관찰을 통해 아는 것에서 자연을 통해 알려진 것으로 어떻게 나아갈 수 있는지의 문제, 즉 우리는 반드시 지성의 작용을 통해 발견해야 한다는 것이었다. 이 질문의 경로를 따라 그는 논리적인 사유를 창안했으며, 그중 가장 중요한 것이 '삼단 논법'(만일 모든 A가 B이고, 모든 B가 C이면, 모든 A는 C)이다.

『수사학』에서 아리스토텔레스는 은유성metaphoricity을 단어lexis 층위에 놓고, 그것에 세 가지 결정적인 특징을 부여한다. 즉, 은유는 명사로 이루어진다. 은유는 운동ephipora으로 정의된다. 은유는 이름의 전위이다. 아리스토텔레스가 드는 사례는 '아킬레우스는 사자이다'이다. 이 예에서 우리는 은유가 '아킬레우스'와 '사자'라는 두 개의 명사로 이루어져 있음을 알 수 있다. 그리고 아킬레우스라는 이름은 사자로 전위되거나 옮겨진다.(이것이 에피포라ephipora이다.) 결국 은유는 대체substitution 관념으로 귀착된다. 한 단어가 다른 단어를 대체하고, 한 사물이 다른 것, 즉 사물-단어(명사)가 되는 것이다. 하지만 어떠한 대체도 일어나지 않을 것이다. 전위가 일반적이거나 현재적이거나 일상적인 용어법에서 비일상적인 용례로 이동

볼 때 그 일탈을 통해 특권을 누리는 도구이다.(Ricœur 1977 : 41)

달리 말하자면, 리쾨르에게 은유가 중요한 이유는 그것이 미메시스, 즉 모방이 뮈토스, 즉 플롯이 되기 위한 도구이며, 그 결과 미메시스가 단순한 자연 모방이 아니라 인간 행동의 모방이 되기 때문이

하는 것인 한 그 효과는 반드시 낯설다. 이것이 은유의 핵심일 것이다.
그렇다면 은유는 한 영역(아리스토텔레스가 든 사례에서는 동물의 영역)에서 단어를 빌려서 그것으로 다른 영역(여기서는 인간의 영역)에 속한 단어를 대신하는 것이다. 요컨대 은유는 적절치 않은 것을 말한다. 아킬레우스는 사자가 아니다. 그는 사람이다. 하지만 용어들 간의 관계의 법칙이 이해된다면 허용할 만한 것이다.('시적 허용') 지금 들고 있는 사례의 경우 그 법칙은 일종의 동등성이다. 우리는 "아킬레우스가 사자이다. 왜냐하면 사자 같기 때문이다"라고 말할 수 있다. 하지만 속과 종 혹은 종과 속 같은 다른 관계도 연관될 수 있다. 아리스토텔레스는 비록 은유가 직유('A는 B와 같다'라고 말하는 것)와 유사하다 하더라도 은유를 직유보다 더 우월한 것으로 본다. 은유가 직유에 비해 더 짧고, 그로인해 더 간결한 방식으로 새로운 지식을 전달한다면 말이다. 아리스토텔레스의 입장에서 보자면 바로 여기에 은유의 중요성이 놓여 있다. 왜냐하면 은유는 그 용어를 예상치 못한 원천에서 빌려 오기 때문이다. 은유는 새로운 정보를 전달하면서 독자를 놀라게 하거나 즐겁게 만들고, 그럼으로써 전달된 지식이 독자에게 더 상한 인상으로 남게 만든다. '아킬레우스는 사자 같다'는 그저 석낭히 흥미로운 정보 쪼가리에 불과하다. 하지만 '아킬레우스는 사자이다'는 우리 눈앞에 사물을 내놓는다. 아리스토텔레스가 말하는 것처럼 우리로 하여금 그 사물을 보게 만든다.

다. 우리는 비극 안에서 인간 행동의 모방을 보고 싶어 하고, 말하고 싶어 한다. 왜냐하면 그 모방은 고양된 것이기 때문이다. 비극은 인간성의 고결함을 보여 주고, 그럼으로써 (관객들의) 정신은 고양된다. 규범에서 벗어난 은유적 언어도 고양된 언어이다. 그렇기 때문에 시작詩作에 적절한 언어는 은유적 언어이다.

여기까지만 보면 리쾨르의 은유 이론은 그저 아리스토텔레스의 이론을 살짝 윤색하는 데 관심을 기울이는 것 정도로 보일 수 있다. 그러나 리쾨르는 더 원대한 철학적 주장을 하고 있는 것이다. 리쾨르가 행한 장황한 아리스토텔레스 분석의 핵심은 우리에게 '담론이 없다는 것은 세계와 우리의 관계를 보류하는 것'이라는 사실을 상기시킨다.(Ricœur 1977 : 43) 즉, 미메시스를 통해 일상적인 어휘에서 벗어나는 은유는 '무엇인지 말하기'에 관한 위대한 기획에 속한다. 더 나아가, 이 '무엇인지 말하기'는 단지 어떻게 사물이 자연 속에 존재하는지를 말하는 것에 그치지 않는다. 은유는 뮈토스, 즉 플롯 속에서의 역할을 통해 미메시스를 그저 저기-있는-사물에 관한 단순한 기술을 통해 다루어졌을 뿐 정당하게 설명되어 본 적이 없는 실재의 차원을 가리키는 지표로 만든다.(Ricœur 1977 : 43)

은유적 담론은 존재이자 행동인 모든 사물을 제시한다. 모든 존재는 행동할 수 있으며 은유적 언어에는 '맹아적인' 잠재성이 있다. 리쾨르가 함축적으로 요약한 것을 보면, '생생한 표현은 존재를 살아 있는 것으로 표현한다'.(1977 : 43) 예를 들어 '믿음은 우리가 절망에서 희망을 끌어낼 수 있게 해 준다'라는 명제를 생각해 보자. 이 발화의 방향이 행동을 유발할 것처럼 보이지는 않는다. 하지만 똑같은 아이디어가 마틴 루터 킹 주니어Martin Luther King Jr의 말 속에서 표현되었을 때를 생각해 보라. "이 믿음을 가지고 우리는 절망의 산 속에서 희망의 돌을 깎아 낼 것입니다."(King 1963) 은유를 통해 이 축약적 언어는 구체화되었으며, 결과적으로 행동의 언어가 되었다.

은유는 비유다

우리는 이미 리쾨르가 어떻게 어휘 분석에서 문장 분석으로 이동했는지, 혹은 리쾨르의 용어로 말하자면, 수사학에서 의미론으로 이동했는지 볼 수 있다. 그는 이 이동을 비유론tropology, 즉 비유 분석에 착수함으로써 완성시킨다.

   리쾨르에 의하면, 비유론은 전통적으로 '의미론적 탈문脫文·lacuna' 개념에 의존한다. 탈문은 의미의 틈이다. 의미론적 탈문은 작가가 채우기 원하는 문장 속의 틈이다. 그 틈은 다른 담론 영역에서 빌려 온 변칙적인, 혹은 상궤를 벗어난 단어로 채워진다. 빌려 온 낯선 용어는 문장 속에 부재하는 용어를 대신하게 되는데, 이는 작가의 선호 문제이기도 하고 작가의 어휘에 틈이 있기 때문이기도 하다. 작가의 선호는 작가 고유의 수사를 낳고 어휘의 틈은 비유의 남용을 낳는다.

   아무튼 빌려 온 단어의 비유적 의미와 부재하는 단어의 적절한 의

비유Trope 단어나 절을 통상적인 혹은 익숙한 의미와는 다르게 사용하는 수사적 표현. 언어를 말로 꾸미는 것.〔trope는 전의轉義로도 번역된다. 전의에는 은유, 환유, 제유 등이 있다.〕

미 사이에는 어떤 관련성이 있으며, 그것이 바로 용어 대체 배후에 존재하는 '이유(이론적 설명 혹은 토대)'이다. 용어의 대체 배후에는 여러 가지 '이유들'이 있으며, 이 각각의 이유들이 명명하고 범주화할 수 있는 비유가 되는 것이다. 예를 들어 유사성이 '이유'라면 그 비유는 은유이다. 전통적이고 고전적인 이론에 따르면 한 비유를 설명 혹은 이해하기 위해서는, 부재하는 본래의 단어를 찾으면서 그 비유를 사용한 '이유'가 무엇인지를 따라가 보아야 한다. 이러한 작업은 부적절한 용어가 대신한 원래의 용어를 되찾는 것이다.(Ricœur 1977 : 46) 각각의 비유는 용어 하나로 결정되기 때문에 대리물, 즉 지금 비유적 용어가 차지하고 있는 자리에 있던 '원래의' 적절한 용어를 되찾는 것은 그 비유를 완전하게 혹은 철저하게 이해하는 것이다.

이후 리쾨르는 19세기의 프랑스 문법학자인 피에르 퐁타니에Pierre Fontanier에게 관심을 기울인다. 퐁타니에는 『담론의 수사학Des figures autres que tropes』(1830)에서 모든 수사학적 비유들의 체계적 범주화를 시도한 고전 수사학 이론의 마지막 주창자이다. 퐁타니에에 의하면, 비유의 의미는 부재하는 적절한 단어를 통해 표현된 관념과 그 단어를 대신한 수사적 단어를 통해 표현된 관념 간의 관계로써 결정된다. 퐁타니에는 다음과 같은 세 가지 관계를 설정했다.

첫째, 상호 관계는 환유를 이룬다. 예를 들어 "한 병 더 주시겠어

비유의 남용Catachresis 단어의 부적절한 사용 : 수사나 은유의 남용 혹은 전도처럼 사물에 대한 용어 사용이 적절치 않은 경우를 말한다.(옥스포드 영어 사전)

요?"에서 '병'이 그 병의 내용물을 언급할 때처럼 두 사물 간에는 상호 관계가 있다. 둘째, 결합 관계는 제유를 이룬다. '돛이 보인다'에서 '돛'이 배 전체를 언급하는 것처럼 말이다. 셋째, 유사 관계는 은유를 이룬다. "자, 한번 덤벼 봐, 호랑이"에서 '호랑이'는 지금 눈앞에 서 있는 상대를 말한다.

상호 관계의 사례로는 '원인과 결과, 수단과 목적, 담는 용기와 내용물, 사물과 그 위치, 기호와 지칭, 육체와 도덕, 모델과 사물' 등이 있다.(Ricœur 1977 : 56) 각각의 사례에서 두 사물은 합쳐지긴 하지만, 이 사물은 '~에서 제외되었다'는 개념을 수반하는 분리된 전체를 이룬다. 한편, 결합 관계는 '부분과 전체의 관계, 재료와 사물의 관계, 하나와 여럿의 관계, 종과 속의 관계, 추상과 구체성의 관계, 종과 개인의 관계'에서 볼 수 있는 것처럼 '~에 포함되었다'는 개념을 수반한다.(Ricœur 1977 : 56) 환유와 제유는 완벽한 대칭이다. 둘은 서로를 통해 호명된다. 그리고 둘은 둘 중 하나가 배척되거나 하나가 다른 하나에 포함되는 관계이다.

리쾨르의 흥미를 끄는 퐁타니에의 설명은 은유가 이러한 대칭적 쌍에 포함되지 않는다는 점이다. 그 이유 중 하나는 은유가 어떤 종류의 단어와도 결합할 수 있는데 반해, 다른 비유들은 오직 명사와만 결합할 수 있기 때문이다. 리쾨르는 이 지점에서 아리스토텔레스를 언급하면서 퐁타니에의 의도를 넘어설 준비를 한다. 퐁타니에는 단어는 생각을 지시하는 것이며 서술은 그저 단어의 조합을 통해 표현되는 생각의 조합에 불과하다는 18세기의 믿음을 견지했기 때문에, 비유에 대한 논의를 서술의 층위로 넘기기보다는 개별 단어의 층위에서 계속하고 싶어 했다. 하지만 리쾨르는 은유에 관한 퐁타니에의 이론이 부지중에 단어에서 진술로 이동하고 있음을 간파한다. 심지어 명사를 은유적으로 사용할 때조차, 퐁타니에가 기술한 바처럼(화가 잔뜩 난 사람을 호랑이로, 위대한 작가를 백조로), 이미 단순하게 새로운 이름으로 어떤 사물을 지시하는 것과는 다른 무엇인가가 있다.

리쾨르는 '특성을 부여하고 한정한다는 점에서 볼 때 '명명'은 아니지 않은가?'라고 묻는다.(1977 : 57) '뼈아픈 후회', '모험과 칭송을 욕망하는 용기', '그의 들끓는 영혼'처럼 퐁타니에가 사용했던 사례들에서 볼 수 있는 바와 같이 유사성의 대체는 어떤 속성, 즉 은유는 명사 외의 단어들과 결합할 수 있는 속성을 가지고 있기 때문이다. 리쾨르는 '(퐁타니에는 그렇다고 주장하지만) 이런 은유는 명명하지 않는다' '하지만 이미 명명된 것에 특징을 부여한다'고 지적한다.(1977 : 57) 게다가 이를 위해 은유는 개별 단어뿐 아니라 자신을 포함하는 문장 전체와도 관련되어야 한다. 왜냐하면 은유는 두 관념뿐 아니라 두 단어, 즉 지지자 역할을 하는 비은유적인 단어와 특성을 부여하는 기능을 충족시키는 은유적 단어를 한 문장 안에서 연관시키기 때문이다'(Ricœur 1977 : 57)

퐁타니에의 결론과 달리, 리쾨르는 은유가 명제를 가리키며 개별 단어의 층위에 국한되지 않는다는 점을 강조한다. 퐁타니에는 자기 이론의 귀결을 보지 못했다. 예를 들면, 그의 맹목은 알레고리를 확장된 은유로 보지 못하게 방해했다. 반면 리쾨르에게 알레고리는 명제의 층위에서 명시적으로 작동하는 은유이다. 실제로, 일단 은유가 단어에서 자유로워지면 그 다음에는 모든 기술description이 은유적인 것으로 보일 수 있다. 그 기술이 대상을 우리 눈앞에 어떤 특정한 방식으로 설정한다면 말이다. 기술은 보는 것이 아니라 '~로 보는 것'이다.

리쾨르가 보기에 '~로 보기'는 비유적인 언어로 만들어진다. 퐁타니에의 논의는 환유와 제유에서 은유를 구별해 냈다는 점에서 가치가 있다. 리쾨르의 용어로 하자면 환유·은유·제유 중 은유만이 '~로 보기', 즉 적절한 비유적 언어를 이룬다. 그리고 비유적 언어에서 중요한 점은 그것이 '자유롭다'는 것이다. 즉, 어떤 관념이든 다른 것의 이미지를 통해 자유롭게 제시될 수 있다는 것이다. 어떤 언어 조각이든 무언가의 은유가 될 수 있으며, 이것이 비유적 언어가 펼쳐 보이는 자유이다.

다음으로, '좋은' 은유는 새로 창안된 것이라는 사실이 뒤따른다. 퐁타니에도 인정한 바와 같이, 오래된 은유는 일상어처럼 보이는 경향이 있다. 사람들은 아예 그것이 은유라는 사실을 잊어버린다. 하지만 새로운 은유는 언어 속에서 자유를 실행한다. 이런 의미에서 언어 속에서의 자유는 리쾨르가 보기에 인간 창의성의 표지이다.

은유와 의미론

리쾨르의 다음 수순은 단어 분석을 떠나 문장 분석으로, 그리고 담론 분석으로 가는 것이다. 이는 아리스토텔레스와 퐁타니에의 어휘 분석이 잘못되었다는 뜻이 아니다. 단지 그들이 어휘가 어떻게 의미를 만들어 내는지를 기술하기보다는 은유를 분류하는 데 국한되었거나, 그들이 자기들의 주장과 상반됨에도 불구하고 의미를 기술할 때 어쩔 수 없이 단어를 넘어서려 했음을 뜻한다.

동시에 리쾨르는 의미의 한 단위인 문장에 관심을 기울인다. 왜냐하면 문장은 부분의 합으로 약분할 수 없는 전체이기 때문이다. 리쾨르는 문장의 은유성에 관한 고유한 관점을 구성하면서 네 명의 20세기 작가들이 제시하는 은유 이론에 관심을 기울인다. 그들은 영국의 문학 이론가 I. A. 리처즈Richards(1893~1979), 아제르바이잔계 미국 이민자 출신 철학자 막스 블랙Max Black(1909~1988), 미국의 미학자 먼로 비어즐리Monroe Beardsley(1915~1985), 러시아계 미국 이민자 출신 언어학자 로만 야콥슨Roman Jakobson(1896~1982)이다.

I. A. 리처즈

『수사학의 철학The Philosophy of Rhetoric』(1936)에서 리처즈는 수사학을 '오해와 오해의 치료에 관한 연구'라고 부르며, 이른바 '적당한 의미라는 미신'을 공격한다.(1936 : 3)

리처즈가 보기에 단어는 '적절한' 의미가 없는 것이다. 즉, 어떠한 의미도 단어에 '속해 있다'고 말할 수 없다. 다시 말하자면 단어는 그 자체로 어떠한 의미도 없다. 왜냐하면 의미를 나르는 것은 나누어지지 않는 전체인 담론이기 때문이다.

리처즈의 이론은 노골적인 컨텍스트적 이론이다. 다시 말해 한 단어의 의미는 그 단어가 사용된 문맥에 의거하여 단어가 나타나는 매 순간마다 독자 혹은 청자가 '추측해야 하는' 것이다. 사전의 정의는 그저 한 단어가 차지하고 있는 영역을 투박하게 안내하는 것에 불과하다. 즉, 사전의 정의는 한 단어를 단번에 그리고 영원히 하나의 고정된 의미에 정박시키지 않는다. 의미는 사전이 아니라 담론의 맥락 속에서 단어들이 상호 작용하면서 생기는 것이다. 의미는 언제나 새로이 창안된다.

　이 같은 은유 이론은 리처즈를 곧장 아리스토텔레스의 반대편에 세운다. 리처즈가 보기에 언어는 '본질적으로 은유적'이다. 은유는 바로 일상적인 용례의 재료이며, 자기 자리에서 벗어난 용례라고 생각할 필요가 없다. 은유는 세계의 가능한 의미들 중에서 다른 맥락의 서로 다른 두 부분을 하나의 단순한 의미 안에 결합시킨다. 은유는 아리스토텔레스나 퐁타니에의 주장처럼 적절한 의미에서 일탈하여 비유적인 의미 속으로 들어가는 사례가 아니다. 오히려 은유는 '컨텍스트 간의 거래'이지, '적절한' 혹은 '일탈적인' 것으로서 특권을 누려 온 혹은 누려 보지 못한 상태가 아닌 것이다.

　리처즈는 숨어 있는 관념을 '취지tenor'라고 부르고, 숨어 있는 관념을 파악하는 도구가 되는 관념을 '수단vehicle'이라고 불렀다. 예를 들어 '아킬레우스는 사자이다'라는 말에서 취지(숨어 있는 관념)는 아킬레우스의 힘, 용기, 고귀함이고, 수단은 사자라는 관념이다. 하지만 사자를 생각하는 것 자체가 아킬레우스를 떠올리게 하지는 않는다. 이 제언은 오직 이 문장 전체를 읽을 때에만 성취되는 것이다. 따라서 은유는 취지만 있거나 수단만 있으면 성립되지 않는다. 두 개가 다 있어야 한다. 게다가 어떤 수단을 선택하느냐가 취지를 바꾼다. 아킬레우스는 언제나 강하고 용기 있고 기품 있는 인간으로 생각될 뿐 아니라(그는 이 은유가 만들어지기 전에도 이런 말로 표현되는 사람이었다.), '사자 같은' 사람으로 생각될 것이다. 이때 '사자 같은'은 설령 그 말이 힘, 용기, 기품 같은 속성을 내포하더라도 그것을 넘어서는 어떤 것이다.

늘 그랬던 것처럼 리쾨르는 리처즈의 이론을 제한적으로 받아들인다. 리처즈의 은유론에서는 우선 축어적 의미와 은유적 의미가 구분되지 않는다. 만약 은유를 판별하는 유일한 기준이 두 가지 의미를 동시에 제시하는지의 여부라면 축어적 의미도 충분히 그럴 수 있다. (돼지기름으로 만든 험프티 덤프티Humpty Dumpty 모델은 뚱뚱하다.)〔Humpty Dumpty는 영어권 유아들에게 익숙한 운문에 등장하는 캐릭터이다. 주로 계란으로 묘사된다. Humpty Dumpty sat on a wall./Humpty Dumpty had a great fall./All the king's horses and all the King's men/Couldn't put Humpty together again.〕

두 번째로 리처즈의 이론은 취지와 수단 사이에 유사성이 있는 경우(Humpty Dumpty와 계란)와 그 사이에 공유된 특성이 있는 경우(아킬레우스와 사자)를 구분하지 않는다.

마지막으로 리처즈의 이론은 리쾨르가 은유의 '존재론적' 지위라고 부른 것, 즉 은유와 어떻게 사물이 실재하는지의 관계를 언급하지 않는다. 그것은 믿음, 이해, 진리의 관계이다. 리쾨르가 말하는 것처럼, '전적으로 이해하기 위해 우리는 언술 행위를 믿어야만 하는가? 우리는 성경이나 거룩한 희극이 은유적으로 말하는 바를 진리로 받아들여야만 하는가?'(Ricœur 1977 : 83)

막스 블랙

블랙은 『모델과 은유Models and metaphors: Studies in language and philosophy』(1962)

에서 은유가 전체 문장에 의존하는 동시에 한 단어로 결정되는 것이라고 정의하면서 논의를 시작한다. '의장은 그 논의를 쟁기질하면서 헤쳐 나갔다'라는 문장에서 '쟁기질하면서'는 은유적으로 쓰이고 나머지는 비은유적으로 쓰이는 한 문장 혹은 표현'(Black 1962 : 27)이라는 것이다.

블랙은 문장에서 은유적으로 쓰인 단어와 문장의 나머지 부분을, 리처즈의 '취지'와 '수단'보다 조금 더 정교한 용어인 '초점focus'과 '틀frame'이라고 명명한다. 하지만 리처즈와 마찬가지로 블랙도 은유가 두 부분, 즉 초점과 틀의 상호 작용에 의존한다는 것을 인식한다.

블랙은 은유를 조금 더 정교하게 정의함으로써 은유가 새로운 의미를 생성할 때 어떻게 작동하는지를 숙고할 수 있었다. 블랙이 이를 설명하기 위해 사용한 용례는 '남자는 늑대이다'이다. 블랙에 의하면, 초점인 '늑대'는 통상적 의미로 작동하지 않는다. 만일 사전에서 '늑대'를 뒤져 보면 '개와 유사한 육식 야생동물'이라는 설명 문구를 발견할 수 있을 것이다. 하지만 이 사전적 정의는 우리가 은유를 이해할 때 우선적으로 고려하는 사항이 아니다. 그보다는 '연관된 상투어들의 체계'가 작동하는 것이며, 이는 자신이 속한 발화자 공동체에 의존하는 독자들의 성향에 따라 달라진다. 특정한 사람을 늑대라고 말할 때, 블랙이 말한 것처럼, 그 사람에 대한 우리의 관점을 조직하는 상투어들의 전체적인 배열이 머릿속에 떠오른다. 그 결과, 은유는 그 사람을 볼 때 봉과하는 스크린이나 필터처럼 작동한다. 은유가 '식견insight'을 주는 것이다. 퐁타니에의 주장과 달리, 이처럼 은유는 남김없이 설명되지 않는다.

리쾨르는 블랙의 이론이 '굉장한 장점'이 있지만, '약간의 유보 사항'이 있다고 판단한다.(1977 : 88) 리쾨르가 이렇게 말하는 가장 큰 이유는 블랙의 이론이 이미 확립되어 있는 함축에만 유효하기 때문이다. 우리는 모두 이미 늑대 같은 사람이 어떤 사람인지 알고 있다. 하지만 리쾨르가 정말 관심을 기울이는 것은 문학작품 속의 은유처럼 뭔가 새로운 것을 만들어 내는 함축이다. 게다가 블랙의 이론은, '남자는 늑대이다'라는 은유가 일단 확립되면, 남자를 이전과 같은 방식으로 다시는 볼 수 없을뿐더러 늑대 역시 이전과 같은 방식으로 볼 수 없다는 점을 고려하지 않는다. 인간을 늑대라고 부름으로써 우리는 인간을 특별한 조명 아래 놓는 것과 동시에 늑대를 더 인간적으로 보게 된다.(Ricœur 1977 : 88) 리쾨르는 여전히 이런 부가적인 의미가 어디에서 오는지 알고 싶어 한다.

먼로 비어즐리

비어즐리는 저서 『미학 Aesthetics』(1958)과 「은유적 비틀림 The Meta-phorical Twist」(1962)에서 은유를 문학적 글쓰기의 일반적 전략으로 간주한다. 이 전략은 진술된 것과 양립할 수 없는, 혹은 심지어 대립적인 무언가를 의미한다.

  예를 들어 살아 있는 죽음 같은 모순어법은 아이러니와 마찬가지로 동일한 전략의 일부이다. 작가가 진술하는 바로 그 순간 그것을 철회함으로써 자기가 말하는 바의 반대를 제시한다. 은유에서 모순이나 '논리적 부조리'는 이런 사례들처럼 직접적이진 않지만 여전히 존재한다. 예를 들어 길거리가 '형이상학적으로' 기술된다면, 독자는 형이상학적인이라는 말에 함축된 의미를 끌어내라는 요청을 받는다. 길거리는 명백하게 물리적인데도 말이다. 비어즐리에 의하면 은유는 뭔가 그런 간접적인 자기모순이다.

리쾨르는 비어즐리의 은유 이론에서 두 가지 이점을 발견한다. 하나는, 우리가 '적절한' 의미와 '비유적인' 의미를 재정의할 수 있다는 점이다. '적절한 의미'는 어떤 용어의 사전적 의미라고 할 수 있다. 하지만 '비유적 의미'는 어떤 특별한 단어의 예외적인 의미가 아니라 특정한 주체에 자기모순적인 속성을 부여함으로써 발생하는 전체 진술의 의미이다. 더 나은 용어는 '불시에 출현한emergent 의미'일 것이다. 왜냐하면 이런 종류의 의미는 오직 사용된 바로 그 특정한 문장 안에서만 존재하기 때문이다.

두 번째로, 비어즐리의 이론은 새로 창안된 은유와의 관계 속에서 작동하는데, 이는 블랙에게는 없었던 것으로 리쾨르가 '은유의 속성은 '살아 있는 발화'가 정말 무엇인지 보여 주는 다른 모든 언어 사용보다 우월하다'(1977 : 97)고 주장하는 계기가 된다.

리처즈, 블랙, 비어즐리의 이론을 거치는 긴 우회로의 핵심은 무엇인가? 그것은 리쾨르의 이론이 언어를 어떤 이들이 주장하는 것처럼 '감옥'으로 보지 않고 인간 행복의 지평을 확장하는 자유로운 힘으로 봄으로써 언어와 인간의 관계를 낙관적으로 보는 관점을 촉진한다는 것이다. 언어는 살아 있으며 삶을 위한 힘이다. 문학은 이러한 인간 위업을 위한 수단이 되었으며, 그 결과 인간 성취의 정점이 되었다.

살아 있는 언어의 중요한 특징은 그 힘이 언제나 무의미의 영역을 훨씬 뒤로 밀어낸다는 점이다. 양립할 수 없기 때문에 시인이 그 사이에 다리를 건설하지 못하는 단어는 아마 없을 것이다. 새로운 맥락적 의미를 창조하는 힘은 참으로 한계가 없어 보인다. '무의미'해 보이는 속성들도 어떤 예기치 못한 맥락 속에서 의미가 될 수 있다. 어떤 발화자도 단어의 함축적 가능성을 남김없이 탕진해서 다 드러낼 수는 없다.(Ricœur 1977 : 95)

로만 야콥슨

문장 층위의 은유에 관한 논의의 마지막 국면은 로만 야콥슨에 대한 비판으로 이루어졌다. 은유 연구에 대한 야콥슨의 중요한 기여는 실어증(뇌 손상으로 인한 언어 상실)에 대한 언어학적 논의에서 나온 것이다.

야콥슨의 논의는 이원적 이론인데, 이는 모든 언어 산물은 발화자의 조합과 선택이라는 두 가지 공정과 관련되어 있다는 관점에서 비롯되었다. 그의 담론에 의하면 발화자는 반드시 즉각적으로 자신의 단어 더미에서 한 단어를 선택하고, 의미를 만들어 내고자 다른 단어들과 그 단어를 조합한다. 단어 조합 공정은 결합(한 단어가 다른 단어 옆에 위치하는 것)하는 과정에서 명백히 드러나는데, 야콥슨은 이것을 '환유 축'이라고 부른다. 환유에 대한 예를 들어보자. '워싱턴은 이라크의 침략을 비난했다'에서 환유는 워싱턴인데, 이때 워싱턴은 미국 정부를 뜻한다. 우리는 워싱턴이 무엇을 뜻하는지 알고 있다. 왜냐하면 워싱턴은 미국 정부와 이미 결합되어 있기 때문이다.(워싱턴은 미국 정부가 있는 곳이다.)

반면 단어 선택 공정은 유사성 속에서 뚜렷하게 드러나며(어떤 것을 의미하는 한 단어는 다른 단어와 유사하다.), 야콥슨은 이를 언어의

'은유 축'이라고 부른다. 은유에 대한 예는 '프레드 블로그Fred Bloggs는 테이블이다'에서 테이블이다. 프레드가 사각형이고 나무 같은 인격을 가지고 있다는 설명을 듣기 전에는 이 문장에서 왜 프레드 블로그가 테이블인지 명확하지 않다. 이처럼 은유는 용어와 그 용어의 비교 대상을 잇는 연결 고리를 창조하는 반면, 환유에는 그 연결 고리가 이미 존재한다.

 야콥슨의 이론은 모든 비유적 언어를 은유 혹은 환유 두 축 중 하나로 축소시킨다.(그뿐 아니라 궁극적으로 그의 이론은 모든 언어가 은유 아니면 환유를 지향한다고 주장한다.) 그 결과, 직유는 은유의 일부가, 제유는 환유의 일부가 된다.

 리쾨르에 의하면 '야콥슨 도식의 강점은 동시에 약점이기도 하다'.(1977 : 178) 강점은 그것이 모든 언어에 적용 가능하며 매우 단순하다는 것이다. 하지만 이 이론은 은유를 전체 문장이 아니라 고립된 단일 단어에 기초해서 설명하는 다른 이론들과 동일한 약점이 있다. 역설적이게도, 이러한 약점은 야콥슨이 단지 은유와 환유만을 구분하는데 그 구분이 흐릿해지면서 생긴다. 결국 환유 그 자체는 대체의 한 종種이 되고, 말하자면 포크 대신 나이프, 그 결과 대체는 더 이상 은유의 결정적인 특성이 될 수 없게 된 것이다.

 만일 은유와 환유의 유일한 차이가 대체의 방식kind이라고 한다면, 이 구별법은 순전히 주관적인 척도기 된다. 왜냐하면 어떤 사람은 나이프가 이미 포크와 연관되어 있다는 사실을 모를 수 있기 때문이고, 그렇다면 그 사람에게는 그 대체가 환유가 아니라 은유일 수 있기 때문이다. 거꾸로 말하면, 야콥슨의 이론은 일상적으로 사용되는 은유와 새로 만들어진 은유의 차이를 구별하지 못한다. 야콥슨의 정의에 따르면, 일상적으로 사용되는 은유는 약간 환유에 가까운 것처럼 보인다. 왜냐하면 두 용어 사이의 연결('원래' 용어와 '대체한' 용어)이 워싱턴이 미국 정부가 위치한 곳이라는 지식과 유사하기 때문이다. 따라서 우리는 '용어들의 대체'로 은유를 정의하는 것에 반감을 표하고, 은유를 단어 층위에서만 다루는 것에도 반대한 리쾨르의 견해로 일단 되돌아간다.

은유와 해석학

리쾨르는, 은유를 개별 단어를 다른 단어로 대체하는 것으로 파악하는 관점에 대한 적대적 분석과 그런 관점을 견지하는 이론가들에 대한 비판을 통해 은유에서 중요한 것은 '의미론적 충돌' 혹은 두 가지 의미의 병치(문자 그대로 그리고 비유적으로) 그 자체가 아니라 은유가 청자 혹은 독자에게 제시하는 '수수께끼의 해답'이라는 주장으로 나아간다.(Ricœur 1977 : 214)

  은유는 청자나 독자들에게 해석을 강요하기 때문에 가치 있는 것이다. 해석 작업(다시 해석학이다.)은 은유적 과정의 고유한 부분이다. 하나의 과정인 은유는 단어의 연결을 단어가 위치하고 있는 전체 문장의 문맥 속에 연관시킬 뿐 아니라, 그 문장이 위치한 담론의 문화적 맥락과도 연관시킨다. 이것이 바로 은유가 살아 있다는 말(곧, 해석하는 존재가 된다.)이 뜻하는 바이며, 그렇기 때문에 언어의 은유적 차원이 언어 가운데 가장 생명력이 있는 것이다. 은유는 우리를 해석으로 초대하는 언어의 일부이다. 이것이 바로 리쾨르가 죽은 은유에 살아 있는 은유, 특히 갓 만들어진 은유만큼 큰 관심을 기울이지 않는 이유이다.

살아 있는 은유들은 우리를 사유하도록 강제한다. 새로운 방식으로 새로운 관념을 제시하기 때문이다. 새로운 지식을 제공하는 것이 바로 언어의 우선적 기능이다. '은유적'이라는 말의 의미가 올바로 정의되기만 한다면, 은유적 언어도 새로운 지식을 제공한다. 단, 우리를 새로운 지식으로 이끄는 것은 해석 작업이다. 해석 작업은 더욱 중요하다. 왜냐하면 은유 이해와 관련된 해석 작업은 그 자체가 (은유 해석을 통해) 도달한 지식의 일부이기 때문이다. 따라서 은유는 세계의 객관적 사실이 그것을 해석하는 개인의 주관적 해석과 만나는 언어 속의 한 지점, 즉 현상학적 진리가 도달하는 지점이다.

리쾨르는 이 현상학적 진리가 '~로 보기' 과정을 통해 획득된다고 생각한다. '~로 보기'는 리쾨르가 게슈탈트Gestalt 심리학에서 빌려온 개념이다. '~로 보기'는 단순하게 보는 것과 다르다. 단순히 보는 것은 경험에 불과하다. 하지만 ~로 보기는 경험과 행위의 중간, 혹은 '경험과 행위가 동시에 일어나는 것'이다.(Ricœur 1977 : 213)

시각 장애인이 아닌 이상 사람은 누구나 본다. 하지만 사람은 ~로 보든지 보지 않든지 둘 중 하나이다. 이것은 '매직 아이magic eye'와 비슷하다. 겉으로 보기에는 그저 색점들로 보이지만, 특정한 방식으로 보면 그림이 드러난다. 우리는 매직 아이 그림을 보는 법을 배울 수는 없다. 그저 보든지 보지 않든지 둘 중 하나이다. 그리고 어떤 사람은 절대로 보지 못한다. 리쾨르에게 은유는 매직 아이의 언어적 버전에 가깝다. 은유를 이해하는 데 필요한 것은 가르침이 아니라 직관과 상상력이다. 이런 관점에서 볼 때 시적 언어는 가장 풍요로운 언어이다.

그러면 시적 언어란 무엇인가? 시적 언어는 물론 그것이 시 안에서 빈번히 발견된다 하더라도 반드시 시의 언어일 필요는 없다. 리쾨르는 은유가 자기 발견적 허구를 생산하는 언어, 달리 말하면 우리가 뭔가를 파악하도록 혹은 발견하도록 이끄는 허구라고 말한다. 언어의 시적 기능은 우회로를 통해 실재에 대한 재서술을 추구한다. 실재를 기술하는 경로를 간접적으로 만듦으로써 은유는 재서술의 수단이 된다. 언어가 은유를 통해 직접적인 기술이라는 제 기능을 스스로 벗어 버릴 때(Ricœur 1977 : 247), 언어는 발견의 기능에서 해방되어 신화적 차원을 획득한다. 그 후 시적 언어는 서술적 기능이 아니라 재서술적 기능을 가진다. 은유적 진리는 세계에 관한 어떤 실재를 말하기 위한 재서술 이면에 자리 잡고 있는 의도이다.

은유적 진리는 세 가지 긴장을 통해 생산된다. 세 가지 긴장의 발견은 왜 리쾨르가 핵심에 도달하기 전에 모든 이의 이론을 길게 에둘렀는지 잘 보여 준다. 첫 번째 긴장은 문장 안의 (리처즈의 용어를 빌리자면) '취지'와 '수단' 간에, 혹은 (블랙의 용어를 빌리자면) '초점'과

게슈탈트 심리학Gestalt Psychology　인간의 지각과 반응 등은 게슈탈트 Gestalts, 즉 구조나 형식 혹은 나눌 수 없는 전체인 형태라는 견해를 주장하는 심리학의 한 학파. 이때 부분의 합이라는 관점으로는 그들이 말하는 전체를 적절히 기술할 수 없다.

'무엇으로' 보이나요?

'매직 아이magic eye'. 사람은 ~로 보든지 보지 않든지 둘 중 하나이다. 이것은 매직 아이와 비슷하다. 겉으로 보기에는 그저 색점들로 보이지만, 특정한 방식으로 보면 그림이 드러난다. 우리는 매직 아이 그림을 보는 법을 배울 수는 없다. 그저 보든지 보지 않든지 둘 중 하나이다. 그리고 어떤 사람은 절대로 보지 못한다. 리쾨르에게 은유는 매직 아이의 언어적 버전에 가깝다. 은유를 이해하는 데 필요한 것은 가르침이 아니라 직관과 상상력이다.

'틀' 간에 생긴다. 두 번째 긴장은 두 개의 해석, 즉 문자적 해석과 은유적 해석 사이에서 생긴다. 세 번째 긴장은 연결사의 관계적 기능, 다시 말해서, ~이다$_{be}$의 역할이 무엇이며, 예를 들어 '아킬레우스는 사자이다'에서처럼 ~이다가 한 용어와 다른 용어의 연결에 어떤 방식으로 기여하는지에 의해 생긴다. 이 ~이다가 동일성과 차이의 상호작용을 결정한다. 아킬레우스는 즉시 사자와 같아진다. 하지만 사자는 아니다.

리쾨르가 보기에 이 세 번째 긴장이 은유적 진리를 생산하고 정의하는 데 가장 중요하다. 은유는 ~이다 안에 ~가 아니다를 지니고 있다.(Ricœur 1977 : 249) 은유적 진리에 도달하는 것은 독자 쪽의 판단에 관련된 문제가 아니다. 만약 그것이 독자의 판단에 관한 문제라면, 우리는 사자인 아킬레우스와 사자가 아닌 아킬레우스 중에서 선택하든지(이는 은유의 핵심을 제거하는 일이다.), 아니면 모순(아킬레우스는 사자이면서 사자가 아니다.)을 받아들이든지(이는 어리석은 일이다.) 해야 할 것이다. 은유적 진리에 도달하는 것은 오히려 그 진술의 축어적 진리에 관한 독자의 판단을 유보하거나 괄호치기 해야 하는 문제인 것이다. 은유를 이해하는 것은 독서의 현상학이다.

은유와 철학

리쾨르는 여기서 탐색을 멈추지 않는다. 우리가 본 것처럼 리쾨르는 죽은 은유보다는 살아 있는 은유에 더 큰 관심을 기울인다.(리쾨르의 책 제목은 La metaphore vivie, 즉 '은유가 산다' 혹은 '살아 있는 은유'이다.)

이 책의 마지막 장은 '은유와 철학적 담론'을 다루고 있는데, 이 장에서 리쾨르는 모든 언어를 죽은 은유로 보는 철학의 특정한 흐름을 공격한다.

언어를 죽은 은유로 보는 것은 19세기의 독일 철학자 프리드리히 니체Friedrich Nietzsche(1844~1900)의 사상에서 시작되었다. 니체는 '진리는 우리가 환영이라는 사실을 잊어버린 환영이다. 진리는 감각적인 힘이 닳고 닳아 고갈된 은유이며, 돋을새김이 닳아 없어져 마치 금속처럼 보이는 동전이다'(Nietzsche 1979 : 84)라고 주장했다.

물론 니체의 이 같은 논의 자체는 은유적 용어를 통해 표현된다. 그리고 리쾨르보다 젊은 동시대의 프랑스 철학자 자크 데리다가 유명한 에세이 『백색 신화La Mythologie Blanche』(1971)에서 이 주제를 채택한다. 데리다는 모든 철학적 사유가 그 사유를 표현하는 언어의 은유성에 대해서는 맹목이라고 주장한다. 은유는 단지 언어 내부의 특별한 효과가 아니다. 은유는 바로 언어의 본질이다. 은유의 철학마저도 불가피하게 은유적이며, 그 결과 은유는 자신의 체계 바깥에서 적절하게 정의되지 못한다. 은유는 이렇게 언어를 통해 그리고 철학을 통해 통제를 벗어난다. 하나의 거대한 건축물과 같은 철학적 담론 전체는 실재 위에 세워진 것이 결코 아니며, 그 사실을 능동적으로 망각함으로써 자신을 유지하고 있다.

리쾨르는 니체와 데리다를 '의심의 철학자'라고 부른다. 이들은 형이상학에 무언가 잘못된 것이 있다고, 그것은 일종의 거짓말이라고, 경솔한 사람들을 기만하는 형이상학의 타고난 성향은 폭로되어야 한다고 의심한다. 하지만 리쾨르는 이들과 달리 형이상학을 의심하지 않는다. 그리고 형이상학이 진리를 드러내는 능력이 있다고 믿는다. 이는 또한 진리를 말하는 은유의 능력을 믿는 것이기도 하다.

니체와 데리다에 대한 리쾨르의 가장 중요한 반론은 그들의 이론이 죽은 은유만을 고려하고 있다는 것이다.(사용자가 그것이 은유라는 사실을 망각한 은유만 다루는 것은, 은유적으로 말해서 '경주를 시작하기 위해 출발선에 선 것'에 불과하다.) 일단 살아 있는 은유, 더 정확히 말해서 새로운 은유를 주조하는 능력을 인정하면, 인간 지식의 창고를 늘리는 언어의 능력이 회복되고, 형이상학에 대해 느낄 수 있는 의심이 눈 녹듯이 사라질 것이라고 리쾨르는 주장한다. 결국 은유를 주조하는 것이 우리가 하는 일이며, 새로운 은유는 자신을 통해 생각하도록 독자를 강제하고, 그럼으로써 독자는 자신이 해석하고 있는 언어가 은유적 본질을 갖고 있음을 다시 한 번 깨닫게 된다. 이러한 인식 없이는 은유를 주조하는 것이 불가능하다.

리쾨르에게 살아 있는 은유란 언어 속에서 가장 중요하고 주목할 만한 것이다. 죽은 은유는 상대적으로 사소한 것이다. 비록 우리에게 주어진 언어의 단어 대부분이 잃어버린 기원의 은유적 파생물로 보일 수 있다는 것이 사실이라 하더라도 말이다. 은유는 '더 생각하기 위해 개념적 사유를' 강요한다.(Ricœur 1977 : 303) 이것이 은유와 상상력이 공유하는 바이다.

은유는 단지 그것이 구성된 언어를 생생하게 만들기 때문에 살아 있다고 하는 것이 아니다. 은유는 그것이 개념적 차원에서 '더 깊은 생각 속으로' 상상력의 불꽃을 점화하는 미덕을 지니고 있기 때문에 살아 있는 것이다. '생생하게 만드는 원리'로 견인되는 '더 생각하기 위한' 투쟁이 해석의 '영혼'이다. (Ricœur 1977 : 303)

살아 있는 은유의 철학

리쾨르에게 은유는 개별 단어의 층위가 아니라 문장의 층위에서 작동한다. 은유는 '적절한' 용어를 '이례적인' 용어로 대체함으로써 작동하는 것이 아니라, '초점'(말하자면 '사자')과 '틀'('아킬레우스')의 상호 작용으로 작동한다. 은유는 세 가지 긴장을 수반한다. 초점과 틀 사이의 긴장, 축어적 의미와 은유적 의미 사이의 긴장, 은유에서 '~이다'라는 단어는 '~가 아니다'라는 의미도 함유하는데 이 둘이 일으키는 긴장이다.

마지막 세 번째 긴장은 중요하다. 왜냐하면 그것은 은유적 진리에 이르는 길이기 때문이다. 그 길은 어떤 것을 볼 때 그것을 ~로서 보는 방식이다. 이처럼 무언가를 특정한 방식으로 보는 것은 세계에 새로운 빛을 비춰 주며, 그렇게 함으로써 인간 지식을 증진시킨다. 하지만 그와 같은 일은 은유의 독자 쪽에서 해석학적 과정을 밟은 결과 생기는 것이다. 은유는 해석을 요청하는 언어의 일부이며, 우리에게 해석을 촉구한다.(그렇기 때문에 가장 은유적인 상태인 시적 언어가 인간 진리, 즉 외부 세계의 객관적 진리와 독자의 주관적 진리가 만나는 장소인 현상학적 진리에 가장 가까운 언어인 것이다.) 따라서 우리는 어떤 철학자가 모든 언어가 본래 은유적임을 보여 준다고 해서 놀라서는 안 된다. 왜냐하면 그러한 통찰력은 죽은 은유에 의거한 것이기 때문이다. 그와 달리 리쾨르의 철학은 살아 있는 은유의 철학이다. 다시 말해 언어를 살아 있게 할 뿐 아니라, 해석적 방식을 통해 상상력을 작동하도록 추동함으로써 인간 사유를 생기 있게 만드는 것이 바로 새로운 은유의 창조인 것이다.

05

이야기

Paul Ricœur

은유와 이야기의 생산적인 창안

이야기narrative에 관한 리쾨르의 작업은 은유에 관한 작업과 상보적 쌍을 이루게 하려고 고안된 것이다. 리쾨르에게 은유와 이야기의 매력은 '생산적인 창안'이라는 측면에 있었다. 우리는 은유를 생산하고자 리쾨르가 '서술적 동화'라고 부른 과정, 다시 말해서 이것은 저것(이것 아닌 것)이라고 말하고, 그렇게 말함으로써 저것(이것 아닌 것)이 이것에 속하지 않음에도 불구하고 저것(이것 아닌 것)을 이것에 동화시키는 과정을 통한 언어의 관습적 범주화를 극복해야 한다. 은유는 리쾨르에게 상상력을 통해 세계에 질서를 부여하는 형식을 이룬다. 리쾨르는 이야기에서 똑같이 생산적인 창안의 기능을 하는 것이, 혹은 그런 방식으로 세계에 명령하는 것이 플롯plot이라고 말한다. 플롯은 "동시에 파악하고' 복합적이고 흩어져 있는 사건들을 하나의 전체이자 완전한 이야기로 통합하며 그럼으로써 이야기 전반이 수반하는 이해 가능한 의미가 체계화된다.'(Ricœur 1984 : X)

이야기와 해석학

이처럼 리쾨르의 이야기에 관한 작업의 목적은 세 권의 『시간과 이야기』(*Temps et récit*, 1983, 1984, 1985)와 『타자로서 자기 자신*Soi-même comme un autre*』의 다양한 연구를 통해 줄곧 지속되는, 다시 해석학적인 것이다. '그것이 은유에 대한 질문이든 플롯에 대한 질문이든 더 설명하는 것은 더 잘 이해하는 것이다'라고 리쾨르는 말한다. (Ricœur 1984 : X)

플롯의 경우, 이해는 '상황, 목적과 수단, 주도권과 상호 작용, 행운의 역전, 그리고 인간 행동이 일으키는 모든 예기치 않은 결과들의 혼합물로 구성된 잡다한 것을 하나의 전체이자 완전한 행동으로 통합하는 작동을 통어하는 것이다'. (Ricœur 1984 : x) 이러한 기술을 통해 우리는 이야기의 더 진전된 두 가지 측면이 리쾨르에게 중요하다는 것을 알 수 있다.

첫째, 이야기는 은유처럼 어떤 면에서 인간 실재를 재현한다는 의미에서 미메시스를 포함한다. 둘째, 이야기가 모방하는 실재는 인간 행동이다. 미메시스를 이해함으로써 인간 행동을 이해하는 것이 이야기에 관한 리쾨르의 작업이 추구하는 목적이다. 다시 말해, 은유에 대한 작업처럼 이야기를 연구하는 궁극적 목적은 과학적 진술로는 도달할 수 없는 인간 진리를 발견하는 것이다. 이 작업은 어떻게 우리가 우리 자신의 삶을 조직하는지에 관한 질문이다. 리쾨르의 기나긴 분석의 종착점은, '시간이 이야기의 형식으로 조직되는 한 그것은 인간의 시간이 된다는 것을 증명하는 것이다'. (Ricœur 1984 : 3)

달리 말하면, 우리는 우리 자신의 삶, 곧 우리가 우리 자신과 세계 속에서 차지하고 있는 자리를 마치 그것이 이야기인 것처럼 해석함으로써, 혹은 더 엄밀히 말해서 우리 삶에 대한 해석 작업을 통해서 이야기로 변모시킬 수 있으며, 이야기로 이해된 삶은 자기 이해를 이른다.

『타자로서 자기 자신』에서 리쾨르는 『시간과 이야기』에서 시작된 이야기 이론을 우리가 6장에서 살펴볼 성숙한 윤리학으로 발전시킨다.

건강한 순환

이야기는 시간에 의존한다. 즉, 이야기가 되려면 반드시 사건들이 있어야 하고, 그 사건들이 연이어 일어나야 한다.(플롯은 그 사건들에 질서를 부여하는 것이며, 사건들 사이의 인과관계를 설정하는 것이다.) 리쾨르는 해석학적 활동의 다른 영역에서처럼 해석학 자체에서 '건강한 순환'을 발견한다.

이 시간, 즉 시간과 이야기에서 시간, '모든 서사 작품에 의해 펼쳐지는 세계는 언제나 순간적인 세계이고, 이야기는 그것이 일시적인 경험의 특징을 표현하는 한 의미심장한 것이다'.(Ricœur 1984 : 3) 리쾨르는 이 순환을 나선형이 아니라 원으로 보자고 제안한다. 다시 말해 원이 돌 때마다 같은 지점은 더 높은 차원으로 이동하고, 그 결과 자기 이해를 통해 인간 이해에 도달하려는 거대한 해석학적 프로젝트는 더 위대한 고지를 차지하게 되는 것이다.

시간

그러면 시간이란 무엇인가? 이것은 성 아우구스티누스St. Augustinus가 『고백록Confessiones』 11권에서 제기한 질문이다. 아인슈타인의 상대성

이론에서 시작된 과학적 이론을 고려하지 않는다면 시간에 관한 철학적 이론은 근본적으로 두 종류이다.

첫째는, 아리스토텔레스가 『물리학』에서 도입하여, 18세기 후반 독일 철학자 이마누엘 칸트가 발전시킨 '합리주의적인' 이론이다. 이 이론은 시간을 '현재들'의 연속, 지나가고 잇달아 생기는 순간들의 연속으로 본다. 칸트에게 시간은 공간과 마찬가지로 직관적인 '아프리오리a priori'이다. 여기서 아프리오리는 우리가 어떤 것에 관하여 추론하려면 그 전에 반드시 받아들여야만 하는 사실을 뜻하며, '직관적인'은 인간 조건의 일부로서 우리는 그저 시간이 존재한다는 것을 '알뿐'이라는 뜻이다. 시간은 입증될 수 있는 것이 아니다.

시간에 관한 두 번째 이론은 4세기 후반 성 아우구스티누스가 처음으로 개진했다. 아우구스티누스는 근대의 현상학에 대해 몰랐지만, 그의 이론은 시간에 관한 '현상학적' 이론이라고 불러도 무방하다. 20세기의 후설과 하이데거가 그의 이론을 받아들였기 때문이다. 아우구스티누스의 이론은 아리스토텔레스주의의 이론에 기인한 시간 이해의 아포리아를 지적하면서 시작한다. 만일 시간이 '현재들'의 연속이라면, 언제나 내가 지금을 말할 때 그 지금은 이미 지나간 것이 된다. 내가 현재를 분리해 내려고 시도할 때마다, 그것은 이미 과거이다. 시간 개념은, 더 엄밀히 말해서 현재 시간 개념은 항상 현재 시간, '지금'에 뒤쳐져 있다. 이 역설은 현재를 가리키는 '지금'이라는 단어가 실제로는 현재를 가리킬 수 없다는 데 있다. 왜냐하면 그 단어는 언급되자마자 과거에 속하기 때문이다. 이는 '지금'이라는 단어에 관한 문제일 뿐만 아니라, '현재'가 어떻게 인식되는지에 관한 문제이기도 하다. 한편으로 우리는 현재는 언제나 현재라고 말하고 싶어 하지만, 다른 한편으로 우리가 그것을 현재로 분리하려고 시도하자마자 그 현재는 사라져 과거 속에 있는 것이다. 수학적 용어로 말해서 현재의 지금-점now-point은 연장延長이 결여되어 있다. 즉, 무한히 작은 점이다.

만약 '존재한다'는 것이 우리가 '그것은 ~이다'라고 말할 수 있다는 것을 의미한다면, 현재는 존재하지 않기 때문에 그 결과는 일종의 역설이다. 우리는 현재를 가리킬 수 없으며 '시간 속에서 이 점은 ~이다'라고 말할 수 없다. 같은 방식으로 우리는 '이 탁자는 존재한다'라고 말할 수 있다. 사실 같음은 과거의 진리이고 미래의 진리이다. 다시 말해 미래는 존재하지 않는다. 왜냐하면 아직 발생하지 않았기 때문이다. 과거도 존재하지 않는다. 지금 발생하고 있는 것이 아니기 때문이다. 그리고 지금도 존재하지 않는다. 왜냐하면 그것은 절대로 지금이 아니기 때문이다.

이런 말이 역설적으로 들림에도 불구하고 이것은 역사에 대한 우리의 상식적 관점과 일치한다. 알렉산더 대왕은 그가 실제 사람이었음에도 불구하고 내가 존재하는 것처럼 존재하지 않는다. 그것은 그가 죽었기 때문이 아니라 역사적 인물이기 때문이다. 마찬가지로, 당신이 이 책을 지금(당신의 '지금')으로부터 100년 후에 읽는다면 당신은 나와 동일한 감각으로 존재하지 않을 것이다. 이것이 리쾨르에게 시간 문제가 중요한 이유이다. 역사적 진리 같은 것은 여전히 있다. 과거가 '존재를 가지고 있다'는 의미로는 존재하지 않음에도 불구하고 말이다. 그리고 역사의 진리는 중요한 진리이다. 예컨대 홀로코스트에 대한 증언을 원치 않는 사람들에 관한 논쟁에서처럼 말이다.

이러한 아우구스티누스의 역설에 대한 해결책(만약 이렇게 불릴 수 있다면)은 '세 겹의 현재'라는 개념이다. 과거와 미래는 한편으로 기억을 통해, 다른 한편으로 기대를 통해 마음속에 존재한다. 과거와 미래를 생각하려면 정신은 반드시 이완되어야, 확장되어야 한다. 그리고 아우구스티누스의 깔끔한 공식은, 현재의 연장의 결여는 정신의 이완을 통해 극복된다는 것이다. 사실 사유는 정신의 이완을 통해 이루어지는 것이다. 정신이 사유인 한 그것은 하이데거가 '현전現前・presencing'이라고 부른, 과거에 대한 기억과 미래에 대한 기대로 매개된 현재의 지속적인 펼쳐짐으로서의 사유이다. 정신이 이런 방식으로 연장되는 한, 그리고 사유하는 정신이 언제나 이런 방식으로 연장되는 한, 지속적인 현재는 그 안에 과거와 미래를 담고 있다. 왜냐하면 이것이 사유가 구성하는 것이기 때문이다.

이러한 사유는 시간과 영원성의 대조를 가능케 한다. 영원성은 '매우 긴 시간'이 아니다. 반대로 그것은 시간의 바깥이다. 시간이 아닌

성 아우구스티누스St Augustinus of Hippo(354~430) 성 아우구스티누스는 고대 교회 후기에 『기독교 교리와 신의 도성』 같은 작품을 통해 교리를 정립한 공로자 중 하나이다. 하지만 그는 『고백록』(397년경)으로 유명하다. 40세까지의 삶에 대한 자서전인 이 책에서 그는 기독교로 회심하게 된 과정을 이야기하며, 하나님을 잠정 독자로 삼아 직접 연설을 하기도 한다. 『고백록』은 자연의 구성, 정신의 본성, 종교적 신앙과 이성의 관계에 대한 주제를 폭넓게 언급한다. 『고백록』 11권에 나오는 시간의 본성에 관한 명상은 종종 철학적 사색의 모델로 여겨진다.

것이다. 시간 안에 잡혀 있는 것은 인간 조건의 하나이다. 세계를 만들었을 때 신은 시간을 창조했고, 그 시간은 세계가 끝날 때 비로소 끝날 것이다. 신은 인간과 달리 시간에 구속당하지 않는다. 신은 영원하다. 고대인들은 시간이 사물의 움직임과 깊이 관련되어 있다고 인식했다. 시간이 없이는 어떠한 움직임도 없다고 생각한 것이다. 그러나 아우구스티누스는 천재적인 솜씨로 시간은 정신의 움직임으로 생긴다고 선언했다. 우리는 정신에 관해 논의해 왔다. 그러나 아우구스티누스에게 '정신'과 '영혼'은 아무런 차이가 없다. 라틴어 '아니마 anima'는 (근대적) 의미와 움직인다(animated)는 뜻을 동시에 갖고 있다.

신의 정신은 움직이지 않는다. 그것은 영원하다. 만약 사람의 정신이 '움직이지 않게 고정된다면' 영원성이 어떤 것인지 볼 수 있을지도 모른다. 하지만 불행하게도 우리는 (신과 달리) 창조된 존재들이며, 그렇기 때문에 죽음이 아니고선 정신을 정적인 상태로 유지할 수 없다. 다만 우리는 영원성이 어떤 것처럼 보이는지 간신히 상상할 수는 있다. 우리는 마음의 지향성intentio〔원서에는 intention(의도)라고 되어 있으나, 현재 한국의 중세철학 연구자들 사이에서는 '인텐시오' 혹은 '마음의 지향성'이라는 용어로 번역되고 있다. 여기서는 '마음의 지향성'이라는 용어를 따른다.〕을 가질 수 있다. 역설적인 것은(다른 역설!) 정신은 영원한 고요인 평화를 얻고자 더욱더 가열차게(더욱더 빨리 움직임으로써) 노력한다는 것이다. 하지만 그 정신적 고통은 타락한 피조물에게 필연적이다.

아우구스티누스에 대한 이 같은 기술을 통해 우리는 왜 리쾨르에게 아우구스티누스의 시간 이론이 매력적이었는지 알 수 있다. 아우구스티누스의 시간 이론은 리쾨르가 이야기에 의존하는 시간을 기술할 때 받아들인 모델이다. 리쾨르의 공식은 팽창 속의 마음의 지향성, 즉 고요를 향하는 정신의 지향과 그 움직임을 시간 속에서 구성하고 그렇게 함으로써 시간 자체를 지각하게 만드는 정신의 팽창이 만들어 내는 변증법이다.

마음의 지향성의 '지향'은 리쾨르에게 현상학적 지향, 혹은 현상학적 지향성이다. 의미를 활성화시키는 것은 바로 이 정신의 동기부여하는 힘이다. 만약 의미가 운동(문장 속에서의 단어의 펼쳐짐 그리고 담론 안에서의 문장의 펼쳐짐. 고립된 채 의미를 갖는 단어는 없다.)에 기인한 것이라면, 의미는 시간 속에서 생산되고 이해되는 것이다. 게다가 이것이 아우구스티누스가 '세 겹의 현재'라고 이해한 인간적 시간이며, 영혼을 가지도록 북돋워 주는 인간적 의미이다. 이야기는 플롯에 의존함으로써 인간적 의미 중에서 가장 풍요로운 담론의 형식이 된다. 이야기의 의미를 발견하라, 그러면 인간 영혼의 영원한 진리를 발견할 것이다.

미메시스1, 미메시스2, 미메시스3
은유 분석에서처럼 리쾨르는 아리스토텔레스의 미메시스 정의를 채택한다. 미메시스는 자연의 모방이 아니라 행동의 모방이다. 이것이 바로 미메시스가 뮈토스(줄거리 구성)와 밀접하게 관련되는 이유이다. 왜냐하면 줄거리 구성은 사건이 아니라 행동에 질서를 부여하기 때문이다. 거꾸로 말해서, 만약 줄거리 구성이 제공하는 우연적인 결합이 없다면 이야기 속의 인물이 행동해야 할 이유도 전혀 없을지도 모른다.

플라톤의 미메시스 모델은 회화나 조각에는 적합할지 모르지만 '마치 ~같은'의 세계를 드러내는 시인이나 작가들에게는 적절하지 않을 수도 있다. 그것은 '문학작품'의 '문학성'을 만들어 낸다'. 그리고 '허구의 공간을 열어젖히다' 같은 정의가 바로 줄거리 구성을 포함하는 미메시스에 대한 아리스토텔레스의 정의이다. 리쾨르는 아리스토텔레스보다 더 나아간다. 그리고 미메시스를 세 겹의 과정으로 본다. 그는 미메시스의 세 구성 요소를 각각 '미메시스1', '미메시스2', '미메시스3'이라고 부른다. 미메시스의 이 세 차원은 아우구스티누스의 이론에서 시간을 구성하는 '세 겹의 현재'와 상응한다.

미메시스1은 전前형상화이다. 리쾨르는 미메시스1을 통해서 플롯을 이해하려면 인간 행동을 구성하는 것에 관한 '약간의 예비적 능력'이 있어야 한다고 말한다.(1984 : 54) 예를 들어서 행동 주체agent(행동을 수행하는 사람)가 누구인지 식별할 수 있어야 하며, 그 사람이 할 수 있는 것이 무엇인지 추측할 수 있어야 한다. 실제로 어떤 플롯에 접근할 때 우리는 이미 '무엇을', '왜', '누가', '어떻게', '누구와 함께', '누구에 맞서' 같은 질문들을 던진다. 우리는 이런 질문들을 던진다. 왜냐하면 우리는 리쾨르가 '실천적 이해'라고 부른 것을 가지고 있기 때문이다. 다시 말해 우리는 매일 매일의 경험에 기초한 실제 세계에서 사람들이 어떻게 행동하는지 알기 때문이다.

리쾨르가 말하듯이, 이야기의 구성은 우리의 실천적 이해에 닻을 내린다. 이것이 세계에 대한 경험이 적은 사람이 나쁜 소설가를 만들어 내는 경향이 있고, 우리가 뒤엉킨 플롯이 그럴듯하지 않고 일관성 없이 행동하는 등장인물에 의해 해소될 때 불만족스러워하는 이유이다. 우리는 동기를 가지고 행동하는 등장인물을 기대한다. 이야기를 해석하기 위해서 우리는 전이해를 가져야 한다. 혹은 작가가 이야기를 쓰려면 반드시 전이해를 가져야 한다는 의미에서 리쾨르는 세 가지 방식을 동일시한다.

그 세 가지 방식은 의미론적 이해(예를 들어 사람들은 'X가 Y 때문에 A에게 B했다'를 어떻게 이해하는가), 상징적 이해(예를 들어 사람들은 영웅은 선한 캐릭터로 해석되어야 한다를 어떻게 이해하는가, '선한'은 '영웅'의 상징적 가치이다), 그리고 시간적 이해(예를 들어 사람들은 자기에게 발생한 이러저러한 사건들의 결과로 그 인물이 뭔가를 할 것으로 예상된다는 것을 어떻게 이해하는가)이다. 그렇다면 미메시스1은 이야기의 전이해이다.

미메시스2는 "마치 ~같은'의 왕국 혹은 허구의 왕국의 문을 연다'.(Ricœur 1984 : 64) 이 왕국의 문을 여는 것은 바로 형상화 혹은 뮈토스, 즉 줄거리 구성 작업이다. 줄거리 구성은 이야기의 다양한 요소들을 '하나의 이해 가능한 전체'로 조직한다. 이 작업은 단순하게 사건들을 하나의 연속체로 조직하는 것이 아니라 스토리에 대한 '사유', 다시 말해서 멈춰 서서 '그래서 어쨌다는 거야?'라고 묻는 것이다. 사건들은 단순하게 서로 들러붙을 수 없다. 사건들은 어떤 방식으로 관련되어야 한다. 사건들은 본성상 넓게 분기될 수 없다고 말하는 것이 아니다. 그럼에도 불구하고 사건들이 연이어 발생하는 것 배후에는 반드시 어떤 이유 혹은 목적이 있다고 말하는 것이다. 더 나아가 '행동 주체, 목적, 수단, 상호 작용, 상황, 예기치 않은 결과'(Ricœur 1984 : 65)가 모두 줄거리 구성으로 합쳐지는 것이다.

미메시스1과 마찬가지로, 줄거리 구성에도 시간적인 면모가 있다. 그것은 문학비평가 프랭크 커모드Frank Kermode가 '종말의 의미the sense of ending'라고 부른 것과(같은 제목으로 1966년에 출간된 책에서) 관련된다. 곧, 의미는 스토리에 결합되어 있다. 왜냐하면 의미는 어디론가 계속 가고 있으며, 스토리와 그것의 의미가 하나의 전체로 보이는 것은 바로 스토리가 끝나는 그 지점에서이기 때문이다. 리쾨르에게 미메시스2의 이러한 시간적 국면은 그것을 마찬가지로 시간적 국면을 가지고 있는 미메시스1과 연결시키는 것이다.

미메시스1에서 우리는 등장인물이 특정한 상황에서 특정한 방식으로 행동할 것이라는 전이해를 가진다. 미메시스2에서 우리는 어찌 되었건 간에 그 등장인물이 예상된 방식으로 행동했다는 것을, 그리고 스토리 전체에 그들이 기여한다는 관점에서 그들이 그렇게 선택한 이유를 볼 수 있다. 하지만 우리는 독자로서 단지 종결점에서 스토리를 뒤돌아봄으로써 그렇게 할 수 있을 뿐이다. 정확히 말해, 이런 식으로 다시 읽힐 수 있다는 점에서, 이야기는 그 안에 등장하는 인물들보다 그리고 실제로 살아 있는 사람들보다 유리한 입지를 차지한다. 만약 미메시스2가 플롯의 요소들을 동시에 파악할 수 있다면, 동시에 파악된 요소들 속에는 독자도 함축되어 있다. 또한 독자는 반드시 이러한 일이 일어나도록 읽기 작업을 수행해야 한다.(제임스 조이스James Joyce의 『율리시스Ulysses』처럼 기술하고 있는 일련의 사건들을 자의식적으로 다루는 아귀가 잘 맞지 않는 작품에서도 독자는 그와 같은 관점으로 작품의 대부분을 읽어야 한다.)

　이 같은 읽기는 우리를 미메시스3, 즉 텍스트의 세계와 청중 혹은 독자의 세계의 교차인 재형상화로 이끈다.(Ricœur 1984 : 71) 재형상화는 텍스트의 세계를 실제 세계에 적용하는 것이다. 아리스토텔레스는 시가 우리에게 뭔가 가르친다고 말했을지도 모른다. 그리고 이야기 작품에 대해서도 일반적으로 이와 유사하게 말할 수 있을 것이다. 그 자신을 넘어서 뻗어 나가는 이야기를 읽거나 듣는 지점이 있다. 이런 측면에서 보자면 아리스토텔레스의 미메시스를 확장한 리쾨르의 이론은 재현되는 것이 자연이 아니라 인간 삶이라는 것을 제외하면 플라톤의 재-현repre-sentation으로서의 미메시스 개념에 가장 가깝다. 만약 이 같은 지시〔이야기할 필요가 있고 가치가 있는 것을 리쾨르는 지시reference라고 불렀다.〕 기능이 없다면 이야기는 그 목적을 잃었을지도 모른다. 또한 우리는 깊은 의미에서 이야기를 '이해하지' 못할 수도 있다.

줄거리 구성

미메시스1(전형상화), 미메시스2(형상화), 미메시스3(재형상화)라는 미메시스의 세 요소 중에서 미메시스2 혹은 형상화가 가장 중요하다. 왜냐하면 그것이 바로 뮈토스 혹은 줄거리 구성을 이루는 미메시스의 차원이기 때문이다. 리쾨르는 줄거리 구성이 '허구의 공간을 연다', '문학작품의 '문학성'을 생산한다'고 말한다.(1984 : 45)

　줄거리 구성은 미메시스1과 미메시스2를 매개한다. 하지만 어떻게 그렇게 할 수 있는가? 미메시스3을 이야기를 읽고 난 후에 가지게 된 세계 이해라고 부르기로 하자.(이것은 여전히 미메시스이다. 지금 우리가 가지고 있는 세계 이해는 그 안에 이야기를 포함하고 있기 때문이다.) 우리는 방금 원을 크게 한 바퀴 돌았다. 우리는 세계를 이해하기 위해 우리의 세계 이해를 이야기로 가져왔다. 하지만 이것은 '건강한' 순환(이것은 다시 한 번 말하지만 해석학적 순환이다.)이다. 왜냐하면 우리의 세계, 즉 독자의 세계만큼이나 텍스트의 세계를 받아들임으로써 우리의 이해가 늘었기 때문이다.

늘어난 이해는 시간에 의존한다. 리쾨르의 공식은, 이야기 이해는 '형상화된 시간의 매개를 통해 재형성화된 시간이 되는 전형상화된 시간의 운명을 따른다'는 것이다.(1984 : 54) 이 압축적인 공식은 풀어헤칠 필요가 있다. 전형상화된 시간은 우리의 전前이해, 곧 이야기와 관련되기 이전의 우리의 이해의 시간이다. 재형상화된 시간은 그 이후의 이해, 곧 이야기를 읽고 그것을 이해한 결과로서 우리가 가지게 된 실제 세계에 관한 새로운 이해(물론 실제 세계는 그 안에 이야기의 세계를 포함한다.)이다. 형상화된 시간은 줄거리 구성, 즉 큰 사건들과 자잘한 사건들이 플롯 속에 배치하는 이야기의 시간이다. 그러므로 플롯은 우리가 이야기를 이야기로 그리고 실제 세계의 모방으로 이해할 수 있도록 해 주는 것이다. 플롯은 우리가 이야기가 묘사하는 행동을 인간의 행동으로 볼 수 있게 해 주는 것이다.

더 나아가, 이야기의 시간은 그것이 시간의 거울 이미지라는 점을 제외하고는 인간이 경험하는 시간, 즉 현상학적 시간과 동일하게 세 겹으로 구성되어 있다. 실제 삶에서 현재가 과거의 기억으로 매개된 미래에 대한 예감인 것처럼, 이야기에서 전형상화는 재형상화로 구성된다. 이야기의 시간과 실제 시간은 서로를 비추고 있기 때문에 이야기와 실제 삶 사이에 '건강한 순환'이 존재하는 것이다. 우리는 삶을 이해할 수 있기 때문에 이야기를 이해할 수 있다. 그리고 삶에 대한 우리의 이해는 이야기를 이해함으로써 늘어난다. 앞서 논의한 리쾨르의 원의 순환, 혹은 해석학적 순환 또는 이해의 순환은 삶 속의 그리고 미메시스 속의 시간에 대한 설명으로 이루어진다. 그럼으로써 왜 미메시스+시간은 이야기인지, 왜 아리스토텔레스가 시작詩作을 비극·희극·서사시로 구분한 것이 중요한 것이 아니라 이야기가 인간 삶과 삶에 관한 이해에서 중요한지를 설명한다.

역사

역사는 이야기의 형식으로 이해된다는 것이 리쾨르의 테제이다. 역사적 이야기와 허구적 이야기는 단순히 그것들이 단순히 사건들의 목록에 불과한 것이 아니라는 공통점이 있다. 허구에서 '그 사람이 독약을 마셨다. 그 사람이 죽었다'는 이야기가 아니다. 하지만 '그 사람은 독약을 마셨다. 그러고는 죽었다'는 이야기이다. 그 사람의 죽음은 음독의 결과라는 것이 함축되어 있기 때문이다. 이와 유사하게 역사에서 사건들의 목록은 단순한 연대기일 수 있다. 역사는 사건들 간의 인과적 관련성을 묘사하고 그 사건들을 설명한다. '왜 그것이 발생했으며, 무엇이 동시에 발생했는지를 설명하기. 설명에 실패한 이야기는 결코 이야기가 아니다. 설명하는 이야기가 순수한, 순전한 이야기이다.'(Ricœur 1984 : 148)

이 말은 그럼에도 불구하고 역사 서술과 허구 사이에는 (역사에서 역사를 구성하는 사건들이 발명된 것이 아니라는 사실 외에도) 근본적인 차이가 있다고 말한다. 이 차이는 줄거리 구성의 층위에 놓여 있다. 역사에서는 사건의 순서가 (기록자에게) 부과되는 반면, 허구 작가는 사건들을 자신이 원하는 방식으로 다룰 수 있다. 리쾨르가 보기에 역사와 허구가 가지고 있는 공통점은 둘 다 서사 능력, 곧 '스토리를 따라갈 수 있는 능력'을 우리에게 요구한다는 것이다.(1984 : 175) 그러나 역사가에게 역사 기술은 일종의 연구 형식이다.

사건들 사이의 인과관계는 이야기 자체의 형식 속에 암시되는 상태라기보다는 명시적으로 설명되는 것이다. '역사가들은 판단하는 자리에 있다. …… 그들은 한 설명이 다른 설명보다 더 낫다는 것을 증명하려 한다.'(Ricœur 1984 : 175) 자세히 말함으로써 설명하는 허구 작가와 달리, 역사가는 '설명 자체를 토론을 위해 그리고 청중의 판단을 위해 제시하는 문제로 설정한다'.(Ricœur 1984 : 175) 허구의 화자와 달리, 역사가는 객관성과 진리의 문제와 겨루어야 한다. 역사는 그것이 진리를 겨누고 역사적 사실을 다루는 한 '과학적' 학문 분과이다. 그러나 진리라는 명목 하에 사실들을 해석하는 바로 그 행위가 다른 대안적 설명 방식의 여지를 남기고, 그로 인해 객관성을 파괴한다.

리쾨르가 '서사적 설명과 역사적 설명 사이의 간극'이라고 부른 것이 있다.(1984 : 179) 서사적 설명은 이야기 자체에 대해서 맹목적이다. 반면 역사적 설명은 비록 우리의 역사 이해에 있어서는 안 될 부분을 이루긴 하지만 역사가에 의해 자율적으로 만들어지는 것이다. 하지만 이 점이 역사를 '이야기'라고 부르는 전체 기획을 위험에 빠

뜨리지 않는가?

결국 리쾨르는 미메시스2, 즉 삶이 어떻게 작동하는지를 통해 이야기가 어떻게 작동하는지에 대해 전형상화된 이해를 가지는 것과 특정한 이야기를 이해함으로써 삶이 어떻게 작동하는지에 대한 재형상화된 이해를 가지는 것 사이를 매개하는 줄거리 구성을 사용해서 이야기의 특성이 세 겹의 미메시스임을 이미 보여 주었다. 역사가 이야기가 되려면 줄거리 구성이 역사에서도 똑같이 중요한 위치를 차지해야 한다. 왜냐하면 역사 기술은 역사적 사건에 대한 설명을 사건들의 연속적인 순서에서 분리해 내기 때문이다. 이것은, 여전히 그렇게 불릴 수 있다면, 마치 줄거리 구성처럼 보이지만 줄거리 구성이 다른 종류의 이야기에서 작동할 때와는 매우 다르게 보인다. 결국 역사가의 '플롯'에 동원되는 사건들은 허구적 이야기의 사건들이 작가에 의해 만들어진 것과 달리 이미 존재하는 사실들의 더미에서 선택된 것이다.

이 문제에 관한 리쾨르의 해결책은 역사 기술에서 줄거리 구성의 요소로 의사擬似인물, 의사擬似플롯, 의사擬似사건들을 요청하는 것이다. 역사의 의사인물들은 민족·국가·문명 등인데, 이것들은 '역사와 있을 법한 이야기의 인물들에 의해 생산된 모든 인공물들 사이에서 전통적인 대상 역할을 한다'.(Ricœur 1984 : 181) 이처럼 만약 역사가 이야기라고 가정한다면, 그 안에는 등장인물들이 있을 것이다. 하지만 우리는 등장인물 대신 민족·국가·문명을 발견한다. 이것들은 역사 기술 안에서 등장인물인 것처럼 행동하며, 역사 기술에서 민족·국가·문명의 행위처럼 보이는 것이 바로 역사를 과학에서 이야기로 되돌리는 것이다.

 개인은 민족·국가·문명 같은 집단에 '속하고자 하는 갈망'을 가지며, 그러한 집단 내에서의 개인의 행위력agency은 바로 그 집단의 집합적 행위의 역사를 통해 표상됨으로써 표현된다. 요컨대, 역사가는 이러한 '단일한 원인 전가'를 의사인물에게 돌린다. 다시 말해서, 역사가들은 마치 그들이 단일한 개인의 행위를 설명하는 것처럼 민족·국가·문명의 행위를 인과적으로 설명한다. 역사에 플롯이 출현한 것은 바로 이 인과적 설명 때문이다. 역사는 의사플롯인 것이다. 게다가 역사 속에서 발생한 사건은 일상의 사건들처럼 급작스럽거나 간결하지 않다. 역사 속 사건들은 오랜 시간에 걸쳐 펼쳐지며, 의사인물의 집합적 의지 혹은 행위력으로 발생하고, 지속성이 있다.(제2차 세계대전은 6년간이나 지속되었기 때문에, 브루투스가 시저를 찌른 것은 사건이었다고 할 때와 같은 의미의 '사건'이 아니다.) 요컨대 역사의 사건은 의사사건인 것이다. 그것들 사이에서 의사플롯, 의사인물, 의사사건은 리쾨르가 다른 어떠한 형식의 담론과도 대비되는 '역사의 지향성'이라고 부른 것, 즉 역사가 되기 위해 역사 이면에 있는 '의미-의도'라고 부른 것을 이룬다.

 민족·국가·문명은 그것의 실체를 이루는 특정한 개인들과 달리 역사적 지속성을 가진다. 역사 기술은 무엇이 이러한 실체들의 '실존적 지속성'을 혹은 전통을 이루는지를 설명할 때 가장 확실하다. 민족·국가·문명은 역사 기술에서 일차적 실체들이다. 즉, 역사 기술이 직접적으로 다루는 대상이다. 한편 민족·국가·문명에 대한 이야기들이 비극적으로 이야기될 수 있기 때문에, 허구를 기술할 때 볼 수 있는 줄거리 구성의 지배적인 전략을 차용함으로써 알렉산더 대왕이나 나폴레옹, 비스마르크 같은 역사의 '영웅들'에 대한 기술은 원래 역사의 프로젝트에서 가장 멀리 떨어진 종류의 역사 기술이 된다. 왜냐하면 영웅에 대한 역사 기술은 '의사플롯', '의사인물', '의사사건'의 '의사擬似'에서 가장 멀리 떨어져 있기 때문이다.

리쾨르의 역사 이론은 다음 진술에서 볼 수 있는 것처럼 '의사擬似'라는 용어에 의존한다.

> '의사플롯', '의사등장인물', '의사사건'이라는 표현에서 '의사'라는 용어는 학술적 역사에서 서술적 범주의 사용이 고도로 유비적 특성을 지니고 있음을 증명한다. 어떤 사건에서건 이 같은 유비類比는 이야기의 영역 안에 역사를 붙잡아 두는, 그럼으로써 역사적 차원 자체를 보존하는 미묘하면서도 깊숙이 감추어진 매듭을 표현한다. (Ricœur 1984 : 230)

허구

리쾨르는 허구 이야기를 역사가 아닌 어떤 이야기라고 부른다. 허구적 이야기는 '문학 장르 이론에서 민담, 서사시, 비극, 희극, 소설이라는 항목으로 분류되는 모든 것을 포괄한다'. 허구 이야기는 미메시스3을 통해 진리를 주장한다는 면에서 역사 이야기와 다르다. 역사 속에서 우리는 설명된 행위가 실제로 발생했으며, 그 설명이 그럴듯하다는 의미에서 '진리'라고 아는 세계를 재형상화한다. 반면 허구에서 우리는 독자로서 반드시 수행해야 하는 그 설명에 대한 신중한

검토가 우리 자신의 삶에 대한 이해를 심화시킨다면 그 이야기를 진리로 받아들인다.

허구 이야기에 관한 리쾨르의 연구는 의도적으로 미메시스2 혹은 줄거리 구성 연구에 한정되어 있다. 허구 이야기는 역사 이야기가 하지 않는 방식으로 줄거리 구성의 개념을 '풍성하게 만든다'. 리쾨르는 '줄거리 구성'의 원래 정의가 '전체를 고려하기' 혹은 '형상화'임을 상기시킨다. 엄밀하게 말해서 허구 이야기는 형상화하는 행동이다. 이 행동은, 리쾨르의 말에 따르면 일종의 '반성적 판단'이며, '스토리를 이야기하는 것은 이야기된 사건에 '관해 반성하는 것'이다'. (1985 : 61) 허구 이야기가 이런 것이라면 "전체를 고려하는' 이야기는 자기 자신의 생산물로부터 거리를 둘 수 있는 능력이 있으며, 그럼으로써 자신을 둘로 나눌 수 있는 것이다'. (Ricœur 1985 : 61)

허구 이야기narrative fiction가 자기반성을 위해 자신을 자신에게서 분리하는 작업을 하는 데에는 세 가지 독립적인 방식이 있다.

첫째는 언어학적 층위이다. 허구 이야기는 언술statement(말해진 것)과 언술 행위utterance(말할 때의 방식)의 구분을 강요하며 동사 시제를 사용함으로써 구분한다. 담론은 '나는 상점에 갈 생각이다 I am just going to the shops'처럼 전형적으로 현재 시제를 변형(예를 들면 진행형과 함께 사용)하거나 (미래 시제가 있는 언어들에 대해서는) 미래 시제를 변형해서 사용한다. 이와 대조적으로 이야기narrative는 '그 남자는 독약을 마신 후 죽었다 The man drank the hemlock and then he died'처럼 전형적으로 과거 시제, 특히 '아오리스트aorist'(한정 단순 과거)와 '단순 과거 시제preterite'를 사용한다. 여기서 동사 시제는 시간을 과거, 현재, 미래로 구별하는 것과 필연적으로 일치하지는 않는다. 동사에 관한 한 언술과 언술 행위가 어울리지 않는 경우는 종종 있다. 예를 들어 영어는 불어와 달리 미래 시제가 없고 I will go처럼 조동사와 부정사의 결합과 연관된 발화를 통해 미래 시제를 만든다. 리쾨르는 허구 이야기에서 언술 행위와 그것에 의거해 만들어진 언술 사이에는 언제나 불일치가 있다고, 혹은 적어도 동사 시제는 항상 두 가지를 동시에 의미한다고, 즉 동사 시제는 이야기가 화자의 과거 속에서 발생하고 있으며 어떤 의미에서 독자의 진짜 과거 속에서 발생하고 있다는 것을 동시에 의미한다고 주장하고자 한다. 작품이 허구임에도 불구하고 이야기의 시간만큼이나 실제 시간에서도 사건들은 지금 벌어지고 있거나 벌어질 것이라기보다는 (이미) 벌어졌다는 것이 중요하다. 그렇지 않으면 이야기를 위해 과거 시제를 사용하는 것이 전형적이진 않을 것이다. 그리고 중요성은 이야기의 상상적 세계와 실제 세계 사이에 구축된 연결 고리에 놓인다. 다시, 이야기의 사건이 마치 과거에 벌어졌던 일처럼 되는 것이다. 이렇게 허구에서 과거 시제를 사용하는 것은 미메시스1에서 미메시스2로의 전이가 성취되는 길 중 하나이다.

허구 이야기가 자신으로부터 자신을 분리하는 두 번째 방법은 시간을 교묘하게 다루는 것이다.(물론 이 과정은 발화의 다른 부분들 중에서 동사를 사용함으로써 성취된다.) 허구에서 시간을 다루는 사례는 헨리 필딩Henry Fielding의 1749년 소설 『톰 존스A Foundling The History of Tom Jones』에서 찾아볼 수 있다. 리쾨르가 진술한 바와 같이 '시간과의 유희를 의식한 대가로서, 필딩은 열여덟 권 분량의 작품에서 각 권마다 다르게, 때로는 느긋하게 때로는 서둘러서, 어떤 것은 누락시키고 또 어떤 것은 강조하면서, 몇 년에서 몇 시간까지의 다양한 길이의 시간 단위를 다루었다'.(1985 : 78) 그렇다면 이 지점에 이야기하는 시간과 이야기되는 시간이 있다. 이야기하는 시간은 일정한 속도로 움직이는데, 이는 독자가 일정한 속도로 이야기를 읽는다는 사실로 입증된다. 예를 들어 2권의 세 쪽을 읽는 데 드는 시간은 18권의 세 쪽을 읽을 때 드는 시간에 상응할 것이다. 한편 이야기된 시간은 이야기에 부과한 서술narration이 무엇이냐에 따라 속도를 바꾼다. 그 결과, 소설 한 부분의 세 쪽은 이야기의 몇 분을 다룰 수 있는 반면 다른 부분의 세 쪽은 몇 년을 다룰 수 있는 것이다. 이처럼 이야기하는 시간 안에서 이야기되는 시간은 고르지 않게 배분된다.

　이야기하는 시간과 이야기되는 시간의 구분을 가능케 하는 것은 허구 작품을 측정하는 능력이다. 그리고 중요한 것은 필딩이 그가 근대적 감각으로 이해한 대로 자신의 작품을 여러 권의 책과 여러 장들으로 나눈 최초의 소설가라는 사실이다. 하지만 리쾨르의 다음 질문은 '만약 우리가 뭔가를 측정한다면, 우리가 측정하는 것은 무엇인가?'이다.(1985 : 78) 그는 이야기하는 시간은 관례적이라는 사실을 수용한다. 한 쪽을 읽는 데 드는 시간은 다른 한 쪽을 읽는 데 드는 시간과 같다는 것은 그저 하나의 전제에 지나지 않는다. 하지만 이 관례를 받아들인다면 여전히 그럼에도 불구하고 우리는 '이야기하는 행위는 시계로 측정되는 '일정한 물리적 시간'을 요구한다'고 말할 수 있다.(Ricœur 1985 : 79)

　이야기하는 시간과 이야기된 시간을 비교할 때 비교되고 있는 것은 시간의 '길이'이며, 그 길이는 이야기하는 시간은 몇 시간, 몇 분으로 이야기된 시간은 몇 년, 며칠, 몇 시간, 몇 분으로 측정된다. 그러나 만약 드러난 것이 기껏해야 이야기된 시간은 그저 이야기하는 시간의 압축된 버전에 불과하다면, 이런 식으로 단순하게 연대기적 시간을 비교하는 것은 지루할 수 있다. 이야기된 시간에 관하여 흥미로운 것은 서술이 시간으로 행한 다른 것들이다. 예를 들어 이야기된 시간은 쓸데없는 시간을 건너뛰기도 하고 지속적인 시간을 단 하나의 발화 사건으로 압축하기도 한다.('매일', '끊임없이', '몇 주 동안', '가을에' 등등) 다시 말하자면 템포 혹은 리듬이 허구적 이야기 속에 설정되는 것이다. 그리고 이 점이 독자로 하여금 작품을 하나의 전체로, 즉 하나의 형상Gestalt으로 보게 만드는 것이다. 따라서 이야기하는 시간과 이야기된 시간에 대한 상대적 측정이 허구 이야기 속의 시간을 이해하는 기초를 이룸에도 불구하고 다른 특징 속으로 진입할 수 있는 여지를 제공하고, 독자들이 이야기 속의 시간을 전체적으로 고려할 수 있게 해 주는 것이 바로 이 다른 특징들이다.

  허구 이야기가 자기반성을 위해 자기를 자신으로부터 분리시키는 마지막 세 번째 방법은 시점과 서술적 목소리를 통해서인데, 이것들은 화자와 인물을 구별하게 만든다. 리쾨르는 이미 미메시스를 '행동의' 미메시스라고 정의한 바 있다. 그러나 우리는 행동하는 존재 혹은 행위자 없이 행동할 수 없다. 리쾨르는 '행동하는 존재는 …… 생각하고 느끼는 존재이며, 더 나아가 그들의 생각, 느낌, 행동에 대해 말할 수 있는 존재'라고 말한다.(1985 : 88) 이런 존재는 그래서 '미메시스 개념을 행동에서 인물 쪽으로, 인물에서 인물의 담론 쪽으로 이

동시킬 수 있다'. 이는 언술 행위와 언술을 구분했던 초기의 논의로 우리를 돌려놓는다. '언술 행위는 화자의 담론이 되고, 언술은 인물의 담론이 되는 것이다.'(Ricœur 1985 : 88) 시점과 서술적 목소리는 이런 일을 일으키는 수단이다.

시점은 허구에서 의식이 제시되는 수단이다. 시점은 의식의 미메시스인 것이다. 왜냐하면 허구는 화자가 인물의 마음에 들어가는 것을 허용하기 때문이다. 인물은 전지적 화자에 대해 '내면의 투명성'을 지닌다. 물론 이는 문체 선택의 문제이다. 작가는 화자가 작중인물 중 한 사람의 마음만 볼 수 있도록 허용할지, 누구의 마음도 볼 수 없게 만들지 선택할 것이다. 하지만 화자의 전지성全知性은 허구 이야기의 고유한 원칙적 가능성으로, 화자가 3인칭이든 1인칭이든 상관없다. 1인칭의 경우 화자는 과거의 발화나 감정을 묘사할 때 그들이 '마치' 다른 사람인 것'처럼' 말한다. 언어학적으로 시점은 직접화법, 간접화법, '자유 간접화법' 등 다양한 방법으로 전달되고, 이에 따라 화자가 명시적으로 말한 것이 아님에도 불구하고 말들은 작중인물의 생각으로 받아들여지는 것이 분명하다. 어쨌든 시점은 '허구적 인물의 담론을 이야기하는 화자의 담론을 생산하는, 허구 이야기의 주요한 특성이다'.(Ricœur 1985 : 93)

허구 이야기의 이러한 특성은 작가의 시점과 (작가가 만들어 낸) 화자 그리고 작중인물 사이에 즉각적인 거리를 만들어 내고, 통상적인 의미에서는 작가의 견해 혹은 이데올로기인 작가의 시점을 쉽사리 드러나게 한다. 작가는 화자의 입을 통해 작중인물을 긍정적으로 평가함으로써 혹은 그 반대로 평가함으로써, 아니면 독자가 승인한 작중인물에 대해 부정적인 평가를 내리는 냉담한 화자를 통해서 어느 쪽이라도 자신의 시점을 드러낼 수 있다. 하지만 왜 이야기의 작중인물과 사건들이 독자에게 제시되는 관점들이 기법적 의미에서는 다 '시점'이라고 불리는가? 이에 대한 리쾨르의 답변은 첫째, 작중인물과 사건들은 말뜻 그대로 화자에게 '보인다'. 독자를 공간, 그러니까 소설의 공간 혹은 소설의 세계에 적응시키는 것이 바로 이것이다. 둘째, 화자는 시간적 관점을 가지고 있다. 화자는 공간 안에서 움직일 수 있는 것과 마찬가지로 시간 안에서도 이동한다.

화자는 우선 서술 행위의 현재를 인물의 현재와 일치시키고, 그럼으로써 한계를 인정하고 알지 못한다는 것을 받아들이면서 인물을 그대로 따라가기도 한다. 때로는 그 반대로 앞이나 뒤로 움직이면서, 시점의 현재를 회상된 과거의 예견이나 예견된 미래의 지나간 추억 등으로 간주할 수 있다. (Ricœur 1985 : 94)

서술적 목소리도 시점과 비슷하긴 하지만 똑같지는 않다. 리쾨르는 '화자는 담론의 허구적 생산자'라고 말한다. (Ricœur 1985 : 96) 화자는 실제 작가가 자신을 텍스트 속으로 투사하는 수단인 것이다. 리쾨르에 의하면 시점이 전혀 없는 스토리가 이론적으로는 가능하다. 아마도 시점 없는 스토리는 전지한 능력이 없는, 사건들에 대해 아무런 평가 없이 그저 기록만 한 혹은 관련 인물들의 심리만을 기술한 작가와 관련될 것이다. 하지만 화자가 전혀 없는 스토리는 불가능하다. 그렇기 때문에 서술적 목소리가 없는 스토리도 불가능하다.

한편 하나 이상의 서술적 목소리 혹은 다양한 작중인물들에게 분산된 서술적 목소리를 가진 줄거리는 가능하다. 예를 들어 윌리엄 윌키 콜린스William Wilkie Collins의 『흰옷을 입은 여인The Woman in White』(1860)이 그런 경우일 것이다. 다양한 서술적 목소리는 실재로 서로 간의 대화를 시작하거나, 혹은 "신사 양반, 지금 당신은 내가 뭔가에 대한 슬픔을 표현하고 있다고 상상하는 건 아닌가요? 저는 당신이 그런 상상을 하고 있다는 확신이 드는군요. 그렇지만 당신이 어떻게 상상하건 신경 쓰지 않을 거랍니다."(Dostoyevsky 1972 : 15)라고 말하는 표도르 도스토옙스키Fyodor Mikhailovich Dostoyevsky의 『지하생활자의 수기Zapíski iz podpól'ja』의 허구적인 일기 작가를 통해 흔히 볼 수 있듯이, 독자와 대화를 시작한다. 화자가 많을수록 '행동의 미메시스' 개념은 더 확장되고, 결국 버지니아 울프Virginia Woolf의 『파도The Waves』(1931) 같은 완전히 '다성적인(다수의 목소리)' 소설은 '더 이상 소설이 아니라 독서를 위해 제공된 일종의 오라토리오〔로마에서 시작된 종교음악〕가 된다.'(Ricœur 1985 : 97) 『파도』가 의식에 관한 매우 효과적인 미메시스임에도 불구하고 그것은 더 이상 허구 이야기가 아니며, 그렇기 때문에 리쾨르의 관심사인 시간의 의식을 모방한 것이 아니다.

이야기가 자신으로부터 자신을 분리시키는 이 세 가지 방식은 서로 어떻게 연결되는가? 이 질문에 대한 리쾨르의 대답은 그가 '단순 과거'에 부여한 특권에 담겨 있다. 단순 과거는 '이야기의 시작을 알리는 특별한 표지'이다.(Ricœur 1985 : 98) 단순 과거는 독자에게 '당신은 이야기를 읽기 시작합니다'라고 즉각적으로 말한다. 독자는 이야기하는 목소리의 관점을 통해 그 스토리가 과거임을 이해하기 때문에 과거 시제는 그러한 특권을 갖는다. 이는 독자도 화자가 스토리보다 뒤에 오는 것을 이해한다는 의미이다.〔어떠한 스토리도 그 스토리를 이야기하는 목소리의 입장에서는 지나간 과거의 일이라는 의미이다. 다시 말해 서술적 목소리가 이야기된 스토리보다 시간적으로 뒤에 오고, 이 둘의 관계를 통해 생기는 과거는 여전히 남아 있다는 것이다.〕

이야기 시제를 이해하는 것은 따라서 화자가 채택한 시점과 목소리를 이해하는 데 필수불가결한 것이다. 즉, 목소리와 시점은 자신을 독자에게 말하는 이야기의 일부이다. 목소리와 시점은 독서가 텍스트의 세계와 독자의 세계의 교차점을 가리킨다는 점에서, 목소리는 형상화와 재형상화 사이의 전환점에 위치한다.(Ricœur 1985 : 99) 따라서 동사 시제는 미메시스1(전형상화)과 미메시스2(형상화)의 교차점을 나타내며, 목소리와 시점은 미메시스2(형상화)와 미메시스3(재형상화)의 교차점을 나타낸다.

역사와 허구를 함께

지금까지 리쾨르는 역사 이야기와 허구 이야기를 구분해서 설명했다. 그의 다음 단계는 어떻게 재형상화 혹은 미메시스3이 작용하는지를 보여 주는 것이다. 이를 위해 그는 어떻게 역사 이야기와 허구 이야기의 '지시 의도'가 상호 직조되는지 논증한다. 이때 지시 의도는 진리를 재현하는 방법이다. 이 증명의 목적은 '텍스트의 세계'가 어떻게 '독자의 삶-세계'를 통해 완성되는지를 보여 주는 데 있다.

그러나 당장 직면하게 되는 문제는 역사적 시간과 허구적 시간의 구별에 관한 것이다. 리쾨르는 각각의 시간을 이미 탐색했을지도 모른다. 그러나 그는 그 시간들이 서로 어떻게 다른지 전혀 말하지 않았다. 명백한 차이는 허구적 과거의 비실재성과 대조적인 역사적 과거의 실재성이다. 역사적 이야기와 허구적 이야기가 어떻게 직조되는지 혹은 교차하는지 기술하는 것이 목적이라면 이런 차이는 가장 먼저 해소되어야 한다.

리쾨르는 이 과제를 '역사적 실재'의 '실재'는 순진하게 이해되어서는 안 된다고 논의하면서 시작한다. 우리가 역사적 과거를 실재라고 말할 때 그것은 무엇을 뜻하는가? 역사적 과거를 이해하려면 풀어야 할 한 가지 난문難問이 있다. 역사적 과거는 우리가 지금 읽고 있는 이 책이 실재한다는 것과 같은 의미에서 한때 실재했다. 하지만 그 실재성은 지금 사라지고 없다. 그럼에도 우리는 역사적 과거는 실재라고 말하고 싶어 한다. 리쾨르에 따르면 역사적 과거의 실재성은 증언, 기록, 목격담 등 리쾨르가 '흔적'이라고 부른 것들 속에, 그리고 개인의 기억 속에 살아 있다.

흔적이란 현재에 남아 있는 자취를 통한 과거의 지속이다. 하지만 이는 과거 자체의 지속이 아니라 과거 사람들의 지속이다. 전형적으로, 과거의 흔적은 사람들의 업적으로 이루어져 있다. 엄밀히 말해서, 역사는 이러한 흔적들을 재작업해서 우리의 현재 속에 과거를 재-현하는 것이다. 우리는 죽은 자에 대한 부채 의식 때문에 이 일을 한다. 그들이 없다면 우리는 연속성에 대한 어떠한 감각도 없이 표류하는 피조물일 것이다. 세련된 인류인 우리 존재는 먼저 간 사람들에게 빚지고 있는 것이다. 역사는 이 채무에 대한 지불이다. 많은 역사가들은 자신이 역사 기술을 통해 역사를 구성하고 constructing 있다고 생각할 것이다. 그러나 동시에 이 구성 작업을 통해 그들은 과거의 실재성을 재-구성 recon-structing 한다.

리쾨르는 역사가들의 구성이 폐기된 그러나 여전히 흔적 속에 보존되어 있는 과거를 대리 혹은 대체한다고 말한다.(Ricœur 1988 : 100) 역사는 현재 속에 지속하는 과거라는 것 이외의 다른 어떤 것으로도 이해될 수 없다. 역사는 과거의 흔적을 재-현함으로써 과거를 재-실행한다. 역사가 이해된다는 것은 이런 식으로 이해되는 것이지, 지시적 기능을 직접적으로 가진 것으로서(예를 들어 역사가 진리에 관한 일련의 진술로 이루어져 있다고) 이해되는 것이 아니다.

그러나 이런 방식으로 보면 역사는 허구와는 거리가 먼 '심연'으로 나타난다. 우리는 허구 작품의 과거 인물에 대한 아무런 채무 의식이 없다. 게다가 시간과 유희하는 허구의 능력은, 전통과 연속성에 대한 신뢰를 유지할 필요가 있는 역사와는 완전히 정반대인 것처럼 보인다. 리쾨르에게 이 심연을 이어 주는 것은 읽는 행위인데, 이것은 전략적 지점에서 역사와 허구의 결정적인 유사성을 드러낸다. 우선, 저자의 층위에 연결 고리가 있다. 역사의 저자는 그가 다루는 사실들로써 제한된다. 저자는 그럴듯하게 사실들을 배열하는 한도 내에서만 (역사를) 구성한다. 그는 사실을 창안하지 않는다. 반면 허구 작가는 창안할 자유를 가지고 있다. 하지만 리쾨르는 이것이 단지 '~로부터의 자유'일 뿐 아니라 '~을 위한 자유'라고 지적한다. 리쾨르는 '예술적 창조의 법칙'은 역사적 사실의 규칙이 역사가에게 그런 것처럼 예술가에게도 엄격하다고 주장한다. 창조의 법칙은 예술가에게 생기를 불어넣는 세계관을 가능한 한 완벽하게 되돌려 주는 것이며, 역사가와 그 독자가 죽은 자들에게 진 빚에 정확하게 상응한다.(Ricœur 1988 : 177)

두 번째로, 독서 행위 자체는 역사 읽기 과정과 유사한(유사하지만 같지 않은) 허구 읽기의 특징을 지닌다. 허구는 독자 앞으로 '내포 저자implied author'를 데려온다. 허구 작품은 독자로 하여금 내포된 저자가 독자 자신과 동일하다고 믿게 만든다. 이것이 '텍스트의 기대'이다. 하지만 독자는 텍스트에 독자 자신의 고유한 문화적 지식을 가져옴으로써 이러한 경향에 저항한다. 이것이 '읽기에 대한 기대'이다. 그 결과, 텍스트는 낭만주의 시인 새뮤얼 테일러 콜리지Samuel Taylor Coleridge가 말한 것처럼 '독자가 가지고 있는 불신의 잠정적 중지'를 시도하는 반면, 독자는 텍스트를 불신한다. 그리고 텍스트는 독자가 불신을 잠정적으로 중지할 것을 알고 있다. 리쾨르가 주장하고자 하는 것은, 텍스트를 수용하는 것과 텍스트로부터 거리를 유지하려는 것 사이의 협상 구조는 역사와 과거의 실재성의 관계가 '의미하는' 구조와 같다는 것이다.

세 번째, 우리는 '함께 읽는다'. 왜 위대한 (허구) 작품들이 정전으로서의 지위를 누리는가? 그것은 누대에 걸쳐 살아온 사람들이 서로 다름에도 불구하고 그중 많은 사람들이 새로운 의미와 새로운 해석을 생산하는 그 작품의 수용력을 계속해서 인식하기 때문이다. 개별 독자들은 그것들의 차이에도 불구하고 모두 위대한 작품은 자신을 위대하게 만드는 무언가를 가지고 있다고 인식한다. 위대한 문학의

'호소 구조'는 보편성이 있다는 점에서 죽은 자에게 빚을 갚는 역사의 호소와 유사하다.

네 번째, 마지막으로 역사 읽기와 허구 읽기는 모두 사회적 실재를 바꾼다. 단순하게 말하면, 역사도 허구도 그 독자들은 자신들이 읽은 것의 결과로서 밖으로 뛰쳐나가 세계를 바꿀 것처럼 보인다. 그렇지만 그것은 허구 읽기의 경험과 역사 읽기의 경험에서 상당히 다른 방식으로 일어난다. 허구는 독자들이 허구의 세계에 들어오는 한 독자를 '비실재화'하는 효과가 있다. 독자는 잠깐이라도 텍스트의 세계로 정신을 '이주시킨다'. 역설적으로 독자들에게 영향을 미쳐서 세계를 당장 바꿀 것처럼 만드는 현실적 실재성을 가장 멀리 추방하는 것이 바로 이 작품이다. 왜냐하면 작품은 상상력의 가장 위대한 도약을 요구하기 때문이다.

하지만 리쾨르는 그저 역사와 허구는 공통점이 있다고 주장하려는 것이 아니다. 그는 역사와 허구가 '상호 직조'되어 있다고 주장한다. '역사는 어떤 식으로든 시간을 재형상화하고자 허구를 사용하고, 허구도 역시 같은 목적으로 역사를 사용한다.'(Ricœur 1988 : 181) 역사는 허구에게서 두 가지를 빌려 온다. 첫째, 허구는 (형상화의 층위에서 작동하는) 구성 기법을 사용한다. '역사의 글쓰기는 이야기의 전통으로 전수된 줄거리 구성 유형을 모방한다.'(Ricœur 1988 : 185) 하지만 둘째로 더 중요한 것은 역사가 재형상화의 층위에서도 뭔가를 끌어온다는 것이다. 그것은 리쾨르가 '역사적 상상력의 재현적 기능'이라고 부른 것이다.(Ricœur 1988 : 185)

'우리는 주어진 일련의 사건을 비극 혹은 희극으로, 혹은 다른 어떤 것으로 보는 법을 배운다.'(Ricœur 1988 : 186) 위대한 역사책을 세월의 풍화를 견디는 위대한 소설처럼 만드는 것이 바로 이것이다. '역사책은 소설처럼 읽힐 수 있다.'(Ricœur 1988 : 186) 리쾨르는, 만약 이것이 사실이라면 일종의 공모가 서술적 목소리와 내포된 독자 사이에서 드러난다고 말한다. 즉, 독자는 경계의 끈을 늦추고 작품에 대한 신뢰를 가지게 되는 것이다. 리쾨르가 이렇게 썼을 때 우리는 '(~이) 존재한다는 환각'에 굴복한다.

하지만 역사가 허구화되는 또 다른 방식이 있다. 그것은 역사가 '획기적인' 사건, 즉 한 공동체가 자신의 기원이라고 생각하는 사건을 말할 때이다. 역사가는 자신의 감정을 제쳐 두어야 한다. 하지만 '획기적인' 사건이 우리에게 다가올 때 역사는 새로운 윤리적 목적을 떠맡는다. 그 목적은 존경심을 전달하거나, 더 중요하게는 희생자가 있는 사건인 경우 공포를 전달하는 것이다.(아우슈비츠는 적절한 예이다.) 획기적인 사건의 공포를 전달하는 것은 (희생자에 대한) 역사의 의무이다. 그런데도 공포 자체는 역사의 범주가 아니라 허구의 범주에 속한다. 리쾨르는 '허구는 공포에 질린 화자에게 눈길을 준다'고 말한다.(Ricœur 1988 : 188) 우리는 이야기를 형성하는 역사와 허구의 이 마지막 상호 직조에서 이야기 자체의 중요성을 보게 된다. '잊어서는 안 되는 범죄들이 있고, 복수보다는 이야기되고자 고통스럽게 울부짖는 희생자들이 있다. 잊지 않겠다는 의지만이 그와 같은 범죄가 재발하는 것을 막을 수 있을 것이다.'(Ricœur 1988 : 189)

허구가 역사 속에 직조되어 있다면 역사도 허구 안에 직조되어 있다. 허구적 이야기는 그것이 사건들을 마치 과거인 양 말하는 한 역사 이야기를 암시하고 있는 것이다. '이야기되는 비실재적 사건들이, 독자에게 말을 건네는 서술적 목소리로서는 지나간 일들이라는 점에서 허구 이야기는 준역사적이다. 바로 이점에서 허구 이야기들은 과거 사건들과 비슷하고 허구는 역사와 비슷하다.'(Ricœur 1988 : 190) 허구가 기술하는 과거는 있을 법한 과거, 즉 '발생했을지도 모르는' 과거이다. 실재 과거가 실현되지 않은 가능성으로 가득하다는 점에서 바로 여기, 허구적 과거와 실재 과거 사이에 리쾨르가 '깊은 유사성'이라고 부른 것이 존재한다. 허구는 실재성이 실제로 받아들인 것과는 다른 연대기를 추구한다. 허구는 역사의 '흔적', 곧 문서로 된 증거에서 자유로울지도 모른다. 하지만 허구는 여전히 자기의 '의사과거'에 대한 의무가 있으며, 그것은 허구를 창조하면서 고통 받는 예술가에 대한 의무이다. 독자가 죽은 자들에게 빚지고 있는 것을 역사가 갚는 것과 동일한 방식으로, 허구는 독자가 예술가의 고통에 빚지고 있는 것을 갚아 준다.

이야기와 삶, 그 해석학적 순환

리쾨르에게 이야기는 인간 행동의 미메시스이다. 이야기와 삶 사이에는 건강한 해석학적 순환이 있다. 이야기는 삶을 모방하고 우리는 이야기를 통해 삶을 배운다. 그리고 이 순환 속에서 삶에 대한 이해는 계속 고양된다. 이야기는 시간 모델의 본보기이다. 하지만 그것은 인간의 시간 혹은 현상학적 시간이지 순간의 연속체로서의 시간은 아니다. 인간의 시간이 기억 속에 과거를 보존함으로써 미래를 예기하는 것으로 경험되는 것처럼, 이야기는 세 겹의 미메시스로 이루어져 있다. 하나의 미메시스는 다른 두 개의 미메시스가 작동하지 않으면 아무런 의미를 갖지 못한다. 미메시스1은 전형상화, 즉 이야기를 구성하는 것에 대해 우리가 가지고 있는, 다시 말해서 읽을 때 텍스트에 우리가 가져오는 전前이해이다. 미메시스2는 형상화 혹은 줄거리 구성, 즉 사건들에 질서를 부여하고 인과관계와 다른 관련성들을 설정하는 것이다. 미메시스3은 재형상화, 즉 이야기가 제공한 세계에 대한 새로운 관점으로써 증진된 우리의 세계 이해를 통한 읽기 행위이다.

두 유형의 이야기가 있다. 역사와 허구가 그것이다. 서로 다름에도 불구하고 역사와 허구는 공통점이 있다. 둘 다 지시적 진리보다 인간의 진리를 보여 준다. 그리고 역사와 허구가 이해되려면 둘 다 같은 종류의 '서사 능력'이 필요하다. 역사 기술에서 민족과 국가는 마치 허구 속 등장인물처럼 행동한다. 허구 속 인물이 마치 실제 사람인 척하는 것처럼 말이다. 그리고 허구 속 과거는 역사가 묘사하는 실제 과거인 것처럼 묘사된다. 그러나 리쾨르는 역사와 허구가 공통점을 있을 뿐 아니라, 삶에 대한 서사적 경험 속에서 상호 직조되어 있음을 증명하고자 한다. 우리는 역사를 비극적인 사건으로 이해하고 역사적 인물들을 영웅으로 이해한다. 예를 들어 역사가 죽은 자에게 진 빚을 갚는 것은 이런 방식을 통해서이다. 거꾸로, 우리가 허구에서 도덕적 교훈을 얻을 수 있는 것은 허구적 설명이 역사적인 척하는 것과 연관되어 있기 때문이다.

06

윤리학

Paul Ricœur

덕의 윤리학

리쾨르는 윤리적 지향을 '정의로운 제도 속에서 타인들과 함께 그리고 타인들을 위하여 '좋은 삶'을 목표로 삼는 것'이라고 정의한다.(1992 : 172) 이 정의는 윤리와 도덕을 구분한다. 도덕은 법 혹은 행동 규범과 깊이 관련되어 있다. 리쾨르는 도덕보다는 '덕의 윤리학 virtue ethics'을 검토한다.

덕의 윤리학은 응용 윤리학이나 도덕철학같이 절대적인 용어나 특정 상황에서 특정 행동(낙태, 안락사, 전쟁 도발 등)이 '선한지' '악한지' 판결하는 것이 아니라, 일반적으로 선한 사람이 되는 것이 무엇을 의미하는지, 사람이 반드시 가져야 하는 덕은 무엇인지 검토하는 것이다. "좋은 삶'을 지향하는 것'이라는 공식에서 '지향하는 것'은 또한 서사적 여정임을 우리는 반드시 기억해야 한다. 즉, 좋은 삶은 이야기될 만한 가치가 있는 삶이다. 이것이 바로 이야기에 관한 리쾨르의 작업의, 아니 실제로는 그의 모든 작업의 윤리적 목적이다.

이야기의 미메시스적 구조에 관한 분석, 이야기 속 시간의 미메시스적 구주에 관한 분석, 그리고 허구와 역사 관계의 미메시스적 구조에 관한 분석은 그것들 자체가 모두 가치 있는 것이다. 그리고 각각은 분석이 일부를 이루는 문학비평이라든지 역사문헌학 같은 분과

학문에 새로운 빛을 던져 준다. 하지만 이러한 분석의 실제 목적은 인간 삶 자체의 서사적 국면을 입증하는 것이다. 이는 텍스트 읽기 과정으로서의 해석학뿐만 아니라 삶 읽기 과정으로서의 해석학을 정당화하는 것이다. 만약 해석학이 이해를 향해 가는 길이라면, 읽기 자체는 자기 이해의 열쇠이다. 만일 문학적 판단이 윤리적 판단이라면(책은 미학적으로 선하거나 악할 뿐 아니라 도덕적으로도 선하거나 악하다.), 자세히 이야기된 삶에 대한 판단에 대해서도 똑같이 말할 수 있을 것이다.

이야기 정체성 : IDEM과 IPSE

만약 삶을 살면서 내 삶을 이야기로 형상화한다면, 나는 그것을 재형상화함으로써 내 삶을 이해한다. '역사와 허구의 통합에서 생겨나는 연약한 새싹은 우리가 이야기 정체성narrative identity이라고 부를 수 있는 특수한 정체성을 개인과 공동체에 부여하는 것이다. …… 개인 혹은 공동체의 정체성을 말한다는 것은 "누가 그런 행동을 했는가?", "누가 행위자이며 누가 저자인가?"라는 질문에 답하는 것이다.'(Ricœur 1988 : 246) "누구?"냐는 이 질문에 대한 답은, 만일 답변이 단순하게 이름을 대는 것 이상이라면, 그것은 '서술적일 수밖에 없다'.

> '누가?'라는 질문에 답하는 것은 …… 삶의 스토리를 말하는 것이다. 이 야기된 스토리는 '누구'의 행동에 관해 말한다. 그리고 이 '누구'의 정체성은 따라서 이야기 정체성임이 틀림없다.(Ricœur 1988 : 246)

그렇다면 이 맥락에서 '정체성'의 의미는 무엇인가? '정체성'에 해당하는 라틴어에는 '동일한 존재idem'로 이해된 정체성과 '자기 같은 자기 자신ipse'로 이해된 정체성이 있다. 리쾨르에게 정체성은 이야기 정체성, 즉 한 사람의 정체성을 구성하는 정체성을 뜻하는 후자ipse이다. Ipse는 '자기 항구성'을 뜻한다. Ipse는 idem의 '동일성'과 달리, '삶의 일관성 속에' 변화를 포함할 수 있다.(Ricœur 1988 : 246)〔거칠게 요약하자면, Idem은 타자성이 없는 정체성을, Ipse는 타자성이 있는 정체성을 뜻한다.〕 내가 20년 전과 많이 달라졌다 하더라도 그때의 나와 '같은' 사람이다. 이것이 차이 속에서의 같음, 즉 나의 ipse, 나의 이야기 정체성이다. '자서전에 대한 문학적 분석이 증명해 주듯이, 삶의 스토리는 주체가 자기 자신에 대해 이야기하는 진실한 혹은 꾸며 낸 모든 스토리들로 끊임없이 재형상화된다. 재형상화가 이 같은 삶을 이야기된 스토리로 짠 옷으로 만든다.'(Ricœur 1988 : 246)

이야기에 대한 리쾨르의 논의는 이 지점에서 커다란 (해석학적) 순환을 일으킨다. 처음에 그는 우리가 이야기에 대한 전형상화를 가지고 있다고 주장했다. 그리고 전형상화는 우리가 이야기를 해석할 때 이야기에 가져오는 전이해였다. 그런데 지금 리쾨르는 무엇이 우리로 하여금 이야기에 대한 전이해를 갖게 하는지 묻고 있다. 이 질문에 대한 답변은, 리쾨르의 삶에 대한 철학 전체를 어느 정도 요약한다고 말할 수 있는 '확신의 연쇄chain of assertion'이다. '자기를 이해한다는 것은 해석하는 일이고, 자기를 해석한다는 것은 이야기 속에서 특권적인 매개 형식을 발견하는 것이다. 이 매개 형식은 허구에서만큼 역사에서도 차용하는 삶의 스토리를 허구적 역사로, 혹은 전기의 역사문헌학적 문체와 상상적 자서전의 소설적 문체를 상호 직조한 역사적 허구로 만든다.'(Ricœur 1992 : 114)

이야기가 기술description과 규정prescription을 매개한다는 것은 무엇인가? 행동하기 위해서 나는 먼저 세계 속에 주어진 상황을 기술해야만 한다. 그 이후에 내가 무엇을 해야 하는지 결정해야 한다. '기술하다, 이야기하다, 규정하다'(Ricœur 1992 : 114)는 인간 행동에 대한 리쾨르의 공식이다.

이 공식은 '윤리적으로 중립적인 이야기는 없다'(Ricœur 1992 : 115)에서 도출된 것이다. 이야기는 상황을 평가하고, 도덕적 의미에서 우리가 무엇을 해야 하는지 말한다. 한편, 우리 자신의 삶을 이야기로 보는 것은 우리에게 '삶의 연속성'에 대한 감각을 주는 것이다.(Ricœur 1992 : 117) 하지만 이 개념은 idem(동일성)에 ipse(이야기 정체성의 동일성)를 허용하는지의 여부에 달려 있다. idem이 시간 속의 지속성을 뜻한다는 견지에서 볼 때 내 삶의 '동일성'에서 핵심은 무엇인가? 리쾨르는 '이것이 연속되는 삶의 단계에서 우리가 우리 자신의 사진을 보는 방법'이라고 말한다.(Ricœur 1992 : 117) '유사성을 파괴하지는 않지만 위협적인, 정돈된 작은 변화들의 계열체가 있다.' idem이라는 의미에서 '같다'라는 단어는 '나는 무엇인가?'라는 질문에 답한다. 그리고 ipse라는 의미에서 '같다'라는 단어는 '나는 누구인가?'라는 질문에 답한다.

성격과 약속 지키기

삶이 전개되면서 나는 신체적으로도 도덕적으로도 변한다. 하지만 이러한 변화에도 불구하고 나는 여전히 같은 사람이다. 나는 (하나의) 동일성을 가지고 있다. 내가 변하는 방식은 ipse로 이해된 나의 동일성(정체성)이다. 내 인생의 어느 지점에 있든지 나라는 동일한 대상을 기술하기 위해 같은 적절한 이름을 유지하는 변하지 않는 동일성이 idem으로 이해되는 나의 동일성(정체성)이다. 사람이 되려면 나는 반드시 이 속성들, idem과 ipse를 가져야 한다.

리쾨르에 의하면, 정체성의 이 두 가지 속성이 모이는 곳이 '성격'이다. 리쾨르는 성격이 두 개의 성향(나는 특정한 방식으로 행동하는 경향이 있다고 할 때의 그 방식)으로 이루어져 있다고 말한다. 첫째는 '습관'인데, 이것은 성격에 역사를 부여한다.(Ricœur 1992 : 121) 일단 획득된 습관들은 성격 특성, 즉 '어떤 사람을 동일한 존재로 재인식하고 재정의하는 변별적 기호'가 된다.(Ricœur 1992 : 121)

성격이 가지고 있는 두 번째 성향은 '획득한 동일시들의 집합'이며, 타자는 이것을 통해 '동일한 존재'의 구성에 참여한다. 이때 리쾨르가 말하는 '타자'는 다른 사람을 뜻한다. 우리는 우리 자신을 다른 사람과 동일시함으로써, 그리고 우리가 그것의 일부라고 생각하는 공동체의 '가치, 규범, 이상, 모델, 영웅'들과 동일시함으로써 자신을 인식한다. 우리는 특히 영웅적인 인물과 동일시하는 것을 좋아한다. 왜냐하면 우리는 영웅들의 가치를 공유하기 때문이다.(영웅들의 편에서 보자면, 그들은 우리의 가치를 우리가 누군가를 '영웅적'이라고 생각할 만큼 고양된 수준으로 갖고 있기 때문이다.) 그리고 누군가에 대한 동일시의 감각은 우리의 성격에 충성심과 성실함을 반복해서 가르쳐 주는데, 이것은 거듭 말하지만 '자아를 유지하는' 하나의 형식이다.(Ricœur 1992 : 121)

동일시의 감각은 리쾨르가 자기-항구성을 입증하는 하나의 방법으로서 '약속 지키기'가 중요하다는 것을 강조하게 만든다. 약속 지키기의 자기-항구성은 성격이 가지는 지속성과는 다르지만('하나는 성격의 지속이고, 다른 하나는 주어진 약속에 대한 충실함의 지속이다.'(Ricœur 1992 : 123)), 여전히 시간 속에서 영속되는 자기의 표지이다. 사실 어떤 면에서 약속 지키기는 성격보다 중요하다. 리쾨르는 '하나는 성격의 지속이고 다른 하나는 우정의 한결같음'(Ricœur 1992 : 123)이라고 말한다. 성격의 지속은 도덕적 존재에게 전제 조건이 된다. 하지만 누군가 자신의 약속을 지킨다면 그는 이미 도덕적으로 행동하는 것이다. 지속성 있는 성격은 친구가 없을 수도 있다. 그러나 약속을 지키는 것은 우정을 만들어 낸다.(다음 장에서 살펴보겠지만, 리쾨르는 관능적인 사랑보다 우정을 선호한다.)

리쾨르의 목적은 '도덕에 대한 윤리학의 우위를 확립하는 것이다'.(1992 : 171) 그에게 '도덕성'은 우리가 도덕적인 방식으로 삶을 살 수 있도록 제정된 규범 혹은 일련의 법칙을 뜻한다. '윤리학'은 '좋다'고 기술될 수 있는 삶을 사는 것을 목표로 삼는 것을 뜻한다. 이처럼 리쾨르는 도덕성보다 윤리학에 특권을 부여하면서, '선해지기' 위해서 따라야 하는 규범들을 검토하는 것보다는 선한 삶을 사는 것을 목표로 삼는 것에 특권을 부여하고 싶다고 말한다. 우리가 '좋은 삶'을 살기 원한다면 '윤리적 지향'을 가지고, 리쾨르의 정의에서 본 바와 같이, '타인들과 함께 그리고 타인들을 위해서, 정의로운 제도 속

에서 선한 삶을 목표로 삼아야 한다'.(1992 : 172)

하지만 삶이 '좋았는지' 어떻게 알 수 있는가? 삶을 검토함으로써 알 수 있다는 것이 이 질문의 답이다. 이때 검토한다는 것은 삶을 마치 스토리처럼 읽는 것을 뜻한다. 리쾨르는 '살 가치가 있는 삶은 이야기할 가치가 있는 삶'이라는 소크라테스의 경구에 크게 감동한다. 그래서 다시 한 번 이야기와 삶의 직접적인 대비가 성립한다. 즉, 삶은 이야기'이다'. 삶 속에서 우리는 우리 삶의 이야기를 창안한다.

지금까지 리쾨르의 윤리학은 이야기, 특히 허구적인 것과 역사적인 것이 뒤섞인 것처럼 보이는 이야기에 특히 더 의존적이었다. 이 평형 상태의 허구적 측면에서 문학적 허구들이 대단한 특권을 부여받았고, 그 특권은 리쾨르가 허구 속에서 작동하는 시간을 설명하고자 20세기 초의 다양한 소설을 선택함으로써 입증되었다. 실제로 리쾨르는 종종 모든 허구가 문학적 허구인 것처럼 말한다. 적어도 그는 문학을 허구의 가장 고차원적인 형식으로 본다. 이리하여 문학은, 특히 위대한 소설은 우리가 어떻게 우리 자신의 삶을 이해하는지에 관한 사례 혹은 모델이 된다. 더욱이 리쾨르가 분석 대상을 성격의 지속과 약속 지키기로 옮겼을 때, 문학은 우리가 어떻게 '좋은' 삶을 살 수 있는지 알려 주는 모델이 된다.

스토리 대 삶

하지만 이 지점에서 반론이 제기된다. 서사 이론가 루이스 밍크Louis O. Mink가 언급했고(Louis O. Mink, 1970 : 557-8), 리쾨르가 여러 번 반복해서 다룬 명제인 '스토리는 체험되는 것이 아니라 이야기된다'가 그것이다. 이 명제의 역은 '삶은 이야기되지 않는다. 체험된다'이다. 이때 차이는 또다시 시간에 관한 것, 특히 스토리 작가(리쾨르의 용어로는 서술자를 통해 표현된 내포 저자)가 자기 삶을 살고 있는 사람들에 대해 지니는 시간에 관한 특권적인 지식이다.

스토리의 화자는 다음에 무슨 일이 일어나는지 '안다'. 엄밀하게 말해서, 서술적 목소리에 대한 리쾨르의 분석이 지적하듯이, 이야기의 시간은 화자에게 과거이기 때문이다. 그리고 이 점이 바로 이야기를 말할 때 전형적인 시제가 단순 과거인 이유이다. 그러나 자기 삶을 살고 있는 사람들은 다음에 무슨 일이 일어날지 알 수 없다. 그렇기 때문에 우리가 우리 삶을 쓰는 중이라고 말하는 것은 상당히 강력한 주장으로 보일 수 있다. 만약 우리가 삶의 끝자락에서 자서전을 쓴다면 그럴 수 있다. 하지만 우리가 삶을 사는 것과 삶을 능동적으로 쓰고 있다고 주장하는 것은 다르다. 무엇보다도 허구의 실제 저자는 허구 속에 등장하는 모든 인물과 허구 속 세계 전체를 통제할 수 있다. 하지만 개인은 실제 세계에 대해 매우 제한된 통제력만 있을 뿐이다. 각 개인은 자신의 행동을 (완전히는 아니지만) 통제할 수 있다. 하지만 기껏해야 타인의 행동에 영향을 줄 뿐이지 '신의 활동'이라고 불리는 세계의 모든 우연은 통제할 수 없다.

삶을 이야기로 보는 시각에 제기하는 또 다른 반론은 씌어진 스토리는 '종결'이 있다는 것이다. 화자는 허구적 인물의 삶 전체를 이야기할 수 있다. 하지만 실제 사람은 그런 종결을 경험할 수 없다. 왜냐하면 실제 사람은 죽음의 순간 이후의 지점에서 자기 삶을 돌아볼 수 없기 때문이다. 타인들만이 완결된 내 삶에 대한 이해를 시도할 수 있다.

삶의 스토리

삶 자체는 작동하는 이야기라는 자신의 이론 때문에 리쾨르는 스토리와 삶의 본질적인 차이를 극복해야만 했다. 그의 첫 번째 조치는, 이러한 반론들이 이야기를 삶에 적용할 가능성을 배제하지 않는다는 점을 지적하는 것이다. 예를 들어, 문학이 제공한 이야기는 상상 속에서 미지未知, 무無에 그럭저럭 전형적인 이러저러한 죽음의 형태를 부여함으로써 그것에 직면했을 때의 강렬한 불안을 완화시키는 데 도움이 된다.(Ricœur 1992 : 162) 우리는 우리 자신의 죽음을 경험할 수 없으면서도 죽음의 이 알 수 없다는 점을 두려워하는데, 문학이 보여주는 죽음에 관한 예들이 우리에게 다소 위안이 되는 것이다.

하지만 이러한 설명도 아직 이야기와 삶을 대립시키는 반론에 충분히 답한 것은 아니다. 리쾨르의 대응 방식은 반론을 어느 정도 인정하고 그것을 이야기로서의 삶이라는 모델을 수정하는 데 유익하게 사용하는 것이다. 이야기는 과거에 대한 말하기라는 관점에서, 리쾨르는 이야기 속에서 이야기된 과거는 그저 서술자의 의사과거에 지나지 않음을 우리에게 상기시킨다. 그렇기 때문에 '우리는 과거 시제로 이야기된 사실들 가운데서 이야기의 주인공들을 장차 죽음으로 몰아 갈 계획, 기대, 예상들도 발견할 수 있는 것이다.'(Ricœur 1992 : 163) 이처럼 이야기는 '우리에게 회상과 전망을 어떻게 절합하는지

가르쳐 준다'. 다시 말해, 이야기를 통해 성취되는 것과 똑같은 방식으로 우리는 과거를 보며 미래를 예감한다. 미래에 대한 예감 속에서 과거를 본다.

종결에 관한 질문에서 리쾨르는 설령 영웅의 죽음이 이야기 속에 표현되어 있다 하더라도 이야기 자체는 우리가 생각하는 것처럼 닫혀 있지 않다고 말한다. 모든 이야기가 등장인물의 죽음에 관한 의사 지식을 가진 채 씌어지지는 않는다. 혹은 모든 이야기가 등장인물의 죽음을 포함하지도 않는다. 그리고 어떤 경우이건 이야기 자체는 그것이 죽음을 포함하고 있던 그렇지 않던 간에 '닫히지' 않는다. 미메시스1·2·3으로 리쾨르가 수행한 이야기 분석이 드러낸 것처럼, 이야기는 종결에 도달하고자 독자를 요구한다. 동일한 방식으로 삶의 이야기는 이해되기 위해 검토할 필요가 있다. 삶에 종결을 부여하는 것은 죽음이 아니라 삶을 자세히 검토하는 행위의 수행이다. 그리고 만약 삶의 종결이 이런 방식으로 완결되지 않는다면, 글쎄, 그렇다면 독서 행위를 통해서도 이야기의 종결은 완성되지 않는다. 왜냐하면 이야기에 새로운 의미를 더하는 새로운 독서가 언제나 가능하기 때문이다.

결국 삶은 '얽힘'이라는 점에서 이야기와 유사하다. 물론 우리는 허구 작가가 자기 책에 등장하는 모든 인물과 사건들에 완전한 통제력을 지닌 것처럼 삶 속에서 우리 자신의 운명을 완전하게 통제하지는 못한다. 하지만 스토리가 단일한 인물의 시점에서 이야기된다 할지라도 이야기들은 단일한 인물에 대해 혼자가 아니다. 심지어 모더니스트 극작가 사뮈엘 베케트Samuel Beckett(1906~1989)가 고안한 독백 같은 것도 다른 인물들을 기술한다. 스토리 안에는 이야기의 가닥들이 있고, 그 모든 가닥들은 서로 교차한다. 한 인물의 시점에서 스토리를 말한다는 것은, 이야기의 다양한 가닥들이 그 인물과 교차하는 지점에서 말한다는 것이다. 삶도 같은 방식으로 볼 수 있다. 나는 내 시점에서 스토리를 말한다. 하지만 그것이 다른 인물들과 관련되지 않는다는 뜻은 아니다. 오히려 다른 인물들 없다면 이야기할 삶의 스토리도 없을 것이다. 내 삶은 이야기 가닥이다. 그리고 그것은 타인들의 삶의 이야기 가닥과 상호 직조된다. 때로 내가 다른 사람과 잘 알게 되는 것처럼 촘촘한 상호 직조가 있을 것이다. 때로는 아주 간단한 교차일 수도 있다. 우연한 조우에서 그렇듯이 말이다.

'나 여기 있어!'

이러한 설명은 리쾨르에게 삶을 이야기로 보는 것의 주요한 윤리적 핵심이 무엇인지를 드러낸다. 그것은 사람들이 소외되어 보이는 것을 허용하지 않는 것이다. 이야기 정체성으로서의 개인의 정체성을 확립하는 것은 삶 속에 자기-항구성을 정착시키는 하나의 방법이다. 그러나 그런 식으로 이해된 자기-항구성은 다른 사람을 필요로 할 수밖에 없다. 나는 타자들에게 한 나의 말, 나의 약속이 변함없음을 통해 나의 자기-항구성을 입증한다. 바로 이러한 방식으로 타인들의 삶의 이야기 가닥과 내 삶의 이야기 가닥의 서로 얽힘이 윤리적 다당성을 갖게 된다.

자기-항구성은 타인이 신뢰할 수 있도록 행동하는 방식이다. 누군가 나를 신뢰하면 나는 타인 앞에서 내 행동에 대한 책임을 져야 하기 때문이다. '책임'이라는 용어는 '~을 믿는다'와 '~에 대한 책임이 있다'는 의미를 결합한다. 책임은 나를 필요로 하는 타인의 '너 어디 있니?'라는 질문에 대한 답변이라는 관념을 덧붙이면서 두 의미를 결합한다. '나 여기 있어!'라는 대답은 자기-항구성을 진술하는 것이다.(Ricœur 1992 : 165)

지금 우리는 idem에서 ipse로의 이동이 '나는 무엇인가?'에서 '나는 누구인가'로의 이동이라는 것을 기억한다. 그리고 리쾨르에 의하면 이 이동은 이야기의 매개를 통해 성취된다. 타인들에 대한 우리의 책임을 통해 일단 우리는 '나 여기 있어!'라고 말하는 단계에 도달하고, '나는 무엇인가?'와 '나는 누구인가?'의 구분은 부적절한 것이 된다. '나는 무엇인가?'와 '나는 누구인가?'의 간격은 이야기 정체성을 이룬다. '나 여기 있어!'라고 선언하는 것과 관련된 항구성은 도덕적 정체성을 이룬다. 이야기 정체성과 도덕적 정체성 사이에서 리쾨르가 '생산적인 긴장'이라고 부른 것이 생긴다. 즉, 이야기 정체성이 자아를 의문시함에도 불구하고 그것은 도덕적 정체성의 근원이 된다. 반면 도덕적 정체성은 자신감에 가득 찬 단언처럼 보인다. 이야기 정체성의 질문은 계속해서 도덕적 정체성의 단언을 견제한다. '나 여기 있어'는 허풍쟁이의 자만이 아니라 타인에게 자신을 임의로 다룰 수 있는 권한을 준 한 개인이 표현한 겸손함이다. '나 여기 있어!'는 배려의 표현이다.

좋은 삶은 이야기할 가치가 있는 삶이다

리쾨르의 윤리학은 덕德의 윤리학이다. 그의 윤리학은 어떤 특정한 행동이 선한지 악한지 면밀히 검토하는 것이 아니다. 그보다는 '좋은 삶'을 구성하는 것은 무엇인지를 고찰한다. 리쾨르는 좋은 삶은 이야기할 가치가 있는 삶이라는 소크라테스의 경구를 따른다. 이 경구는 삶과 이야기의 직접적 유사성을 묘사한다. 리쾨르에게 삶은 이야기'이다'. 삶 속에서 나는 리쾨르가 '이야기 정체성'이라고 부른 것을 가진다. 여기서 '정체성'은 idem이 아니라 ipse로서의 정체성이다. 달리 말하면, 도덕적인 속성이라는 관점에서 내 삶의 각 시기마다 나의 존재는 다른 사람임에도 불구하고 나는 여전히 '같은' 사람이다. 나는 자기 항구성을 가짐으로써 내 사람됨의 동일성을 유지한다. 내 '성격'을 이루는 것도 바로 이것이다. 자기 항구성은 약속을 지킴으로써 표현된다. 내 삶 속에서 일어나는 변화에도 불구하고 내가 타인들에게 한 약속을 지킨다면, 나는 여전히 나 자신을 같은 사람으로 보여 주는 것이고 '좋은 성격'인 것이다.

하지만 삶은 이야기라는 이론에 대해 '삶은 체험되는 것이고, 이야기는 말해지는 것'이라는 반론이 제기될 수 있다. 도덕적으로 좋은 스토리는 실제 삶을 위한 모델로 기여한다는 사실은 이 반론이 극복될 수 있음을 시사한다. 이 반론은 '이야기'를 소박한 방식이 아닌, 리쾨르가 앞에서 미메시스1·2·3이라는 항식으로 분석한 방식으로 이해할 때 극복된다. 문학적 이야기가 자기완성을 위해 독자의 작업(미메시스3)을 요구하는 것처럼, 실제 삶은 자기 해석을 위해 타인들을 필요로 한다. 삶의 이야기에 종결을 가져오는 것은 죽음이 아니라 타인의 해석이다. 더 나아가 내 삶은 타인들의 삶과 뒤섞인다. 개별적인 삶들은 삶의 위대한 플롯 안에 있는 이야기 가닥들이라고 볼 수 있다. 때로 그 가닥들은 서로 단단히 엮이기도 하도 그저 교차만 할 때도 있다. 이야기 정체성을 갖기 위해서 나는 반드시 타인과 상호 작용을 해야 한다. 내 삶에 타인이 없다면 나는 이야기할 삶의 스토리가 없을지도 모른다. 약속 지키기를 통해 타인들과 상호 작용하는 윤리적 방식은 내 성격의 항구성을 보존하는 방법이자, 나의 이야기 정체성을 보존하는 방법이기도 하다. 약속을 하면서 나는 타자가 나에게 의지할 수 있다고 말한다. 나를 설명 가능하게 만드는 것이 바로 이것이다. 따라서 내가 도덕적 책무를 실행함으로써 어린아이들이나 물어 볼 법한 '나는 누구야?' 혹은 '나는 뭐야?'라는 철학적 질문은 '나 여기 있어!'라는 단언으로 바뀌게 되고, 이 단언은 타자를 돌보겠다는, 자신을 타인의 처분 아래 두겠다는 표현이다.

07

정치와 정의

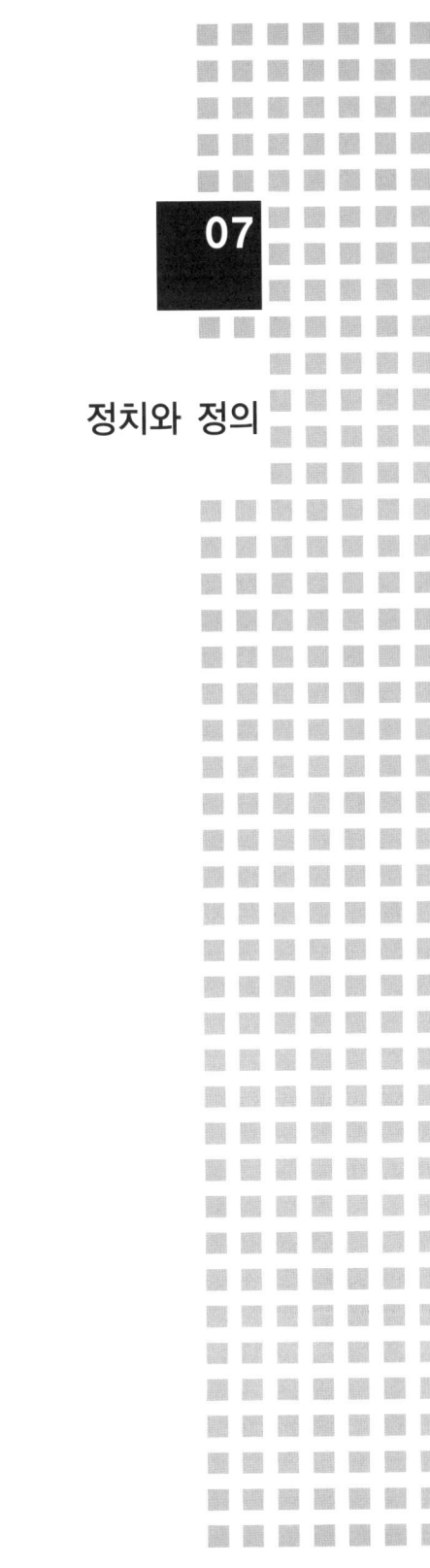

Paul Ricœur

  지금까지 우리는 리쾨르의 윤리학을 자아와 타자의 관점으로 살펴보았다. 하지만 여기서 '정의로운 제도 속에서 타인들과 함께 타인들을 위하여 좋은 삶을 지향하는 것'이 '윤리적 목적'이라는 그의 정의 (Ricœur 1992 : 172)를 재소환한다. 우리는 지금 리쾨르에게 무엇이 '정의'를 이루고, 그 결과 '정의로운 제도'를 구성하는지 살펴보아야만 한다. '정의로운 제도'라는 문구는 리쾨르에게 정의와 정치가 불가분의 관계임을 알려 주는 실마리일 것이다.

'정치의 모순'

리쾨르의 정치적 에세이 중 가장 유명한 「정치의 모순Le paradoxe politique」은 1957년에 씌어졌다. 제목에 쓰인 '모순'이라는 말은 권력이 정치의 목적을 진척시키는 필수적인 수단이라는 것을 가리키는데, 이때 정치의 목적은 행복과 선의 총합을 확대시키려는 철학의 목적과 같다. 그런데 권력은 본래 악용·남용되기 쉽고, 따라서 선의 반대, 즉 악이 되기 쉽다. 이때 리쾨르가 던지는 질문의 핵심은 어떻게 사회주의 정권에서 스탈린 현상이 가능한가이다. 만약 사회주의가 모든 사람에 대한 평등한 대우를 의미한다면, 어떻게 사회주의가 폭군에 의해 유지될 수 있는가? 거꾸로, 어떻게 폭군이 사회주의라는 이름으로 권력을 악용하고 남용할 수 있는가?

리쾨르는 이 문제가 마르크스주의 철학의 근본적인 오류에서 불거져 나왔다고 답한다. 그 오류란 바로 모든 소외를 경제적 소외로 간주한 점이다. 리쾨르는 경제적 소외 문제에 대한 마르크스의 해결책, 즉 구소련 연방이 시도했던 해결책이 경제(생산수단으로부터의 노동자의 소외)와 정치(노동자의 국가 통제력 점유)를 결합시켰다고 지적한다. 하지만 노동자 혹은 사회 구성원이 경제적으로 소외된다면 그들은 반드시 정치적으로도 소외되거나 그 역이다.(정치적으로 소외되면 경제적으로 소외된다.) 그렇기 때문에 스탈린 치하 구소련 연방에서 경제적 소외를 폐지하려는 정치적 목적은 성취되었다. 그리고 부는 노동자계급에게 균등하게 분배되었다. 하지만 경제적 소외 해소의 자연스러운 결과로 정치적 소외가 해소된 것은 아니었다. 오히려 일반인들은 정치적 과정에서 상당히 소외되었으며, 그 결과 자신의 견해를 대담하게 표명하는 사람은 강제노동 수용소로 끌려가거나 사라졌다.

리쾨르는 이것은 순수 사회주의국가의 올바른 상태가 아니라 다른 어떤 국가의 상태라고 말한다. '정부, 행정부, 경찰력이 없는 국가는 존재하지 않는다. 결과적으로 정치적 소외 현상은 모든 정권을 가로지르며 모든 입헌정치의 형식 안에서 발견된다.'(Ricœur 1965b : 259) 정치 국가 자체의 핵심에 어떤 모순이 있다. 하지만 정치 국가는 세워진다. 한편으로 정치 국가는 보편성을 가장한다. 다시 말하면 정치 국가는 시민들 전체를 평등하게 표상하고 합리적인 방식으로 시민들

어떻게 사회주의에서 스탈린이 나올 수 있는가?

만약 사회주의가 모든 사람에 대한 평등한 대우를 의미한다면, 어떻게 사회주의가 폭군에 의해 유지될 수 있는가? 거꾸로, 어떻게 폭군이 사회주의라는 이름으로 권력을 악용하고 남용할 수 있는가? 리쾨르는 이 문제가 마르크스주의 철학의 근본적인 오류에서 불거져 나왔다고 답한다. 그 오류란 바로 모든 소외를 경세석 소외로 간주한 점이다. 권력은 정치의 목적을 진척시키는 필수적인 수단이다. 이때 정치의 목적은 행복과 선의 총합을 확대시키려는 철학의 목적과 같다. 그런데 권력은 본래 악용·남용되기 쉽고, 선의 반대, 즉 악이 되기 쉽다. 여기에 정치의 모순이 있다.

을 평등하게 처우한다고 주장한다. 다른 한편으로 실재하는 모든 국가는 국가로서 그들이 가지고 있는 힘 때문에 '특수성과 변덕'으로 시민들을 다룬다. 실제로 그들은 비합리적으로 행동한다. 리쾨르가 '정치적 악'이라고 정의한 것이 바로 이런 종류의 비합리적 행동이다. '정치적 '악'은, 문자적 의미로 볼 때 장대함의 광기이다. 즉, 위대한 것, 곧 권력의 장대함과 유죄!의 광기이다.'(Ricœur 1965b : 261)

만약 국가권력이 필요악이라면, 그 악은 반드시 재갈을 물려 통제해야 한다.

국가를 통제하는 문제는, 권력의 행사는 가능하지만 권력의 오용은 불

마르크스주의 정치경제학 카를 마르크스에 의하면, 자본주의는 노동자를 생산수단으로부터 '소외시킨다'. 전前자본주의사회에서 노동자는 본질적으로 자기 자신을 위해 노동했다. 그리고 노동을 통해 자신이 생산하는 상품의 질로써 직접적으로 동기가 부여되었고, 그 상품은 비슷한 질의 다른 상품과 교환될 수 있었다. 그러나 자본주의 체제에서 노동자는 기계 기술의 희생양으로 전락한다. 노동자는 더 이상 '상품' 생산에 책임이 없다. 그저 제조 과정에 기여할 뿐이다. 게다가 노동자의 동기는 더 이상 그의 노동의 완성된 결과물이 지니는 교환가치를 통해 직접 부여되지 않고, 자본가에게 불공평한 비율로 팔린 그의 노동 자체의 가치로써 부여될 뿐이다. 노동자와 그가 생산하는 상품의 절대적 가치 사이의 직접적 연관은 깨졌다. 노동자를 소외시키는 것은 바로 이것이다. 이에 대한 마르크스의 해결책은 생산수단을 직접 인수해서 그것이 제공하는 교환가치를 만끽하고, 같은 계급 구성원들끼리 평등하게 분배하는 노동자들이 자본주의를 전복하는 것이다.

가능하도록 특별히 설계된 제도적인 기법을 고안하는 데 달려 있다. '통제' 개념은 인간의 정치적 실존이 가지고 있는 핵심적인 모순에 직접 기인한다. 통제는 이 모순에 대한 구체적인 해법이다. 물론, 당연히 국가는 통제해야 한다. 하지만 너무 많이 통제할 필요는 없다. 정치적 동물이니만큼 국가는 지휘하고 조직하고 의사 결정을 해야만 한다. 하지만 국가가 전제군주가 되어서는 안 된다.(Ricœur 1965b : 262)

리쾨르가 생각하기에 러시아혁명의 지도자 블라디미르 레닌Vladimir Lenin(1870~1924)에 의해 널리 알려진 '국가 고사시키기' 개념은 일종의 '신화'이다. 이는 레닌이 정직하지 않았다고 말하는 것이 아니다. 레닌은 자본주의 체제의 국가를 억압 조직으로 보았다. 따라서 다음과 같은 주장이 따른다. 비록 노동자들이 생산수단을 장악해도 국가의 기능을 인수한 노동자계급 없이는 달성할 수 없을 것이다. 이것이 레닌이 말한 '프롤레타리아 독재'가 의미하는 바이다. 리쾨르가 요약한 것처럼(1965b : 263),

　만일 무장한 대중이 상비군을 대체한다면, 경찰력이 언제라도 해산된다면, 관료제도가 유기적인 집단으로 해체되고 가장 낮은 임금을 받는 조건으로 축소된다면, 그 다음에야 비로소 대다수 사람들의 보편적 힘이 부르주아 국가에서 볼 수 있는 억압적인 특별한 힘을 대체할 수 있을 것이며, 국가 고사시키기의 시작이 프롤레타리아 독재에 부합할 수 있을 것이다.

하지만 공산주의 치하에서 국가는 고사되지 않았다. 오히려 국가는 이전보다 더 강해졌다. 리쾨르는 이러한 현상의 원인을 다양하게 추정한다. 첫째, 무엇을 생산해야 하는지 어떻게 분배해야 하는지뿐 아니라, 누가 생산하고 어떤 방식으로 생산하는지까지도 결정되어 있는 '5개년 계획'에서 볼 수 있듯이, 사회주의국가는 '사물을 지배하는 것'과 '사람을 통치하는 것'을 혼동한다. 둘째, 마르크스의 협력자 프리드리히 엥겔스Friedrich Engels(1820~1895)의 약속과는 반대로, 노동이 기쁨이 아니라 지속적인 부담이 되고, 국가가 노동자의 생산물에서 획득한 부를 분배함으로써 노동자의 '의욕을 고취하지' 않고 위협, 폭력을 통한 협박, 강제 이주 같은 방식으로 '동기부여'했다는 점에서 사회주의국가는 자본주의와 비슷했다. 셋째, 사회주의국가는 세대주의적 관점에서 미래를 보았다. 그들이 사회를 위해 하는 일은 그 사회의 다음 세대들의 이익을 위해서였다. 이러한 관점으로 인해 국가가 현재 세대를 함부로 다루게 되고, 더 나아가 새로운 형태이긴 하지만 사람들의 삶에 '소외'를 재도입했다. 마지막으로, '사회주의 국가는 '자유주의'국가보다 더 이데올로기적이다'.(Ricœur 1965b : 266) 이 말은 사회주의국가가 생산수단뿐 아니라 선전 선동 등도 통제한다는 의미이다. 다른 말로 하면, 사회주의국가는 사람들의 외적 환경뿐 아니라 그들의 내면세계까지 통제하려 한다.

사회주의국가 없는 사회주의

사회주의국가에 대한 이 같은 비판에서 도출해 낸 리쾨르의 결론은, 레닌이 그럴 것이라고 주장했던 것처럼, 국가는 사라질 수 없다는 것이다. 국가를 소멸시키는 것에 대한 대안은 국가를 통제하는 것이다. 국가는 '자유주의'국가에서만 통제될 수 있지, 소비에트 시절에 볼 수 있었던 '현존 사회주의'국가에서는 통제될 수 없다는 것이 리쾨르의 논점이다. 리쾨르는 자신을 사회주의자로 여겼기 때문에 그의 입장에서 보자면 (이러한 발언은) 상당히 파격적인 지적 이동이다. 하지만 자유주의 정치 안에 사회주의경제를 수용하는 것이 가능하다는 것이 리쾨르의 주장이다. 그의 사회주의는 비非마르크스주의적 사회주의이다.

사실 리쾨르를 반反마르크스주의자라고 기술할 수도 있을 것이다. 그에게 마르크스주의적 사회주의국가(예를 들어 공산주의국가)의 흠 혹은 악은 그 안에 여론이 들어설 여지가 없다는 점이다.(그는 스탈린을 비난하는 사람이 아무도 없는 곳이 바로 소비에트 국가라고 지적한다.) 여론은 다양한 정치적 정당을 통해 표현된다. 그리고 이것이 바로 리쾨르가 자유주의국가에 대한 지지를 선언할 때 '자유'의 의미이다. 자유주의국가는 '다원적인' 국가이며, 사회주의는 타자, 즉 상반된 견해를 가진 자를 허용하는 정치적 구조 안에서 논의되어야 한다.

자유주의국가의 다른 이점은, 그 힘의 필요악을 억제하는 다른 방법은 (자유주의국가의) 합법성이다. 사회주의국가에서 법은 그저 국가의 도구에 불과하다. 그리고 이 점이 바로 사회주의국가가 '항소 없는 폭력'을 강제할 수 있게 하는 것이다. 하지만 자유주의국가에서 법은 어떤 면에서 국가보다 상위에 있는 것처럼 보인다. 시민은 국가가 불합리하게 힘을 행사하려고 할 때 이에 맞서 법에 호수할 수 있다. 이 점이 바로 '법에 기반한 국가'라는 용어가 의미하는 바이다. 다시 말해서, 정의의 규칙은 국가에 앞서는 것처럼 보인다. 그리고 국가 자체도 시민들이 그러하듯 법을 지켜야 할 의무가 있다. 리쾨르는 이것이 18세기 프랑스 철학자 장 자크 루소Jean-Jacques Rousseau의 사회계약설 이면에 놓여 있는 '존경할 만한 사상'이라고 본다. 국가는 야만적 자유와 안전의 교환을 제공하는 것이 아니라, 모든 사람이 동의하는 법을 통해 시민적 존재로 가는 길을 제공한다.(Ricœur 1965b : 252)

정의 대 복수

리쾨르는 「정치의 모순」을 출간하고 30년이 지난 1980년대 말에 와서 다시 정치적인 주제를 다룬다. 그리고 1990년대에 지속적으로 정치와 정의의 관계를 다룬 일련의 강의와 논문들을 출간한다. 정치적 주제로의 귀환은 정의에 대한 관심에서 촉발되었는데, 이 관심은 윤리학 작업에서 비롯되었다. 1950년대 그의 주요한 문제의식은 '사회주의는 자기 이데올로기를 민주적이라고 언명하는데 어떻게 사회주의국가는 전체주의적인 방식으로 행동할 수 있는가'였다. 하지만 1980년대 후반 공산주의의 몰락과 더불어 새로운 철학적 문제가 리쾨르의 지적 지평에 등장했다. 그것은 '만약 자유주의적 민주주의가 사회를 운영하는 전지구적 모델로 채택된다면 그 사회 내에서 다른 시민들과 국가에 대한 시민의 책임은 무엇인가?'이다. 리쾨르는 이 문제를 더 이상 경제와 정치의 관계 문제로 보지 않고 '정의'와 정치의 관계 문제로 본다.

왜 우리는 사회에서 가장 약한 자가 최대 선을 위해 희생되는 것을 정의롭지 않다고 느끼는가? 리쾨르는 '부정의에 직면했을 때의 분개'는 우리가 정의라고 생각하는 것이 도래하기 때문이라고 말한다.(2000 : x) "이건 불공평하잖아." 하며 울 때 명백히 드러나는 것처럼 모든 어린이는 그들이 당한 부정의를 날카롭게 느낀다. 그리고 이 감각은 정의에 대한 어떤 긍정적 감정 앞에서도 느껴진다. 리쾨르는 이 같은 유년기의 분개 배후의 동기를 '불공평한 처벌, 지켜지지 않은 약속, 불평등한 분배'로 요약한다.(2000 : x) 리쾨르는 이 분개의 느낌이 법의 규칙으로 들어가는 첫 관문의 표지라고 말한다. 이 세 가지 유년기의 동기는 상대적으로 '형법, 계약 및 교환법, 분배의 정의'를 상대역으로 가진다.

하지만 성인으로 살면서 우리는 부정의에 대한 단순한 분개로 만족하지 않는다. 정의를 확보하고자 반드시 복수하고 싶은 욕망을 극복해야 한다. 복수는 정의가 아니다. 복수와 달리 정의는 다음과 같은 두 가지 특징을 반드시 갖추어야 한다.

첫째, 보복은 반드시 범죄보다 덜 잔인해야 한다. '눈에는 눈'은 정의가 아니라 복수이다. 이 점은 많은 범죄 희생자들이 받아들이기 어려워하는 것이다. 희생자들은 정의를 수용하는 단계에 도달했다기보다는 자신에게 고통을 준 부정의에 대해 분개하는 수준에 여전히 머물러 있는 것이다. 이 같은 희생자의 상태는 정의의 두 번째 특징, 즉 제3자, 가장 단순하게 말하자면 판사, 확대해서 말하자면 법정, 배심원 등 사법 체계 전체의 개입을 요구한다.

제3자인 기관은 정의를 위해 필요하다. 만일 희생자가 처벌을 결정하는 것이 허용된다면 우리는 '눈에는 눈' 식의 복수로 퇴보할 수 있기 때문이다. 제3자는 범죄자와 희생자 간의 '정의로운 거리'를 설정하고 공평무사한 중재자로서 행동한다. 요약하면, 리쾨르에게 정의는 비록 그것의 첫 계기는 부정의에서 발견된다 하더라도 부정의의 단순한 역逆이 아니다. '정의로운 거리, 제3자의 중재, 공평무사함'은 아주 어린 시절부터 우리를 인도해 온 길을 따라서 정의감의 훌륭한 동의어로 제시된다.(Ricœur 2000 : xi)

공리주의에 맞서

리쾨르의 정의론은 반反공리주의이다. 철학으로서의 공리주의는 '최대 다수의 최대 행복'이라는 단일 구호로 요약될 수 있다. 공리주의 원칙에 집착하는 사회의 결론은, 모든 개인이 전체의 선을 극대화하고자 반드시 개인적 희생을 치러야 한다는 것이다.

이 말의 의미는 희생의 정도가 중심점으로부터의 거리에 비례한다는 것이다. 평균에서 더 멀리 떨어져 있으면 있을수록 반드시 더 희생해야 한다는 것이다. 그렇기 때문에 사회의 최극단에 있는 사람들은 가장 큰 희생을 감수해야만 한다. 많은 희생을 감수할 수 있는 매우 부유한 이들에게 이 희생은 그런대로 견딜 만한 것이다.(이때 '부유한'은 '사회적 자산'이 부유하다는 뜻이다. 이는 그저 경제적인 것만이 아니라 권리, 자유, 무형의 자산으로까지 그 의미가 확대되는 것이다.) 하지만 반대편 극단, 즉 자산이 전혀 없는 사람들은 사정이 완전히 다르다. 리쾨르는 공리주의가 '희생의 원리'에 의거하기 때문에, 그렇게 함으로써 사회적 약자들이 최대 이익을 위해 희생되기 때문에 그것에 반대한다. 사회적 약자들은 희생되었으며, 희생양이 되었다. 이것은 명백한 부정의이다. 하지만 리쾨르의 목표는 단순히 이러한 부정의에 대한 분노를 표현하는 것이 아니라 공리주의 이론을 대체하는 긍정적인 정의론을 발전시키는 데 있다.

황금률과 새 계명

리쾨르는 '황금률黃金律'과 '새 계명'을 대조하면서 궁극적인 정의론을 전개한다. '남에게 대접받고 싶은 대로 남을 대접하라'는 황금률은 누가복음(6 : 31)에서 찾아볼 수 있다. '네 이웃을 내 몸같이 사랑하라'는 새 계명은 원래 레위기에 실려 있고, 마태복음 22장 39절에서 반복된다.

『타자로서 자기 자신』에서 리쾨르는 이미 황금률이 행위자agent와 피행위자patient(행동하는 자와 그 행동을 겪는 자) 간의 '호혜주의적 규범'을 설정한다고 주장했다.(1992 : 219) 하지만 『타자로서 자기 자신』 이후에는 황금률과 새 계명 간의 유사성과 차이를 지적하려 한다. 리쾨르에 의하면(그의 에세이 「황금률 : 성서 해석학적 신학적 복잡성」(1989)과 「사랑과 정의Amour et Justice」(1991)에서), 황금률은 정의에 대한 명령이다. 반면 새 계명은 사랑에 대한 명령이다. 이 차이는 황금률의 호혜성이 관련 당사자들 간의 평등성을 함축한다는 사실에서 비롯된다. 다시 말해서 만일 내가 남이 나를 이런 식으로 대해 주었으면 하고 바라는 대로 남을 대하면 그것은 남도 내가 남을 대하듯이 나를 대할 것이라는 전제를 가지고 있는 것이며, 이는 평등한 당사자들 간의 사회적 계약을 발생시킨다. 이 같은 황금률을 정의의 규칙으로 법으로 형식화하면 '비슷한 사례는 비슷한 방식으로 처결하라'가 될 것이다. 하지만 '새 계명'은 등가의 논리라기보다는 넘침의 논리이고 관용의 논리이다. 그래서 나는 나와의 관계에서 받아야 하는 것 이상으로 주는 것이고, 내가 돌려받아야 할 만큼만 주는 것이 아니다. 황금률이 윤리적이라면 새 계명은 초超윤리적이다. 윤리적인 것보다 더 윤리적이다. 결국 이것은 사랑이다. 이것은 '약속의 극단적 형식'이다.(Ricœur 1996a : 35)

황금률의 문제점은 뒤집어진 해석, 즉 '만약 당신이 나를 위해 뭔가를 하면 나도 당신을 위해 뭔가를 하겠다'가 가능하다는 것이다. 새 계명은 이 뒤집어진 해석의 '교정책' 역할을 한다. 정의의 규칙과 사랑의 규칙을 구분하는 리쾨르의 목적은 공리주의를 피하는 정의론을 설정하는 것이다. 이 이론은 근본적으로 법철학자 존 롤스John Rawls의 작업에서 빌려 왔다.

리쾨르는 롤스의 정의론에 끌린다. 왜냐하면 롤스 역시 '도덕성'보다 덕의 윤리학에 더 관심을 갖기 때문이다. '정의는 사회 구성체의 으뜸가는 덕이다.'(Rawls 1972 : 3) 황금률과 새 계명의 구분에 관한 리쾨르의 분석은 롤스의 정의 원리에 관한 분석이기도 하며, 왜 롤스의 이론이 공리주의를 피하는지를 보여 주려는 시도이기도 하다.

롤스의 정의에 관한 두 번째 원리가 공리주의에서 구해 내는 것은 결국 정의가 지니고 있는 사랑에 관한 계명과의 비밀스러운 친밀성이다. 롤스의 정의론이 공리주의가 적은 수의 희생을 대가로 최대 다수의 평균 이익을 극대화하는 것을 이상으로 제안할 때 허용하는 희생시키는 과정, 즉 공리주의가 감추고 싶어 하는 사악한 함축에 반대하는 한에 있어서 말이다.(Ricœur 1996a : 36)

존 롤스John Rawls(1921~) 롤스는 영향력 있는 저서 『정의론A Theory of Justice』(1971)에서 사회조직의 '게임 이론'을 채택한다. 이 이론에 의하면, 각 선수는 최소 분배의 최대화를 추구한다.(줄여서 '최소 극대화의 원리'로 불린다.) 이 이론은 마르크스주의와 대립하고 공리주의와도 대립한다. 출발점으로든 결과로든 모든 분배가 동등하다고 가정하지 않기 때문에 이 이론은 반反마르크스주의적이다. 그리고 최대한의 분배가 아니라 최소한의 분배가 출발점이라는 점에서 반反공리주의적이다. 롤스의 이론은 종종 '분배적' 정의론이라고 불린다. 왜냐하면 자산을 사회 구성원에게 분배하는 것을 지지하기 때문이다.(이때 '자산'에는 물질적 자산뿐 아니라, 자유나 권리 같은 무형의 자산도 있음을 기억해야 한다.) 또한 그의 정의론은 '계약적' 정의론으로도 불린다. 법의 규칙에 따라 합리적인 방식으로 상대방에게 행동하고자 사회 구성원들 간에 사회계약 혹은 동의가 있다는 논의를 가정하기 때문이다. 롤스는 이 이론을 두 가지 원리로 압축한다.
첫째, 각자는 다른 사람들의 유사한 자유와 양립할 수 있는 가장 광범위한 기본적 자유에 대하여 평등한 권리를 가져야 한다.
둘째, 사회적·경제적 불평등은 다음과 같은 두 가지 조건을 만족시키도록, 즉 (a)모든 사람의 이익이 되리라는 것이 합당하게 기대되고, (b)모든 사람에게 개방된 직위와 직책이 결부되게끔 편성되어야 한다.
(말이 나온 김에 롤스에게 가장 큰 영향을 받은 정치권 인사는 전 영국 총리 토니 블레어이다. '사회 통합'을 위한 신노동정책은 롤스의 두 번째 원리를 현실 세계에서 실천하려 한 시도이다.)

그렇다면 사랑과 정의는 서로를 의지하고 있다. 사랑 없는 정의는 진정한 정의가 아니라 가장 약한 자의 희생을 허용하는 것이다. 반대로, 정의는 그것을 통해 사랑이 표현되는 매체이다. 나는 정의로운 사회제도를 통해 내 이웃을 내 몸같이 사랑할 수 있는 것이다. 이때 사랑은 에로스(관능적 사랑)에 대립하는 아가페(형제의 사랑)적 의미의 사랑이다. 리쾨르는 관능적 사랑보다 형제의 사랑을 좋아한다. 왜냐하면 형제의 사랑은 아무것도 돌려받지 못할 때에도 다른 사람에게 주는 넘침의 윤리에 기반한 것이기 때문이다. 반면에 관능적 사랑은 욕망에 기초한 것이다. 그리고 프랑스 정신분석가 자크 라캉 Jacques Lacan(1901~1981)이 자주 말한 것처럼, '욕망은 욕망된 것에 대한 욕망이다'. 욕망은 동등한 양자 간의 호혜적 관계를 요구한다. 이에 반해 우정은 행위자가 수동자에게 아무것도 요구하지 않는다.

　매일의 삶에서 사랑에 관한 '새' 계명은 '이건 불공평하잖아'라는 어린아이의 울음 속에 놓여 있는 원리를 드러내는 계명이다. 우리는 사랑에 관한 계명이 정의의 어른스러운 의미를 지향한다고 말할 수 있다. 리쾨르는 동일한 중심점을 가진 세 원을 가로지르는 진정한 정의를 향하는 길을 본다. 첫 번째 원은 복수의 원, '눈에는 눈'이다. 두 번째 원은 '황금률'의 원이고, 이로 인해 복수는 정의로 대체된다. '정의는 자신의 첫 번째 상대로 강력한 정념인 복수에 대한 갈망과 대결한다. 정의는 복수를 추구하지 않는다.'(Ricœur 1998 : 171) 세 번째 원은 새 계명의 원으로 사랑이 정의를 대체한다. 아니, 오히려 사랑이 정의를 밀어낸다. 즉, 내가 정의로써 제한되는 것에 동의할 때 복수를 단념하는 것처럼 사랑에 구속되는 것에 동의할 때 (나를 위한)

정의를 단념하게 된다. 더 구체적으로 말하자면, '산술적으로 똑같은' 몫에 대한 요구라는 의미에서의 정의는 다른 사람에게 분배하는 것을 허용하기 위해 포기된다. 나는 나의 몫에 대한 욕망을 포기함으로써 다른 사람들을 위한 정의를 수락한다.

선물과 용서

정의는 리쾨르가 '선물의 경제'라고 부른 법칙을 따른다. 선물의 경제는 주는 사람이 돌려받을 기대를 전혀 하지 않는 한 교환경제와는 다른 것이다. 리쾨르는 정의에 관해 '정당화는 대가 없는 용서이기 때문에 선물'이라고 말한다. (Ricœur 1996a : 33)

피해를 입은 측에서 가해자가 자기들이 당한 만큼의 대가를 치르지 않을 것임을, 다시 말해 처벌이 그들이 당한 범죄에 상응하지는 않을 것임을 받아들이지 않으면 정의는 정의가 아니라 복수가 될 것이다. 이처럼 정의가 부정의를 완전히 부정하지 않는 한, 정의 개념의 핵심에는 역설이 존재한다. 특히 사형 제도를 폐지한 국가들에서 살인을 다룰 때 그러하다.

종신형과 죽음은 다르다. 종신형은 죽음이 아니다. 그리고 그 차이는 피해자 혹은 피해자의 친구와 친척들이 법의 규칙에 기초한 시민 사회의 일원으로서 반드시 받아들여야 하는 잔여가 된다. 이렇게 법은 나의 이웃이나 적을 사랑하라는 계명이 형식화가 된다. 즉, 이 긍정적 계명은 '~하지 말라' 유형의 부정적 계명과 마찬가지로 (우리에게) 강요되는 형식적 체제이다. 그렇다면 모든 정의는 적어도 범죄의 희생자에게 일정 정도의 용서를 요구한다. 용서는 이처럼 사랑과 비슷하다. 혹은 사랑 자체의 한 국면이거나 사랑의 표현이다. '왜냐하면 용서는 선물 경제, 즉 용서를 명확히 표명하고 정의를 지배하는 등가성의 논리에 맞서야 하는 넘침의 논리에서 나온 것이기 때문이다.'(Ricœur 2000 : 144)

사면

리쾨르는 용서와 사면의 차이를 기술하는 데 주의를 기울인다. 용서는 희생자에게 절대로 기대할 수 없는 것이다. 그리고 용서는 종종, 정당하게 거절된다. 어떤 부당한 행위들은 간단하게 '보상할 수 없는' 것이다.(Ricœur 2000 : 144)
  용서는 오히려 그 빚을 너그럽게 봐주는 것이고, 기억을 치유하는 것이며, 애도를 종결하는 것과 같다. 용서가 기억의 치유라면, 기억은 용서에 필수적이다. 반면 사면은 일종의 망각하기이며, 그렇기 때문에 '지나치게 비싸다'.(Ricœur 2000 : 143) 사면은 용서의 '서툰 모방'이다.

  왜냐하면 사면은 빚과 사실을 지운다는 의미이기 때문이다. 사면은 …… 망각의 제도화된 형식이다. 예를 들어 오늘날 당신은 알제리에 주둔했던 특정한 장군이 범죄자였다라고 말할 수 있는 권리가 없다. 사면이 선언되었기 때문에 명예훼손으로 고소당할 수 있다. 사면이 국가가 져야 할 책임 중 하나인 공적인 평온함에 기여하는 것은 사실이다. 이처럼 어떤 경우에는 공적인 평온함이 사면을 뜻할 수도 있는 것이다. (사면을 통해) 없었던 일로 치부할 수 있다. 하지만 현재에 대한 망각, 즉 영구적인 망각, 기억상실이라는 모든 위험을 수반한다. 사면은 가능한 한 자주 사용하지 말아야 하는 법적 권력이다.(Ricœur 1998 : 126)

'이것은 마치 어떤 일이 전혀 일어나지 않았던 것처럼 행동하라고 우리에게 요청하는 실제적인 제도적 망각과 관련된 문제이다.'(Ricœur 2000 : 143) 이와 달리 리쾨르는 기억하는 것은 의무라고 믿는다. 집단 기억은 역사를 이룬다. 만약 용서가 선물이라면 그것은 뭔가를 받았을 때 수혜자에게는 빚이 있다는 것에 대한 기억에 결합되어 있다. 교환경제와 달리 선물경제에서는 답례로 돌려받는 것이 전혀 없다. 용서는 답례로 돌려받는 것이 없음을 기억한다. 용서는 용서를 베푸는 아량을 통해 범죄가 용서받는다는 것을 기억한다. '용서받은'은 '잊혀진'과 전혀 다르다. 사면은 용서와 달리 용서하는 것과 망각하는 것의 차이를 무화시킨다.

리쾨르는 이야기에 관해 논의하면서 역사가 죽은 자에게 진 빚 때문에 이야기되어야 한다고 말했다. 정치의 영역에서 리쾨르는 역사, 집단 기억으로서의 역사가 역사의 희생자들(아직 살아 있을지도 모르는)에 대한 의무 때문에 이야기되어야만 한다고 주장한다. 사면이 일으킨 망각은 역사를 지우려는 시도이며 그렇기 때문에 비윤리적이다. 기억의 의무를 거절하기 때문이다. 왜 우리는 기억할 의무가 있는가? 마르크스주의자는 '역사에서 배우지 않는 자는 똑같은 역사를 반복한다'고 말할지도 모르겠다. 그러나 그것은 답변이 되지 못하거나 우선적인 답변이 아니라고 리쾨르는 말한다. 그보다 리쾨르는 책임 개념에 집중한다.

    범죄자에 대한 사면은 범죄자들에게 남아 있는 범죄에 대한 책임감을 제거한다. 이 같은 책임감의 제거는 범죄자들이 그들의 희생자들을 비인간화했던 것만큼이나 범죄자들을 비인간화한다. 왜냐하면 자기 행동에 책임지는 행위자가 자유로운 인간 존재의 정의定義이기 때문이다. 더 나아가, 범죄자와 희생자 간의 법적 거리를 설정하는 제3자인 판사 역시 희생자에 대한 책임이 있다. 만일 정의를 받아들임으로써 희생자가 복수를 포기해야만 한다면, 적어도 희생자는 정의를 얻어야 한다. 범죄가 사면을 통해 잊혀진다면 희생자는 아무것도 얻지 못한다. 그것은 복수도 아니고 정의도 아니다.

'정치의 모순' 극복하기

정의에 관한 리쾨르의 모든 논의가 법의 테두리 안에서 살아가는 개인들이 획득한 혹은 개인들에게 할당된 정의에만 적용되는 것은 아니다. 더 중요한 것은 그 논의들을 '사회 전반이 어떻게 통치될 수 있는가'의 문제에 적용할 수 있다는 점이다. 리쾨르가 '역사'와 '책임'을 말할 때 그것은 단순하게 한 개인의 역사와 그 개인에게 범죄를 저지른 어떤 사람을 뜻하는 것이 아니다. '민족과 국가의 층위'에서도 말하는 것이다.(Ricœur 1996b : 10)

    홀로코스트는 집단 기억, 즉 역사의 입장에서 절대로 잊어서는 안되는 의무에 관한 사례이다. 홀로코스트의 희생자들이 그들에게 가해진 범죄를 용서할 수 없음에도 불구하고 전후戰後에 용서를 구한 독일 정부는 옳았다. 이는 정확히 말해서 용서를 빌 수 있다는 것을, 때로는 용서받을 수도 있다는 것을 망각하지 않았기 때문이며, 이는 자기 시민들에게 영향을 끼치는 특정 국가의 사법 체계의 층위에서뿐 아니라 세계사의 층위에서도 그러하다.

개인적 층위에서는, 왕실 사면에 의한 용서가 처벌받고 있는 범죄자를 '동정하게 된'(Ricœur 1996b : 12) 사면자의 자비로운 행위 때문이라고 말한다. 국가와 민족의 층위에서 '용서는 빚을 청산하는 최선의 길이며, 정의에 대한 인식과 실천의 방해물을 제거하는 최선의 방법이다'. (Ricœur 1996b : 12)

정의와 사회의 연관은 재판 행위 자체의 층위에서도 발견된다. 우리는 재판 행위가 희생자와 피고인의 이익을 위해 판사가 수행한 개인적인 사건이라고 생각할 수도 있다. 하지만 리쾨르에게는 재판 행위가 공적 영역의 일부로 보이는 것이 중요하다. 사회는 '몫을 분배하기 위한 거대한 시스템'이라는 롤스의 사상으로 돌아와서, 리쾨르는 '재판 행위의 실행은 사회의 일반적 기능으로 쉽사리 자리 잡는다'고 말한다. (2000 : 129)

좀 더 넓은 의미에서 재판 행위는 한쪽의 활동이 다른 쪽의 실천 영역을 침범했을 때 활동 영역을 분리하는 것, 사람들 간의 주장의 한계를 정하는 것, 마지막으로 정의롭지 않은 분배를 바로잡는 것으로 이루어진다. (Ricœur 2000 : 129-130)

게다가 재판이 끝날 무렵의 특별 심리라면 '갈등, 의견 차이, 다툼, 법정 논쟁'의 과정이 끝나야 비로소 판결이 나온다.(Ricœur 2000 : 130) 판단을 위해 판사는 반드시 심사숙고하고, 판단하고, 그 후에 판결을 내려야 한다. 리쾨르는 사회가 이 과정을 허용하면서 '폭력을 지배하는 담론'을 선택해 왔다고 말한다.(2000 : 130) 심리를 마친 후 판결하는 행위는 권리를 침해당한 자의 폭력을 요구하는 복수에 대한 울부짖음이 판결 행위를 이루는 담론으로 대치될 때에만 사회 지배의 모델이 된다. '판결 행위의 지평은 마침내 안전 이상이라는 것이 밝혀진다. 판결 행위는 사회의 평화이다.'(Ricœur 2000 : 131)

그렇다면 판결 행위에는 두 가지 측면이 있다. 즉각적으로는 양측을 구분하는 행위이고, 양측 사이의 문제를 판결하는 행위이다. 그리고 우리 각자가 사회 속에서 지분을 갖거나 사회에 참여하는 수단이기도 하다. 이는 판결 행위가 당사자들 간에 '정당한 거리'를 두기 때문인데, 이때 당사자들은 어떤 심리에서건 승자와 패자 모두 자신의 공평한 몫을 협동의 모델, 즉 사회 안에서 가진다고 말할 수 있다.(Ricœur 2000 : 132)

국가 모델

정의의 문제를 통해 이 긴 우회로를 통과하면서 과연 리쾨르는 정치 이론, 즉 넓은 의미에서 사회가 어떻게 조직되어야 하는지에 관한 이론의 정식화에 조금이라도 접근하는가? 정치철학자 한나 아렌트Hanna Arendt (1906~1975)를 따라서 리쾨르는 권력power과 권위authority의 차이를 설명한다.

「정치의 모순」에서 리쾨르는 소련연방 시절 사회주의국가가 저지른 실수는 경제적 조직과 정치적 실천을 혼동한 데 있다고 분석한 바 있다. 이 실수를 '사회주의국가들은 권력을 자신에게 부과했다'는 말로 표현할 수도 있을 것이다. 리쾨르는 권력은 반드시 민중들에게 있어야 한다고 말한다. 민중의 권력은 자유민주주의 안에서 대표자 선거를 통해서, 모든 종류의 토론과 논쟁과 그것이 일으키는 대립을 통해서 실천된다.

권력과 권위를 혼동해서는 안 된다. 권위는 국가가 실천하기에 더할 나위 없이 정당한 것이다. 예를 들어 권위는 사법 체계에 내재한다. 우리는 권위는 권력과 다르다고 말할 수 있다. 왜냐하면 민주주의국가에서 국가 자체는 법에 대한 책임이 있기 때문이다. 법은 권위가 주어졌기 때문이 아니라 '기초'이기 때문에 권위를 가진다. 「권력과 폭력」(1989)이라는 강의에서 리쾨르는 권위가 국가의 설립으로부터 전통을 통해 우리에게 전수되는 것임을 상기시킨다. 이 권위는 권력과 전혀 다른 것이며 '원칙적으로' 민중들에게 있다. (공산주의 정부는 민중이 되라고 요구함으로써 권력과 권위의 차이를 모호하게 만들었다.) 리쾨르는 모든 정치적 혁명 이후에 기본 협정이 있었고, 이를 통해 새로운 정치 체계가 권위를 지니게 되었다고 지적한다. 그 협정은 무언가를 하고 있는 시민들의 집단이라는 의미에서 행동일 뿐 아니라 법적 의미에서 법의 제정이었다.

리쾨르의 정치적 이상은 일종의 '시민적 덕civic virtue'으로서, 시민 집단은 이 덕으로써 함께 살기로 결정한다. 함께 살기 위해서 그들은 반드시 협력해야 한다. 헌법은 애초에 국가를 수립한 시민들이 국가에 맡긴 권위의 성문화된 형식화이다. '사회계약'은 이 헌법을 통해 시민들이 서로에 대해 갖고 있는 상호 인식이다. 헌법을 인정하면서 시민들은 서로를 인정한다. 서로 간의 차이에도 불구하고 모든 집단은 헌법을 인정하는 데 동의한다.

그렇다면 헌법은 사법 체계에서 판결 과정이 그러하듯, 국가 내에서 동일한 역할, 즉 폭력을 담론으로 대체하는 역할을 수행한다. 리쾨르가 권위와 권력을 구분하긴 했지만 이 둘은 공통점이 있는데, 그것은 이 둘 안에 내재하는 폭력의 가능성이다. 권위의 경우, 리쾨르가 일찍이 1957년에 쓴 에세이 「국가와 폭력Etat et Violence」에서 지적한 바와 같이,

> 권위는 '판사'의, 정의의 권위이다. 그렇기 때문에 이 권위가 만들고 유지하는 질서는 정의로부터 분리될 수 없으며, 적어도 정의와 대립될 수 없다. 하지만 문제가 되는 것은 정확히 말해서 바로 이 확립된 폭력, 정의의 폭력이다. (1965b : 237)

정의가 처벌을 수반하는 한 그것은 사랑과 대립한다. 정의가 윤리적인 것이 되려면 반드시 사랑으로 조절되어야 한다. 그리고 그것은 용서를 실천함으로써 사법 체계 내에서 표명된다. 마찬가지로 권력에도 폭력의 잠재성이 있다. 권력은 다른 사람에게 작용할 때 정치적 악이 된다. 권력 역시 실행될 때 사랑으로 조절되어야 한다. 권력 남용을 막는 대책은 끊임없는 경계인데, 이때 끊임없는 경계란 다른 사

람들에 대한 국가의 독단적인 권력 사용에 맞서 계속 법에 탄원하는 것을 뜻한다.

혁명 이후 국가 수립의 토대를 놓은 선조들을 이끌었던 정의의 동일한 원리들도 반드시 계속해서 새로이 추인되어야 한다. 국가가 자신의 권력을 행사하는 정도를 끊임없이 의문시하는 것은 시민의 의무이다. 이것이 바로 리쾨르가 '비폭력'과 '평화주의'라는 용어로 뜻하고자 한 바이다. 그는 제2차 세계대전 중에 능동적으로 군 복무에 임했음에도 불구하고 이 원리를 굳게 믿었다. '평화주의'는 징집 거부처럼 국가의 일에 참여하기를 거부하는 것이 아니다. 그것은 국가의 권력 남용에, 즉 국가권력이 민중의 대표자로서 민중에게 빚지고 있음을 망각하기 때문에 생기는 남용을 반대하는 일에 능동적으로 참여하는 것이다.

그러므로 리쾨르는 비폭력보다는 반폭력을 지지한다. 국가의 권력 행사가 국가의 입장에서 볼 때 집권을 위한 폭력으로의 회귀일 경우라면 말이다. 이후에 그 폭력의 복귀는 헌법 형식의 담론으로 지워진다. 요컨대 비폭력은 국가를 담론-언론 자유의 실행 속으로 끌어들이는 것을 뜻한다. 민주주의에서 지속적으로 우리를 시민으로 재창조하는 것이 바로 이것이다. 반면 전체주의 정권에서는 국가가 시민들 개인에게 마치 기독교의 아가페나 형제애와 유사한 선한 양심과 자기희생을 요구한다.

권력에서 권위로, 정치의 모순을 극복하는 국가 모델

리쾨르는 국가가 합리적인 원리에 토대를 두고 있지만 실제로는 전제적이며 변덕스럽게 행동하는 것을 '정치의 모순'이라고 간주한다. 국가가 이런 식으로 행동할 능력과 경향을 가지게 된 것은 국가가 가지고 있는 정치권력 때문이다. 정치권력은 정치적 악이다. 이 점은 사회주의국가의 예를 통해 입증된다. 사회주의 체제에서 권력은 소멸될 것이라고 예상되었지만 실제로는 과거 어느 시대보다 억압적으로 변했다. 이 난제에 대한 해결책은 이론적인 것이 아니라 실제적인 것이다. 실제로는 복수정당제를 추진한 자유주의국가가 최고의 국가형태이다. 여론의 표현을 통해 정치적 소외를 감소시키기 때문이다. 사회주의자는 정치적 소외와 경제적 소외를 구분해야만 한다. 다만 사회주의 경제학은 반드시 변호돼야 하는데, 그것은 자유주의적 다원주의 국가의 틀 안에서 성취될 수 있다.

리쾨르가 사회주의국가보다 자유주의국가를 더 바람직하다고 보는 또 다른 이유는 후자가 법의 규칙에 대해 책임감이 있기 때문이다. 법의 규칙 자체는 사회정의를 수립하는 모형母型이다. 정의는 그것이 죄와 벌의 수단이 같지 않음을 의미한다는 점에서 복수를 위한 폭력을 대체한다. 더 나아가 희생자가 복수의 반대로서 정의를 수용하는 것은 중재자인 제3자(판사)를 받아들이는 것이다. 정의 자체는 여전히 기독교인에게는 부족한 개념이다. 정의는 반드시 사랑을 통해 조절되어야 한다. 구체적인 용어로 표현하자면 용서의 선물을 주는 것을 뜻한다. (용서는 사면보다 선호된다. 왜냐하면 사면은 범죄의 망각을 수반하기 때문이다. 범죄의 망각은 희생자들에게 정의롭지 않다.)

리쾨르에 의하면, 사회는 시민적 기초 위에 조직된 것이다. 사회는 필요와 욕망을 두고 경쟁하는 사회적 집단들 그리고 이익집단들의 집합체이다. 사회의 목표는 이 같은 경쟁에서 협력으로 전환되어야 한다. 사회적 집단들은 법 앞에서 행동하는 개인들과 같은 방식으로 행동한다. 그러므로 법 위에 세워진 국가는 사람과 반드시 분배되어야 하는 재화(물질적 재화뿐 아니라 자유나 의무 같은)를 중재하는 제3자나 판사처럼 행동해야 한다. 국가는 재화를 공평하고 정의롭게 분배해야 한다. 그러나 똑같이 분배될 필요는 없다. 이런 방식으로 국가는 재화를 분배하면서 법규범에 대한 책임이 있는 자유주의국가의 민중들 속에 여전히 놓여 있는, 권력과는 사뭇 다른 권위를 행사한다. 개인이 법을 따르기로 동의하는 것과 마찬가지로, 법규범으로 조직된 국가는 민중의 동의를 통해 지배한다. 자신의 법적 권리를 확언하는 사람들의 지속적인 경계는 권위의 행사에서 권력의 행사로 일탈하는 국가에 대항하는 보호막이다.

리쾨르 이후

Paul Ricœur

영미 비평계에서 촉발된 '은유 논쟁'

1960년대 초 알제리 독립전쟁 시기와 낭테르 사건 이후에 프랑스 정부와 설전을 벌였지만, 그래도 리쾨르는 학장이 될 가능성이 높고 여러 차례 상을 수상하고 프랑스와 미국 대통령에게 만찬에 초대받고 여름휴가를 교황과 함께 보내는 학자였다.(이건 모두 그가 정말 했던 일이다.) 달리 말하자면 그는 확고한 인물이지 유행을 추수하는 인물이 아니었다. 하지만 그의 전기와 지적 작업 간에는 연속성이 있다. 해석학은 진보적인 학문 분과이다. 그것이 텍스트이든 삶의 결이든 각각의 읽기는 앞서 읽은 것을 부인하기보다는 그것들 위에 세워진다.

그의 삶처럼 리쾨르는 해석학자로서 무엇에 반대하는 사상가가 아니다. 오히려 그는 타자의 담론을 파괴하는 자로 자신을 설정하기보다는, 명백하게 서로 다른 믿음들 간의 감추어진 '비밀스러운 교류'를 찾았다.(프로이트와 현상학과 종교의 관계를 탐구했던 것처럼) 결과적으로, 리쾨르는 자신에게 영향을 끼친 것들을 기꺼이 숨김없이 드러내며, 자신의 원천에 사의를 표하는 것에 관대하다. 예를 들이 리쾨르는 이야기 이론에서 역사가 헤이든 화이트Hayden White, 문학 이론가 웨인 부스Wayne C. Booth, 도덕철학자 알래스데어 맥킨타이어Alasdair

MacIntyre에게, 정치적 정의론에서는 정치철학자 존 롤스에게 경의를 표한다. 리쾨르의 이러한 겸손은 그의 고유한 영향력을 작은 것으로 보이게 만드는 경향이 있다. 그의 고유한 영향력이 문학 이론과 신학, 특히 이 두 영역이 겹치는 영역인 성경해석학에서 매우 중요함에도 불구하고 말이다.

당시 해석 이론으로서 해석학은 문학비평의 방법론으로 이미 수용되었다고 할 수도 있다. 프랑스에서는 이것이 사실일 수 있지만(비평가 조르주 풀레Georges Poulet의 '현상학적 비평'으로), 영어권에서는 해석학적 비평이 오랫동안 지지를 받지 못했다. 이것은 부분적으로 우연한 역사적 사건 때문이다. 해석학에 관한 리쾨르의 이론적 에세이를 처음으로 엮은 『해석의 갈등』은 1960년대 말에 출간되었다. 그런데 거의 비슷한 시기에 데리다의 작품이 문예비평가이자 철학자인 폴 드 만Paul de Man과 예일 대학의 몇몇 사람들에 의해 미국에서 출간되고 있었다. 미국에서 철학에서 문학비평 방법론으로 변형된 해체가 영미 문학비평의 새로운 정설이 되었다. (당시 데리다의 이론이 문학비평의 확립에 대한 근본적인 도전으로 보였음에도 불구하고 말이다.) 그 시기에 리쾨르의 해석학은 해체의 그늘 아래서 비난받았다. 리쾨르의 경우, 그의 해석학에 영향을 받은 특정한 문학적 텍스트가 없다는 점이 불리하게 작용했다.

그러다가 1970년대에 리쾨르가 시카고와 토론토로 자리를 옮기고, 1976년에 『해석 이론』이 출간되고, 1977년에 『살아 있는 은유』가 영어로 번역되면서[이때 '은유의 규칙'이란 제목으로 번역되었다.] 문학 이론가로서의 리쾨르에 대한 관심이 생겨났다. 『살아 있는 은유』는 문학을 은유가 거주할 뿐 아니라 진리가 드러나는 장소로 특권화하면서 I. A. 리처즈와 같은 문학비평가를 끌어들였다. 그러나 리쾨르의 책이 불러일으킨 은유 논쟁에서 결정적인 발언을 한 것은 바로 데리다였다.

데리다, 은유 그리고 언어

4장에서 살펴보았다시피 리쾨르는 데리다를 '의심의 철학자'라고 비난하면서 그의 은유 이론을 비판했다. 리쾨르의 독법에 의하면, 데리다에게 모든 은유는 죽은 은유이다. 그리고 모든 언어는 본질적으로 은유적이기 때문에 모든 언어는 '죽은' 언어이다. 이런 의미에서 언어 사용자들은 자신이 언어를 통제할 수 있다는 잘못된 신념에 빠져 있다. 그러나 실제로는 진정한 말의 의미들은 잊혀졌으며, 언어의 지시적 기능(실제 세계의 사물을 가리키는 언어의 능력)은 언제나 이미 본질적으로 그리고 회복 불가능하게 손상되었다. 결과적으로 언어라는 매개를 통해 표현된 활동인 철학은, 그것이 명백한 진리에 도달한다고 주장할 때 자기 자신을 기만하게 되었다.

『살아 있는 은유』가 출간된 지 3년쯤 지난 어느 날, 데리다는 한 강의에서 자신의 철학을 평가하는 리쾨르에게 응답한다. 데리다는 리쾨르의 공격에 맞서 자신을 방어하려는 생각에 문제가 있음을 발견한다. 왜냐하면 그는 리쾨르에게 '빚지고 있다'고 생각해 왔고, 그의 저명한 에세이 「백색 신화La mythologie blanche」에서 제기한 많은 주장들이 실제로 리쾨르의 입장과 모순되지 않기 때문이다. 데리다는 '나는 종종 리쾨르의 명제 중 일부에 찬성하기 때문이다.' '리쾨르가 마치 그 명제들이 나의 저술 속에는 명백히 드러나지 않은 것처럼 취급할 때 반박하고 싶은 충동을 느낀다.' '나는 나 스스로도 의문시하면서 시작했던 진술들을 논박하려고 리쾨르가 그 진술들을 나에게 귀속시킬 때 그에게 동의하지 않는다'라고 말한다. (Derrida 1998 : 107, 109)

그렇다고 데리다와 리쾨르가 완전히 같다는 뜻은 아니다. 설령 데리다가 니체의 죽은 은유 개념과 그로 인해 「백색 신화」에서 봉착하게 된 철학적 담론의 비극적 결말을 의문시했다 하더라도, 그것이 리쾨르가 지지한 반대편 입장, 즉 살아 있는 은유는 철학적 담론을 계속해서 살아 있게 만드는 활기찬 표현이라는 입장으로 데리다를 이끌어 가지는 않는다. 오히려 데리다는 일반적으로 받아들여진 '죽은'과 '살아 있는'의 대립, 그리고 '죽은'과 '살아 있는'이라는 말뿐 아니라, 그 말들 이면에 놓여 있는 철학적 개념들 간의 대립을 의문시하거나 '파괴하'려 한다.

데리다는 죽은 은유와 살아 있는 은유 개념을 단순하게 대립시키는 대신, '은유의 후퇴retrait'라는 개념을 들고 나온다. 프랑스어 retrait는 영어로 후퇴retreat를 뜻한다. 데리다는 retrait가 영어에서는 상실된 '글씨를 쓰다trait'라는 프랑스어에 빚지고 있음을 명백히 보여 주고자 retrait를 번역하지 않고 그대로 남겨 둔다. 데리다가 보기에 은유는 끊임없이 후퇴한다. 은유가 주조되는 매 순간 은유는 죽기 시작한다. 하지만 이것은 역설적 과정이다. 즉, 언어는 언제나 더욱 은유적으로 변하며(어떤 언어에서건 단어들은 원래의 의미를 잃어버렸다는 니체적 의미에서), 동시에 언제나 덜 은유적으로 변한다(은유가 죽었다면 그것은 더 이상 은유가 아니라 그저 언어일 뿐이라는 리쾨르적 의미에서)는 뜻이다. 이것이 바로 데리다를 매혹시킨 언어의 자기모순적인 이중적 움직임 혹은 자기 궤도를 가로지르는 쓰기trait (다시 쓰기re-trait)이며, 엄밀히 말해서 형이상학적 이성을 위한 언어의 움직임이자 쓰기이다.

하이데거는 존재를 가진다고 말할 수 없는 유일한 '사물thing'이라는 점에서 존재Being는 매우 특이한 '사물'이라고 지적했다. 그리고 이 점이 우리가 존재에 관해 이야기할 때 '사물'을 인용 부호 속에 넣어야 하는 이유이다. 존재는 사물인가? 우리는 존재자들이 존재를 가진다고 말할 수는 있다. 하지만 존재 자체가 존재를 가진다고 말할 수는 없다. 이 문제를 말하는 데리다의 억양은 존재 '자체'는 무無이기 때문에, 즉 존재가 아니기 때문에 은유를 사용해서 표현되거나 명명될 수 없음을 지적한다. '그래서' 데리다는 "은유'라는 단어의 유별나게 형이상학적인 용법의 맥락 속에서, 존재는 형이상학을 통해 은유적으로 암시될 수 있는 적절한 혹은 축어적 의미를 지니지 않는다고 말한다.(1998 : 116-7) 결과적으로, '우리가 그 주체를 은유적으로 말할 수 없다면 우리는 적절하게도 말할 수 없으며 축어적으로도 말할 수 없다'.

이는 언어와 존재에 관해 뭔가를 말한다. 언어는 은유 없이 작동할 수 없다. 왜냐하면 비교를 위한 은유적 용법이 반드시 있다는 것이 비은유적 언어의 조건이기 때문이다. 그리고 이 점은 비교를 위한 비은유적 용법이 반드시 있다는, 은유가 존재하기 위한 고전적 개념을 뒤집는다. 그리고 존재에 관해서는, 개념적 층위에서 제기되는 문제,

즉 '존재는 존재를 갖는가 갖지 않는가?'의 문제가 언어적 층위에서 다시 등장한다. '존재'라는 단어에 비교할 만한 은유적 의미가 없다면 그것은 축어적 의미를 가지는가? 이 질문은 대답할 수 없는 것으로 나타나고, 이것이 엄밀히 말해서 데리다의 핵심 주장이다. 다른 형식을 통해서 이 질문에 대해 지속적으로, 매우 신중하게 보존하는 것이 데리다가 '해체'라고 부른 것이다. 데리다에게 해체는 리쾨르가 주장한 것처럼 '의심'을 선언하는 것이 아니다. 그것은 자기 안에 자신의 고유한 부정을 통합하는 형이상학의 능력에 대한 긍정이다.

하이데거, 언어, 해체

데리다가 자신의 사상이 리쾨르의 것과 어느 정도 유사하다고 주장했음에도 불구하고, 리쾨르의 비판에 대한 데리다의 답변은 두 사상가 사이의 차이를 보여 준다. 문학비평, 신학과 성경해석학의 영역에서 비평가와 신학자들은 리쾨르를 데리다에 대한 온건한 대안으로 묘사해 왔다. 둘의 차이는 언어를 인식하는 방법의 차이, 하이데거에 대응하는 방법의 차이로 귀착된다.

하이데거는 '인간은 마치 자신이 언어의 연마자이자 주인인 것처럼 행세하지만, 실제로는 언어가 변함없이 인간의 주인'이라는 유명한 주장을 펼쳤다.(1971 : 146, 215) 데리다와 리쾨르 모두 이 전제 위에 다른 방식으로 자기들의 철학을 세운다.

마리오 발데스Mario J. Valdes는 특히 문학 전공 학생들을 위해 기획된 리쾨르의 에세이 모음집(『*A Ricoeur Reader : Reflection and Imagination*』,

1991) 서문에서, 흠 없고 신뢰할 만한 기원의 가능성을 없애 버리는 하이데거의 인간 실존 개념을 데리다와 리쾨르가 공유하고 있다고 적었다.

티머시 클라크Timothy Clark는 루틀리지의 비판적 사상가 시리즈로 나온 『마르틴 하이데거 *Martin Heidegger*』(2002 : 146)〔국역본 『마르틴 하이데거-너무나 근본적인』〕에서, 리쾨르가 에세이 「거리 두기의 해석학적 기능」에서 제기한 '무엇이 해석될 것으로 남아 있는가?'라는 질문에 대한 답은 하이데거적인 것이라고 지적한다. '텍스트에서 반드시 해석되어야 하는 것은 내가 거주할 수 있고, 그 안에서 내가 나의 최선의 가능성 중 하나를 투영할 수 있는 제안된 세계이다.'(Ricœur 1991a : 86)

그러나 이러한 유사성과 하이데거에 대한 공통된 이해에도 불구하고, 데리다와 리쾨르의 철학에는 두드러진 차이가 있다. 우리는 은유에 관한 논의에서 이미 그 차이점 중 하나를 보았다. 또 다른 차이는, 리쾨르에게는 전유가 거리 두기의 상대역이라는 점이다. 즉, 글쓰기의 거리 두기 효과가, 그리고 결과적으로 텍스트의 의미를 결정할 때 저자를 사라지게 하는 거리 두기 효과가 독자에게 허용하는 것이 바로 전유이다.

한편 클라크는 '하이데거는 전유에 저항하는, 해석을 통해 안정될 수 없는, 혹은 세속적 의미를 지닌 작품과 양립할 수 있게 만드는 작품의 요소에 매혹된다'고 말한다.(2002 : 47) 그리고 데리다는 이 매혹을 공유한다. 두 사상가의 이러한 차이는 '변증법'이 어디에 위치하는지에 대한 인식으로 귀결된다. 리쾨르에게 변증법은 텍스트와 독자 사이에 있다. 독자가 텍스트와 변증법적 관계를 맺을 때 그 결과는,

'텍스트에 우리의 유한한 이해를 강요하는 문제가 아니라, 텍스트에 우리 자신을 노출하고 텍스트를 통해 확장된 자아를 받아들이는 문제이다'.(Ricœur 1991a : 88) 따라서 변증법은 이해를 증진시킨다. 이와 달리 데리다에게 변증법은 텍스트 자체 내에서, 즉 텍스트가 의미를 담지하는 능력과 그 능력이 텍스트가 다른 것을 의미할 수 있는 가능성에 의존하고 있다는 것 사이에서 끝까지 작동한다. 따라서 변증법은 오직 이해를 감소시키면서, 다른 해석 가능성의 무한한 표현에 눈부실 지경인 우리 존재를 통해서 이해를 증진시킨다. 게다가 이 변증법의 두 술어('의미'와 '다른 의미의 가능성')는 하나로 해소되지 않고 영원한 긴장을 유지한다. 비판적 활동은 이 긴장을 폭로하는데, 그것이 바로 해체이다.

리쾨르는 데리다식 해체의 단호한 공격에 직면한 지시적 의미(지시적 의미가 아니라면 권위)를 위해 어떤 권위에 집착하는 사람들에게 호소한다. 리쾨르에게 문학의 '언어는 일상적인 담론의 지시적 기능을 희생함으로써 문학 자체를 영화롭게 하는 것처럼 보이지만', '아무리 허구적인 담론이라도 실재와 연관된다'.(1991a : 85) 그리고 리쾨르는 이해를 통한 전유를 위해서 지시적 의미를 구제할 뿐 아니라, 롤랑 바르트를 공격해서 저자도 구해 내려 한다.

저자의 의도를 그저 작품 해석의 한 가지 기준으로 간단히 처리해 버리는 것은 잘못일지도 모른다. 그리고 저자의 의도가 들어설 자리에 '절대적 텍스트의 오류, 즉 텍스트를 저자 없는 실재로 실체화하는 오류'를 끼워 넣는 것도 잘못일 수 있다.(Ricœur 1976 : 30) '저자가 의도한' 의미와 '텍스트가 말하는' 의미의 관계도 반드시 변증법적으로 인식되어야 한다. '저자의 의미에 대한 변증법적 상대역은 말의 의미이다. 그리고 그것들은 서로의 견지에서 해석되어야 한다.'(Ricœur 1976 : 30)

성경을 문학작품으로 읽기

바로 이런 점에서 리쾨르는 신학에서, 특히 종교적 텍스트 해석에서 중요한 위치를 차지하게 되었다. 왜냐하면 어떤 층위에서 종교적 텍스트들은 신의 말씀이 되기를 고수하기 때문이다. 성경은 읽기의 변증법에 관한 리쾨르식 이론을 구체화한다. 종교적 텍스트가 무명의 필사가에 의해 기록되었다는 점은, 단순한 작가 혹은 대본 작가와 텍스트 안에서 자신의 의도가 구체화되어 있는 '저자'의 차이를 강조한다. 씌어졌음의 거리 두기 효과로 인해 가능한 읽기 작업, 곧 해석하기를 통해 저자의 의도를 재전유함으로써 그 의도들과 변증법적인 관계를 맺는 것이 독자의 과업이다. 리쾨르가 에세이 「철학적 해석학과 성서 해석학」(1975)에서 쓴 것처럼,

> 성서적 신앙은 그 신앙을 언어의 층위에 올려놓은 해석 운동과 분리될 수 없다. 만약 성서적 신앙이 여러 세기를 거치며 이 궁극적 배려에 관해 가르치고 형성해 온 기호들과 상징들을 끊임없이 재해석하고 그것으로부터 발화 능력을 빌어들이지 않았다면, 이 '궁극적 배려'는 침묵하고 있을 것이다.

이를 달리 말하면, 성경이 해석을 요청하는 이유는 바로 그것이 씌

어졌기 때문이다. 읽어야 하는 텍스트가 성경일 때 해석학적 순환의 '내기', 결국 나의 가설적 읽기가 참된 것임이 밝혀질 것이라는 생각은 믿음으로 바뀐다.

이런 식으로 신학자 제임스 포더James Fodor는 저서 『기독교 해석학Christian Hermeneutics』에서 신학적 진술을 할 때 지시 문제를 제기하면서 리쾨르를 끌어 온다. 신학이 언급하고 있는 명제들은 무엇이며 어떤 의미에서 참인가? 포더에 의하면 신학적 진술을 해석하는 것은 리쾨르의 용어를 빌자면 '재형상화' 과정을 수반한다. 포더는, 삶 자체는 하나의 이야기로 이해되고 그렇기 때문에 우리는 이야기에 텍스트에 대한 전前이해를 가져올 수 있으며 텍스트는 독자에 의해 완성된다는 리쾨르의 주장에 동의한다. 하지만 포더는 우리의 모든 언어적 실천 속에서 이러한 재형상화 능력의 잠재성을 찾으면서 리쾨르의 이론을 언어 일반으로 확장한다. 신학적 진술의 지시적 진리는 바로 이 재형상화 능력을 사용함으로써 드러나는 것이다. 이 점은 진리 주장이 상대적이고 주관적이며 유명무실하다는(예를 들어, 언어는 그저 다른 언어를 지시할 뿐이라는) 비판에 직면한 신학의 입장에서 보자면 진리-주장을 지켜내는 것이 된다.

리쾨르가 볼 때 독자에 의한 텍스트의 의미 '전유'는 텍스트의 지시적 기능에 새로운 차원, 즉 세계 속에서 우리는 어떻게 살아야 하는지의 차원을 열어 준다. 시와 소설은 진리를 언급한다. 이때 언급된 진리는 진리가 세상 속에서 어떻게 존재하는지에 관한 진리이다. 포더는 성서에 대한 문학의 지시적 진리를 창조함으로써 이 전유 작업의 개념을 확장한다. 이때 독자의 성서 전유가 손쉽게 만들어 주는 진리 언급은 신에 관한 지식이다. 포더는 '전체로서 이해된 성서는 본질적으로 혼종적인 요소들이 서로 작용하는 것이 허용되는 살아 있는 거대한 상호 텍스트를 이룬다. 그리고 동시에 요소 각각의 의미들을 대체할 뿐 아니라 서로 자신들의 총체적인 역동성을 끌어낸다.' 고 말한다.(1995 : 252) '성서의 장르들을 병치하는 것이 진리를 말하는 성서의 지위를 위협하지는 않는다. 오히려 발생하는 의미의 진정한 확대를 뜻한다.'(Fodor 1995 : 252)

케빈 밴후저Kevin J. Vanhoozer도 『폴 리쾨르 철학의 성서 이야기 Biblical Narrative in the Philosophy of Paul Ricoeur』(1990)에서 성경 이야기가 어떻게 기능하는지를 탐구하고자, 다시 말해 성경 이야기의 진리를 방어하고자 특별히 폴 리쾨르의 이야기 이론을 언급하면서 리쾨르의 해석학을 설명한다. 포더와 밴후저는 성서가 특정한 '사실들'의 층위(세상이 엿새 동안 창조되었다는 단언 같은)에서 '문자 그대로의' 진리가 아니기 때문에('아님에도 불구하고'가 아니라), 리쾨르의 해석학이 의미 있는 방식으로 진리를 언급한다고 주장할 수 있음을 자각하고 있다.

또 다른 동시대의 신학자 크레이그 바솔로뮤Craig Bartholomew는, 믿음과 믿음에 대한 이해를 도모하려 이성의 명제보다 계시의 상징에 관한 『악의 상징』의 주장으로 돌아가는 리쾨르의 계시 해석학에 깊은 인상을 받는다.(Bartholomew 1998 : 24) 그러나 그는 리쾨르를 데리다와 매우 가까운 노선으로 설정함으로써 니콜리스 월터스토프Nicholas Wolterstorff와 비슷한 관점으로 리쾨르를 읽게 된다.

월터스토프와 바솔로뮤는 데리다의 철학이 월터스토프가 '저자의-담론 해석'(Wolterstorff 1995 : 162)이라고 부른 것과 양립할 수 없다는 이유로 데리다를 반대한다. 월터스토프의 프로젝트는 신이 말씀하신다는 주장을 철학적으로 성찰하고, 더 나아가 그 주장을 방어하는 것이다. (1995 : 1) 따라서 그는 쓰기writing와 대립하는, 그리고 권위의 원천인 발화speech를 방어하는 것에, 그리고 언어가 지닌 의미의 원천인 발화자speaker(이 경우는 신)를 방어하는 데 날카롭다. 결론적으로 월터스토프는 바솔로뮤와 대조적으로 리쾨르가 한 계시의 특권화에 아무런 감명을 받지 않는다. (1995 : 58-9) '시간이 끝날 무렵 거룩한 발화는 시야에서 사라지고 명시적인 것의 계시만 남는다.' 계시의 특권화에 대한 이 무감동으로 인해, 월터스토프는 리쾨르가 계시 개념이 유대인과 기독교인의 종교적인 삶에서 어떻게 기능하는지를 묻지 않는다고 비판한다. '그는 유대인과 기독교인의 신성한 쓰기에서 계시가 어떻게 기능하는지조차 묻지 않는다.'(Wolterstorff 1995 : 59)

월터스토프는 리쾨르가 신성한 계시를 신성한 발화에 동화시키는 것에 저항하는 것은 옳지만, 신성한 발화를 신성한 계시에 동화시키는 것은 잘못되었다고 주장한다. (1995 : 62) 계속해서 그는,

> 리쾨르의 논의가 지니고 있는 충격적인 특징은 그가 성경의 모든 담론 장르에 신을 향한 발화의 귀속성이 널리 퍼져 있다는 사실을 철저히 무시한다는 점이다. 서사, 율법, 찬양, 심지어 지혜서 같은 이 모든 담론 장르에서, 발화는 신에서 비롯된다. (Wolterstorff 1995 : 62)

리쾨르 이론의 대안으로 월터스토프는 담론을 전유하는 독자와 대립해서 다른 담론을 전유하는 담론 모델을 제시한다. 월터스토프에게

성서는 이미 전유의, 선지자들이 받아서 기록한 것에 의한 신의 발화를 전유한 사례이다. 그렇기 때문에 성서의 단어들은 많은 해석을 요청하지 않는다. 단지 이미 해석된 진리를 선포한다. 그리고 결과적으로, 성서의 단어들은 허구처럼 작용하지 않는다. 다른 가능한 세계는 독자에게 열리지 않는다. 신의 진리라는 실제 세계가 선언이 아니라 언어로 계시된다.

비슷한 견지에서 앤서니 티셀턴Anthony C. Thieselton은 『해석학의 새로운 지평New Horizons in Hermeneutics』에서, 성경이 기록되었다는 사실은 그것이 수용되는 혹은 수용되어야만 하는 방식을 돌이킬 수 없을 정도로 바꾼다는 리쾨르의 주장을 거부한다. 그는 리쾨르처럼 성경을 텍스트 모음으로 보지 않고, 독자가 아니라 청자로 상정한 수신인에게 행하는 '강화講話'로 본다.

신학자 더글러스 버튼 크리스티Douglas Burton-Christie는 『사막의 책 The Word in the Desert』(1993)에서 리쾨르에게 공감을 표한다. 버튼 크리스티의 책은 「사막 교부들의 잠언The Sayings of the Desert Fathers」을 해석한 것이다. '사막 교부'들은 4세기 이집트에서 은둔자처럼 살았던, 다양한 인물들로 구성된 혼종적인 집단이었였다. 그들의 잠언이 본래 구술 문화라는 것을 전제하면, 버튼 크리스티가 리쾨르의 썩어진 텍스트에 기반한 담론 모델을 채택해야 한다고 주장하는 것이 놀라울 수 있다. 하시만 버튼 크리스트가 보기에 리쾨르의 '사건과 의미의 변증법'은 신의 말씀과 사막 교부들의 잠언이 어떻게 세월의 풍화를 견뎌왔는지를 설명하는 강력한 도구이다. 잠언을 말하는 것 saying은 일종의 사건, 즉 사람의 삶을 변화시키는 능력을 가진(예를 들어 이전의 얄팍한 삶을 재평가하고자 사막에 들어가 사는) 무엇이다. 한편 말하기의 의미는 견디는, 실제로는 사막 생활의 대부분을 이루는 잠언 명상을 통해 자양분을 얻는 지속적인 과정이다. 따라서 발화 사건은 삶에 대한 새로운 이해를 촉진하지만, 의미는 삶에 대한 더 깊은 이해에 기여한다.

버튼 크리스티는 세계를 기획하는 텍스트의 능력에 관한 리쾨르의 주장에 감동한다. 이는 '언어가 자신을 초월하고 세계를 표현할 때의 움직임'을 가리키는 말하기의 능력에 다시 한 번 의존한다.(Burton-Christie 1993 : 19) 신과 사막 교부들의 말은 실제로 그 말을 들은 사람들의 삶 혹은 세계 내적 존재 방식을, 그들이 세속의 소유를 다 버리고 사막으로 들어가 살기 위해 떠났다는 실제적인 의미에서, 변화(리쾨르의 용어로는 텍스트에서 행동으로의 움직임)시켰다. 혹은, 버튼 크리스트가 설명하는 것처럼,

사막에서 성서의 의미 넘침은 주석이나 설교의 형식으로 이어져 온 것이 아니라, 행동이나 몸짓, 성서와의 대화를 통해 변모된 신성한 삶의 형식을 통해 이어져 온 것이다. 거룩한 텍스트들은 그 텍스트들을 읽거나 우연히 접한 사람들뿐 아니라, 텍스트를 체화한 거룩한 사람들과의 조우를 통해서도 계속해서 더 많은 의미를 지니게 되었다. 거룩한 사람은 새로운 텍스트가, 즉 새로운 해석 대상이 된다.(1993 : 20)

앞으로 리쾨르를 기다리고 있는 것도 이러한 운명, 즉 해석의 새로운 대상이 될 운명이다.

리쾨르의 모든 것

■ 폴 리쾨르의 저작

_____ (1950) *Philodophie de la volonté*. I. *Le volontaire et l'involontaire*, Paris : Aubier. (English version, 1996, *Freedom and Nature:The Voluntary and the Involuntary*, trans. E. V. Kohák, Evanston : Northwestern University Press.)

3부작으로 기획된 『의지의 철학』의 제1부. 에드문트 후설에게 심대한 영향을 받았지만, 동시에 후설 사유에서 '정념passion'의 위치를 비판한다. 리쾨르가 처음으로 데카르트적 코기토를 체계적으로 비판한 책이다. 정신과 신체의 이원성을 부인하는 기독교적 '유물론'을 주장하고, 사유는 실존적 소여所與이자 일종의 신비인 신체를 가질 때에만 비로소 사유되거나 지각될 수 있다는 점을 논증한다.

_____ (1955; 2nd edn 1964) *Histoire et vérité*, Paris : Seuil. (English version, 1965, *History and Truth*, trans. Charles A. Kebley, Evanston : Northwestern University Press.)(『역사와 진리』, 박건택 옮김, 솔로몬, 2002.)

역사의 의미, 역사를 구성하는 것, 역사와 종교의 관계를 다룬 초기 에세이를 모았다. 영역英譯에 사용된 원서의 2판은 「국가와 폭력」, 「정치의 모순」을 포함해서 정치철학에 관한 네 편의 에세이를 실었으며, 사르트르의 무신론을 교묘히 공격하는 「부정성과 원초적 긍정」으로 결론을 맺는다

_____ (1960) *Philosophie de la volonté. Finitude et Culpabilité*. I. *L'homme faillible*,

Paris : Aubier. (English version, 1965, *Fallible Man*, trans. Charles A. Kebley, Chicago : Regnery.)

『의지의 철학』 2부의 전반부. 왜 인간은 오류를 면치 못하는가 혹은 왜 인간은 도덕적인 잘못을 범하기 쉬운가를 탐구한다. 비의지적인 것과 의지적인 것이 '불균형'을 이루는 장소인 상상력, 성격, 감정을 탐구하면서 그것들이 인간을 구성하는 데 필수적이면서 동시에 실수하기 쉬운 곳임을 지적한다.

_____ (1960) *Philosophie de la volonté. Finitude et Culpabilité. II. La symbolique du mal*, Paris : Aubier. (English version, 1967, *The Symbolism of Evil*, trans. Emerson Buchanan, Boston : Beacon.) (『악의 상징』, 양명수 옮김, 문학과지성사, 1999.)

『의지의 철학』 2부의 후반부(3부는 저술되지 않았다.). 두 부분으로 나누어진다. 첫 부분은 고백·흠·죄, 죄책감을 현상학적 용어로 폭넓게 분석하면서 어떻게 그것들이 외부 행위자의 행동에서 주체의 일탈로, 그리고 그러한 일탈의 내면화로 이동하는 것을 표상하는지 밝힌다. 두 번째 부분은 신화들이 어떤 식으로 이 같은 사유의 진행을 상징하는지 분석한다. '상징은 생각을 불러일으킨다'는 결론은, 리쾨르 해석학 이론을 뚜렷하고도 간결하게 보여주는 가장 중요한 구절 중 하나이다.

_____ (1965) *De l'interprétation. Essai sur Freud*, Paris : Seuil. (English version, 1970, *Freud and Philosophy : An Essay on Interpretation*, trans. Denis Savage, New Haven and London : Yale University Press.)

자신의 해석학 이론을 바탕으로 저술한 최초의 본격적인 저작. 프로이트주의 정신분석학을 해석학적 실천으로 봄으로써 프로이트 정신분석학과 현상학의 화해를 시도한다. 이 책은 '문제적인', '분석적인', '변증법적인'으로 나누어진다. '문제적인'에서는 『악의 상징』의 끝 부분에서 보았던 해석학에 관한 기술을 반복하긴 하지만, 해석학적 기술과 프로이트와의 특수한 관련성을 잘 보여 준다. '분석적인'에서는 프로이트의 텍스트에 관한 설명을 시도한다. '변증법적인'에서는 특히 예술과 종교를 언급하면서 상징이 우리를 기만한다는 프로이트의 견해에 맞서 상징은 진리를 계시한다고 주장한다.

_____ (1969) *Le conflit des interprétations. Essais d'herméneutique*, Paris : Seuil. (English version, 1974, *The Conflict of Interpretations : Essays in Hermeneutics*, ed. Don Ihde, Evanston : Northwestern University Press.)(『해석의 갈등』, 양명수 옮김, 아카넷, 2001.)

1960년대에 해석학과 다른 학문 분과 혹은 담론 장과의 관계에 대해 쓴 에세이. 「해석학과 정신분석학」 장은 『해석에 관하여: 프로이트에 관한 시론』의 '분석적인'을 보충하고 있다. 「해석된 악의 상징」에서는 『악의 상징』의 말미에 설명한 자신의 입장을 정교하게 다듬었다. 그리고 중요한 에세이인 「해석학적 문제이자 기호학적 문제인 이중-의미」가 실려 있다. 이 에세이는 단순한 상징 해석에서 담론 전반에 관한 해석으로 이동하는 리쾨르의 해석학적 발전 과정을 잘 보여 준다.

_____ (1975) *La métaphore vive*, Paris : Seuil. (English version, 1977, *The Rule of Metaphor : Multi-Disciplinary Studies of the Creation of Meaning in Language*, trans. Robert Czerny with Kathleen McLaughlin and John Costello, Toronto and Buffalo : University of Toronto Press.)

은유에 관한 포괄적인 연구. 단어, 문장, 담론의 층위에서 은유가 어떻게 작동하는지부터 각 철학 분과 내에서 어떻게 작동하는지까지 다룬다.

_____ (1976) *Interpretation Theory : Discourse and the Surplus of Meaning*, Fort Worth : Texas Christian University Presse.(『해석 이론』, 김윤성 옮김, 서광사, 1998.) 얇지만 영어권에서 문학 이론과 성경해석학에 가장 많은 영향을 끼친 리쾨르의 저작 중 하나. 언어와 담론의 구별, 말하기와 쓰기의 구별처럼 『텍스트에서 행동으로』에 수록된 에세이에서 볼 수 있었던 언어와 담론의 구별, 말하기와 쓰기의 구별 같은 주제를 구체화했다. 특히 거리 두기, 텍스트의 기호학적 자율성, 독자에 의한 의미 전유로서의 해석 등의 개념을 발전시켰다는 점에서 매우 중요하다. 프랑스에서는 출판되지 않았다.

_____ (1981) *Hermeneutics and the Human Sciences : Essays on Language, Action and Interpretation*, trans. and ed. John B. Thompson, Cambridge : Cambridge University Press. (『해석학과 인문사회과학』, 윤철호 옮김, 서광사, 2003.) 이야기에 관한 리쾨르의 첫 작품에는 「이야기의 기능」(1979)을 포함해서 총 11편의 에세이가 수록되어 있다.(그중 여섯 편은 『텍스트에서 행동으로』에 재수록되었다.) 여러 가지 면에서 이 텍스트에 실린 에세이들은 이후의 작품을 요약적으로 보여 준다.

_____ (1983) *Temps et récit. Tome I*, Paris : Seuil. (English version, 1984, *Time and Narrative, Volume 1*, trans. Kathleen Mclaughlin and David Pellauer, Chicago and London : University of Chicago Press.)(『시간과 이야기 1-줄거리와 역사 이야기』,

김한식·이경래 옮김, 문학과지성사, 1999.)

제1부 '이야기와 시간성의 순환'과 제2부 '역사와 이야기'가 실려 있다. 1부에서 '세 겹의 미메시스'(전형상화·형상화·재형상화)의 구분을 설정한다. 그리고 '해석학적 순환'은 더 이상 단순하게 개별적인 문장이나 자기 충족적 담론을 이해하는 층위가 아니라 확대된 텍스트 층위에서 일어나는 선순환 virtuous circle이라고 재진술한다. 모든 삶은 이야기 텍스트로 읽힐 수 있으며 그 역도 가능하다. 2부는 역사 서술을 이야기의 한 형식으로 보는 것을 정당화하고 있으며, 『해석에 관하여: 프로이트에 관한 시론』에서 처음 제기한 '역사적 진리' 개념을 정교하게 다듬고 있다.

_____ (1984) *Temps et récit. Tome II, La configuration dans le récit de fiction*, Paris : Seuil. (English version, 1985, *Time and Narrative, Volume 2*, trans. Kathen Mclaughlin and David Pellauer, Chicago and London : University of Chicago Press.) (『시간과 이야기 2-허구 이야기에서의 형상화』, 김한식·이경래 옮김, 문학과지성사, 2000.)

제3부의 「허구 이야기에서의 형상화」에서 버지니아 울프의 『댈러웨이 부인 *Mrs Dalloway*』, 토마스 만의 『마의 산*Der Zauberberg*』, 마르셀 프루스트의 『잃어버린 시간을 찾아서*À la recherche du temps perdu*』 등 세 편의 소설을 시간 자체를 다루는 전형적인 작품으로 읽는다. 리쾨르가 가장 일관되게 문학비평에 진출한 사례이다.

_____ (1985) *Temps et récit. Tome III, Le temps raconté*, Paris : Seuil. (English version, 1985, *Time and Narrative, Volume 3*, trans. Kathleen Mclaughlin and David Pellauer, Chicago and London : University of Chicago Press.) (『시간과 이야기 3-이야

기된 시간, 현대의 문학 이론』, 김한식 옮김, 문학과지성사, 2004.)
제4부 '이야기된 시간'이 실려 있다. 이야기된 시간은 삶의 시간이고, 죽은 자에 대한 회상이 의무인 역사적 이야기와 타인의 관점 속으로 자신을 투영하는 인간 능력의 표현인 허구적 이야기의 본질적인 결속을 구상하는 것이며, 그렇기 때문에 윤리로 들어가는 관문이다. 결론적으로 말해서 '좋은 이야기'가 미학적으로도 만족스러우려면 반드시 도덕적으로 좋아야 한다.

_____ (1986) *Du texte à l'action. Essais d'herméneutique*, Paris : Seuil. (English version, 1991, *From Text to Action : Essays in Hermeneutics*, II, trans. Kathleen Mclaughlin and John B. Thompson, Evanston : Northwestern University Press.) (『텍스트에서 행동으로』, 남기영·박병수 옮김, 아카넷, 2002.)
1970~80년대 초까지 씌어진 에세이를 모았다. 『해석의 갈등』의 후속편. 수록된 에세이들은 주로 '해석학'이라는 용어에 대한 더욱 진전된 설명이면서, 읽기의 철학을 넘어 '행동의 철학'으로 진입하는 확대된 해석학을 시도하는 것이다.

_____ (1990) *Soi-même comme un autre*, Paris : Seuil. (English version, 1992, *Oneself as Another*, trans. Kathleen Blamey, Chicago and London : University of Chicago Press.) (『타자로서 자기 자신』, 김웅권 옮김, 동문선, 2006.)
『시간과 이야기』에서 개진한 사상을 발전시켜 '이야기 정체성'을 제시한다. 우리는 우리가 알고 있는 이야기에서 정체성을 획득하며, 그런 이야기들이 우리의 도덕적 양분이 된다. 이 책은 윤리학에 관한 가장 지속적인 작업이다. '약속'에 관한 중요한 내용을 담고 있는데, 이때 약속은 성격을 보증해 주는 것이며, 자신이 타인에게 한 말을 지키는 것과 관련된 윤리적 교류의 상호주관적, 호혜적 본질이다.

_____ (1991) *A Ricoeur Reader : Reflection and Imagination*, ed. Mario J. Valdés, Hemel Hempstead : Harvester Wheatsheaf.

문학 독자를 위해 선별한 에세이들. 1970~80년대에 쓰어진 다양한 에세이, 리뷰, 인터뷰를 싣고 있다. 리쾨르가 가다머 같은 동시대인들에게 빚지고 있음을 잘 보여 준다. 발데스는 이 책의 머리말에서, 리쾨르의 텍스트 해석 이론이 문학을 위한 특별한 참조사항이라고 논평한다. 하지만 그가 리쾨르의 해석학을 정의하고자 사용한 '후기구조주의자'라는 포괄적인 용어는 잘못된 것이며 쓸모없는 것이다.

_____ (1995) *Le Juste*, Paris : Ésprit. (English version, 2000, *The Just*, trans. David Pellauer, Chicago and London : University of Chicago Press.)

법 이론과 정치학에 관한 열 편의 독립적인 연구가 실려 있다. 법 이론과 정치학은 리쾨르가 정의론에서 지속적으로 다루는 주제이다. 리쾨르가 존 롤스에게 빚지고 있음을 여실히 보여 주는 「정의의 순수한 절차적 이론이 가능한가?」와 복수에서 정의로 발전하는 데 제3자의 역할을 논하는 「판단 행위」가 특히 흥미롭다.

_____ (1995) *La Critique et conviction*, Paris : Calmann-Lévy. (English version, 1998, *Critique and Conviction : Conversations with François Azouvi and Marc de Launay*, trans. Kathleen Blamey, Cambridge : Polity.)

여덟 편의 리쾨르 인터뷰가 실려 있다. 리쾨르의 지적 여정 전반과 그의 작품 대부분이 논의된다. 상당히 개인적인 어조로 종교, 정신분석, 미학, 정치학에 관한 리쾨르의 사상을 조명하고 있다. '기억의 의무', '정의의 의무'에 관한 인터뷰는 『정의』에 관한 매우 가치 있는 보충이라고 할 수 있다. 상당히 쉬운 문체로 씌어졌으며, 리쾨르의 저작들을 직접 읽고자 하는 독자들이 처음 시작하기에 좋은 책이다.

_____ (1995) *Figuring the Sacred : Religion, Narrative, and Imagination*, trans. David Pellauer, ed. Mark I. Wallace, Minneapolis : Fortress.
1970~80년대에 종교에 관해 쓴 에세이 선집. 『정의』를 보완해 주는 에세이 「황금률에 관한 윤리적, 신학적 고찰」이 실려 있다.
〔이 책의 목록에는 없지만, 2004년에 출간된 『번역에 관하여Sur la traduction』이 국내에 '번역론'이라는 제목으로 번역되어 있다. 『번역론-번역에 관한 철학적 성찰』, 윤성우·이향 옮김, 철학과현실사, 2006.〕

■ 폴 리쾨르에 관한 저작

Clark, S. H. (1990) *Paul Ricoeur*, London and New York : Routledge.
이 책에서 논의된 용어와 개념들에 대한 선행 지식이 필요한, 상당히 깊이 있는 개론서. 비판적 평가가 설명 속에 섞여 있다. 특히 리쾨르를 라캉, 데리다 같은 프랑스의 동시대인들과 호의적으로 비교하고 있다. 1990년에 출간되었기 때문에 『타자로서의 자기 자신』, 『정의』와 후기의 정치적 에세이는 논의되지 않는다.

Evans, Jeanne (1995) *Paul Ricoeur's Hermeneutics of the Imagination*, New York : Lang.
얇고 다소 설명적이긴 하지만 종교적 맥락에서 리쾨르의 해석학이 어떻게 발전해 왔는지 추적하는 데 유용하다.

Hahn, Lewis Edwin (ed.) (1990) *The Philosophy of Paul Ricoeur*, Chicago and La Salle : Open Court.
리쾨르에 관한 뛰어난 비평가들의 에세이들이 그렇듯이, 이 책도 리쾨르의 '지적 전기'를 담고 있다. 『비판과 확신』 이후의 리쾨르를 이해하는 데 좋은 안내서이다. 1935년부터 1995년에 이르는 리쾨르에 대한 (1·2차 텍스트들과 모든 번역까지 포함된) 포괄적인 서지를 수록하고 있다.

Ihde, Don (1971) *Hermeneutics Phenomenology : The Philosophy of Paul Ricoeur*, Evanston : Northwestern University Press.
일찍 출간되었지만 리쾨르 해석학의 철학적 배경에 관한 뛰어난 비판적 설명을 담고 있다. 『악의 상징』 이전 저작에 '잠재되어 있는 해석학'을 발견한다. 압축적으로 씌어진 문장이 몇 군데 있다.

Kearney, Richard (ed.) (1996) *Paul Ricoeur : The Hermeneutics of Action*, London : Sage.
정치와 정의에 관한 중요한 에세이 세 편 「유럽을 위한 새로운 에토스에 관한 성찰」(1992), 「연약성과 응답 가능성」(1992), 「사랑과 정의」(1991)이 실려 있다. 그리고 역사, 윤리, 정치 등을 다루는 리쾨르의 저작과 강의에 관한 연구자들의 에세이가 실려 있다.

Reagon, Charles E. (1996) *Paul Ricoeur : His Life and Work*, Chicago and London : University of Chicago Press.

전기적 에세이, 회상록, 철학적 에세이, 그리고 네 편의 인터뷰가 실려 있다. 전기적 에세이는 인간의 삶은 텍스트적 의미에서 하나의 '작품'이라는 리쾨르의 고유한 명제가 리쾨르 자신에게 해당하는 진리였음을 입증해 줄 뿐 아니라, 정말로 읽을 만하다. 철학적 에세이는 '개인적 정체성'에 관한 것인데, 이 에세이는 『악의 상징』에서부터 『타자로서의 자기 자신』까지 전개된 '성격'에 대한 리쾨르의 관점을 잘 소개해 주는 좋은 입문서이다.

Wood, David (ed.) (1991) *On Paul Ricoeur : Narrative and Interpretation*, London : Routledge.

제목이 잘 말해 주듯이, 『시간과 이야기』와 이와 관련된 텍스트를 집중적으로 다룬다. 상당히 높은 수준의 에세이들이 수록되어 있다. 또한 리처드 커니Richard Kearney, 조너선 레Jonathan Rée, 돈 아이디Don Ihde 같은 뛰어난 리쾨르 주석가들의 작품과 리쾨르 본인의 에세이 두 편, 리쾨르와의 대담 한 편이 실려 있다. 리쾨르의 에세이 중 하나인 「이야기를 찾는 삶」은 '인간 경험에는 전前이야기적 특성이 있다'(Ricœur 1991c : 29), '우리 삶 속에서 연이어 벌어지는 에피소드들은 마치 아직 얘기된 바 없는 스토리들과 같다'(Ricœur 1991c : 30) 등 그의 핵심적인 주장을 담고 있다.

■ 폴 리쾨르에 관한 비디오

Rée Jonathan (1992) *Talking Liberties*, London : Channel 4 Televison/Praxis Films.

조너선 레가 40분간 진행한 인터뷰에서, 리쾨르는 그의 철학과 지적 삶의 모든 주요 영역을 논한다. 인터뷰 내용은 그의 작품들에 대한 간결하고 선명한 요약이기도 하다. 대본도 구할 수 있다. (Rée, Jonathan(1992), Talking Liberties, London : Channel 4 Television)

■ 폴 리쾨르에 관한 웹사이트

http://www.balzan.it/english/pb1999/index.htm

1999년 리쾨르는 철학에 기여한 공로를 인정받아 스위스의 노벨상에 해당하는 발잔상을 수상했다. 발잔 웹사이트에 리쾨르의 이력과 그의 작품 요약본이 게재되어 있다.

■ 참고문헌

Aristotle (1991) [c. 337 BC] *The Art of Rhetoric*, trans. Hugh Lawson-Trancred, Harmondsworth : Penguin.
_____, (1996) [c. 337 BC] *Poetics*, trans. Malcolm Heath, Harmondsworth : Penguin.
St Augustine (1991) [c. 397] *Confessions*, trans. Edward Bouverie Pusey, New York : Quality Paperback Book Club.
Barthes, Roland (1977) [1966] 'The Death of the Author', in *Image, Music, Text*, ed. and trans. Stephen Heath, London : Fontana.
Bartholomew, Craig G. (1998) *Reading Ecclesiastes : Old Testament Exegesis and Hermeneutical Theory*, Rome : Pontifical Biblical Institute.
Beardsley, Monroe C. (1958) *Aesthetics*, New York : Harcourt, Brace &World.
_____, (1962) 'The Metaphorical Twist', *Philosophy and Phenomenological Research* 22 : 293-307.
Black, Max (1962) *Models and Metaphors : Studies in Language and Philosophy*, Ithaca : Cornell University Press.
Burton-Christie, Douglas (1993) *The Word in lthe Desert : Scripture and the Quest for Holiness in Early Christian Monasticism*, New York and Oxford : Oxford University Press.
Clark, S. H. (1990) *Paul Ricoeur*, London and New York : Routledge.
Clark, Timothy (2002) *Martin Heidegger*, London and New York : Routledge.
Derrida, Jacques (1982) [1971] 'White Mythology', in *Margins of Philosophy*, trans. Alan Bass, Brighton : Harvester.
_____, (1998) [1978] 'The Retreat of Metaphor', trans. F. Gasdner, in

Julian Wolfreys (ed.), *The Derrida Reader : Writing Performances*, Edinburgh : Edinburgh University Press.

Dostoevesky, Fyodor (1972) [1864] *Notes from the Underground*, trans. Jessie Coulson, Harmondsworth : Penguin.

Evans, Jean (1995) *Paul Ricoeur's Hermeneutics of the Imagination*, New York : Lang.

Fielding, Henry (1992) [1749] *The History of Tom Jones, A Foundling*, Ware : Wordsworth.

Fodor, James (1995) *Christian Hermeneutics : Paul Ricoeur and the Refiguring of Theology*, Oxford : Clarendon.

Freud, Sigmund (1973) [1932] *New Introductory Lectures on Psychoanalysis*, trans. James Strachey, ed. James Strachey and Angela Richards, Harmondsworth : Penguin.

_____, (1976) [1899] *The Interpretation of Dreams*, trans. James Strachey, ed. James Strachey, Alan Tyson and Angela Richards, Harmondsworth : Penguin.

Gadamer, Hans-Georg (1989) [1960] *Truth and Method*, trans. Joel Weinsheimer an Donald G. Marshall, London : Sheed & Ward, 2nd edn.

Hahn, Lewis Edwin (ed.) (1995) *The Philosophy of Paul Ricoeur*, Chicago and La Salle : Open Court.

Heidegger, Martin (1962) [1927] *Being and Time*, trans. John Macquarrie and Edward Robinson, Oxford : Blackwell.

_____, (1971) *Poetry, Language, Thought*, trans. Albert Hofstadter, New York : Harper.

Ihde, Don (1971) *Hermeneutic Phenomenology : The Philosophy of Paul Ricoeur*, Evanston : Northwestern University Press.

Jakobson, Roman (1971) *Seleted Writings II : Word and Language*, The Hague and Paris : Mouton.

Kearney, Richard (ed.) (1996) *Paul Ricoeur : The Hermeneutics of Action*, London : Sage.

Kermode, Frank (1966) *The Sense of an Ending : Studies in the Theory of Fiction*, New York and Oxford : Oxford University Press.

King, Martin Luther, Jr (1963) 'I Have a Dream', http : //web66.coled.

umn.edu/new/MLK/MLK.html.

Mink, Louis O. (1970) 'History and Fiction as Modes of Comprehension', *New Literary History* 1, 541–58.

Nietzsche, Friedrich (1979) [1873] 'On Truth and Lies in a Non-Moral Sense', in *Philosophy and Truth : Selections from Nietzsche's Notebooks of the Early 1870's*, trans. and ed. Daniel Breazeale, Brighton : Harvester.

Rawls, John (1972) [1971] *A Theory of Justice*, Oxford : Clarendon.

Reagan, Charles E. (1996) *Paul Ricoeur : His Life and His Work*, Chicago and London : University of Chicago Press.

Ree, Jonathan (1992a) *Talking Liberties*, London : Channel 4 Television.

———, (1992b) *Talking Liberties* [video], London : Channel 4 Television/Praxis Films.

Richards, Paul (1965a) [1960] *Fallible Man*, trans. Charles A. Kelbley, Chicago : Regnery.

———, (1965b) [1955; 2nd edn 1964] *History and Truth*, trans. Charles A. Kelbley, Evanston : Northwestern University Press.

———, (1966) [1950] *Freedom and Nature : The Voluntary and the Involuntary*, trans. E. V. Kohak, Evanston : Northwestern University Press.

———, (1967) [1960] *The Symbolism of Evil*, trans. Emerson Buchanan, Boston : Beacon.

———, (1970) [1965] *Freud and Philosophy : An Essay on Interpretation*, trans. Denis Savage, New Haven and London : Yale University Press.

———, (1974) [1969] *The Conflict of Interpretations : Essays in Hermeneutics*, ed. Don Ihde, Evanston : Northwestern University Press.

———, (1976) *Interpretation Theory : Discourse and the Surplus of Meaning*, Fort Worth : Texas Christian University Press.

———, (1977) [1975] *The Rule of Metaphor : Multi-Disciplinary Studies of the Creation of Meaning in Language*, trans. Robert Czerny with Kathleen McLaughlin and John Costello, Toronto and Buffalo : University of Toronto Press.

———, (1981) *Hermeneutics and the Human Sciences : Essays on Language, Action and Interpretation*, trans. and ed. John B. Thompson, Cambridge : Cambridge University Press.

_____, (1984) [1983] *Time and Narrative, Volume 1*, trans. Kathleen McLaughlin and David Pellauer, Chicago and London : University of Chicago Press.
_____, (1985) [1984] *Time and Narrative, Volume 2*, trans. Kathleen McLaughlin and David Pellauer, Chicago an London : University of Chicago Press.
_____, (1988) [1985] *Time and Narrative, Volume 3*, trans. Kathleen Blamey and David Pellauer, Chicago and London : University of Chicago Press.
_____, (1991a) [1986] *From Text to Action : Essays in Hermeneutics, II*, trans. Kathleen Blamey and John B. Thompson, London : Athlone.
_____, (1991b) *A Ricoeur Reader : Reflection an Imagination*, ed. Mario J. Valdes, Hemel Hempstead : Harvester Wheatsheaf.
_____, (1991c) 'Life in Quest of Narrative', in David Wood (ed.) *On Paul Ricoeur : Narrative and Interpretation*, Londond and New York : Routledge.
_____, (1992) [1990] *Oneself as Another*, trans. Kathleen Blamey, Chicago and London : University of Chicago Press.
_____, (1995a) 'Intellectual Autobiography', trans. Kathleen Blamey, in Lewis Edwin Hahn (ed.) *The Philosophy of Paul Ricoeur*, Chicago and La Salle : Open Court.
_____, (1995b) *Figuring the Sacred : Religion, Narrative, and Imagination*, trans. David Pellauer, ed. Mark I. Wallace, Minneapolis : Fortress.
_____, (1996a) 'Love and Justice', trans, David Pellauer, in Richard Kearney (ed.) *Paul Ricoeur : The Hermeneutics of Action*, London : Sage.
_____, (1996b) 'Fragility and Responsibility', trans. Elisabeth Iwanowski, in Richard Kearney (ed.) *Paul Ricoeur : The Hermeneutics of Action*, London : Sage.
_____, (1998) [1995] *Critique and Conviction · Conversations with Francois Azouvi and Marc de Launay*, trans. Kathleen Blamey, Cambridge : Polity.
_____, (2000) [1995] *The Just*, trans. David Pellauer, Chicago and London : University of Chicago Press.
_____, [1989] 'Power and Violence', trans. Lisa Jones, *Theory, Culture &*

Society.

Sophocles (1954) [c. 426 BC] *Oedipus the King*, trans. David Grene, in David Grene and Richard Latimore (eds), *Sophocles I*, Chicago and London : University of Chicago Press.

Taylor, Charles (1985) *Human Agency and Language : Philosophical Papers*, Cambridge : Cambridge University Press.

Thiselton, Anthony C. (1992) *New Horizons in Hermeneutics*, Grand Rapids : Zondervan.

Valdes, Mario J. (ed.) (1991) 'Introduction : Paul Ricoeur's Post-Structuralist Hermeneutics', in Paul Ricoeur, *A Ricoeur Reader : Reflection and Imagination*, Hemel Hempstead : Harvester Wheatsheaf.

Vanhoozer, Kevin J. (1990) *Biblical Narrative in the Philosophy of Paul Ricoeur : A Study in Hermeneutics*, Cambridge : Cambridge University Press.

Wolterstorff, Nicholas (1995) *Divine Discourse : Philosophical Reflections on the Claim that God Speaks*, Cambridge : Cambridge University Press.

Wood, David (ed.) (1991) *On Paul Ricoeur : Narrative and Interpretation*, London and New York : Routledge.

찾아보기

~로 보기 124, 133, 143
IDEM 190, 191, 192, 193, 200
IPSE 190, 191, 192, 193, 200

ㄴ

'나 여기 있어!' 199, 200
나르시시즘 108
내기 81, 242
『논리 연구Logische Untersuchungen』(후설) 76
니체, 프리드리히Nietzsche, Friedrich 147, 148, 236

ㄱ

가다머, 한스 게오르크Gadamer, Hans-Georg 83, 88
감정 44, 49, 49, 50, 51
거리 두기 83, 84, 87, 239
게슈탈트 심리학 143
고백 53, 55, 56, 101
공리주의 214, 215, 216, 217
괄호치기 36, 107
국가 208, 209, 210, 211, 225
「국가와 폭력Etat et Violence」(리쾨르) 226
권력 206, 208, 224, 225, 226
「권력과 폭력」(리쾨르) 225
권위 224, 225, 226
글쓰기 87, 88
기독교인 38, 40, 63, 64
기억 99, 220, 221
깨지기 쉬움 44, 45, 48, 49, 52

ㄷ

담론 71, 75, 76, 84, 85, 87, 97, 101, 107, 134, 160
데리다, 자크Derrida, Jacques 21, 147, 148, 234, 235, 236, 237, 238, 239, 240, 243, 244
데카르트, 르네Descartes, René 37, 38, 43, 79
데카르트적 코기토 100, 108
데카르트주의 40, 99, 110
데카르트주의자 38, 39
도스토옙스키, 표도르Dostoyevsky, Fyodor Mikhailovich 177
동사 시제 171, 172
뒤프렌, 미켈Dufrenne, Mikel 25
드 만, 폴de Man, Paul 234

ㄹ

라캉, 자크Jacques Lacan 218
레닌, 블라디미르Lenin, Vladimir 209, 210
롤스, 존Rawls, John 216, 217, 222, 234
루소, 장 자크Rousseau, Jean-Jacques 212
리처즈Richards, I. A. 134, 135, 136, 137, 139, 235

ㅁ

마르셀, 가브리엘Marcel, Gabriel 25, 26, 40
마르크스, 카를Marx, Karl 80, 206
마르크스주의 206, 217, 221
망각 220, 221
맥킨타이어, 알래스데어MacIntyre, Alasdair 233
모델 58
모순어법 138
무의식 96, 97, 99, 102, 104, 107, 110
문학 197, 234
문학비평 23, 28, 101, 189, 234, 238
문학성 164
뮈토스muthos 160, 164
미메시스mimesis 124, 125, 127, 128, 154, 160, 161, 164, 165, 166, 168, 174, 175, 177
미메시스1 160, 161, 162, 163, 164, 172, 178, 198
미메시스2 160, 161, 162, 163, 164, 168, 171, 172, 178, 198
미메시스3 160, 161, 164, 170, 178, 198
믿음 21, 22, 76, 82
밍크, 루이스Mink, Louis O. 195

ㅂ

바르트, 롤랑Barthes, Roland 88, 240
바솔로뮤, 크레이그Bartholomew, Craig 243, 244
발데스, 마리오Valdes, Mario J. 238
밴후저, 케빈Vanhoozer, Kevin J. 243
버튼 크리스티, 더글러스Burton-Christie, Douglas 245
법法 211, 212, 213, 216, 219
베케트, 사뮈엘Beckett, Samuel 198
변증법 33, 34, 84, 106
보드리야르, 장Baudrillard, Jean 21
복수 212, 213, 222, 224
부ー정의 213, 214, 215
부스, 웨인Booth Wayne C. 233
불균형 43, 44
불행의 비장함 45
브렌타노, 프란츠Brentano, Franz 76
블랙, 막스Black, Max 134, 136, 137, 138, 139
비극 112, 114, 115, 118, 128
비어즐리, 먼로Beardsley, Monroe 134, 138,

139
비유 129, 130
비유의 남용 129
비의지적인 것 42, 35
비평 73, 100

ㅅ
사랑 49, 216, 218, 220, 226
사르트르, 장 폴Sartre, Jean-Paul 40
사면 220, 222
사회주의 205, 206, 210, 212
살아 있는 은유 123
『살아 있는 은유La métaphore vive』(리쾨르) 27, 28, 123, 234, 235
상상력 44, 45, 144, 148
상징 114, 118, 119, 123
상징 52, 53, 54, 55, 56, 71, 72, 73, 74, 81, 82
'상징은 생각을 불러일으킨다' 71, 62
새 계명 215, 216, 218
서술적 목소리 174, 175, 176, 177, 183, 184, 196
선善 34, 57, 59
선물 219
선물의 경제 219
선택적 관점 50
설, 존Searle, John 77
성격 44, 46, 47, 48, 51, 193, 194, 195

성격해석학 117, 234, 238
스탈린Stalin, Iosif Vissarionovich 205, 206, 211
시간 45, 61, 154, 155, 156, 158, 159, 160, 161, 165, 166, 172, 180, 182, 196
『시간과 이야기Temps et récit』(리쾨르) 28, 29, 153, 155
시적 언어 144
시점 174, 175, 176, 178
신神 54, 55, 159
신비 39, 40, 41
신학 238
신화 57, 61, 62, 63, 73, 74, 76, 77, 97, 108, 117, 118, 119, 123
실수 43, 52, 53, 55, 99
실존 39, 40
실존주의 40

ㅇ
아담 58, 59, 61, 63, 64, 77
아렌트, 한나Arendt, Hanna 224
아리스토텔레스 124, 125, 126, 127, 128, 131, 133, 135, 156, 160, 161, 164, 166
아우구스티누스 155, 156, 158, 159, 161
아이러니 138
악惡 34, 43, 44, 52, 53, 55, 56, 57, 58, 59, 98, 99
악의 상징성 52

『악의 상징Philosophie de la volonté. Finitude et Culpabilité. II. La symbolique du mal』(리쾨르) 26 29, 33, 57, 71, 72, 83, 95, 117, 123
야스퍼스, 카를Jaspers, Karl Theodor 25, 26, 42
야콥슨, 로만Jakobson, Roman 134, 140, 141, 142
약속 지키기 193, 194, 195
양심 56, 98
언어 74, 77, 83, 84, 85, 97, 98, 104, 105, 106, 110, 123, 139, 147, 235, 236, 237, 238, 245
언어학 74
에포케epochē 106
엥겔스, 프리드리히Engels, Friedrich 210
역사 62, 84, 103, 166, 167, 168, 169, 178, 180, 182, 183, 190, 221, 222
역설 156, 157, 158, 159
연약성 43
오류를 면치 못하는 인간 43, 44
『오류를 면치 못하는 인간Philosophie de la volonté. Finitude et Culpabilité. I. L'homme faillible』(리쾨르) 26, 33
오류를 면치 못함 43, 52, 53
오르페우스 61, 62, 63
오이디푸스 111, 112, 114, 115
욕망 103, 104, 111, 119, 218
욕망의 언어 106
용서 219, 220

울프, 버지니아Woolf, Virginia 177
월터스토프, 니컬러스Wolterstorff, Nicholas 243, 244
『유한성과 허물Finitude et culpabilité』(리쾨르) 33
윤리학 155, 189, 194, 195, 205, 212
은유 28, 29, 124, 125, 126, 127, 128, 131, 132, 133, 135, 137, 141, 142, 143, 144, 146, 147, 148, 153, 154, 160, 235, 236, 237
은유론 136
은유성 126, 134, 147
의도 101, 102, 104, 110, 144
의도 76, 87, 97
의미 73, 74, 76, 82, 97, 102, 104, 110, 135, 139, 153, 160, 163
의미론 133
의미론적 탈문 129
의미-의도 75, 76, 169
의심 22
의지 34, 35, 37, 41, 42, 44, 51
의지 철학 26
『의지의 철학Philosophie de la volonté. Tome』(리쾨르) 33, 95
의지적인 것과 비의지적인 것 34, 44
『의지적인 것과 비의지적인 것Le Volontaire et l'Involontaire』(리쾨르) 26, 33, 51, 98
이야기 23, 119, 153, 154, 155, 160, 161, 162, 163, 165, 166, 167, 168, 170, 172,

183, 192, 195, 196, 197, 198, 200, 242
이야기 정체성 190, 191, 199
이해 52, 74, 77, 78, 79, 80, 83, 85, 89, 154, 165, 190
인격 48, 51

ㅈ

자유 42, 55
자유의지와 필연성 34
재형상화 165, 168, 178, 182, 190, 191, 242
저자의 의도 240, 241
전유 239, 242
전前이해 165
전前형상화 161, 165, 168, 191
정념 34, 35, 43, 99, 114
정신분석 23, 95, 96, 98, 99, 100, 102, 104, 105, 106, 107, 109, 110, 111, 119
정의 54, 205, 212, 213, 214, 216, 218, 219, 222, 224, 226, 227
『정의Le juste』(리쾨르) 28
정의론 214, 215, 216
정치 206, 224
정치의 모순 222
「정치의 모순Le paradoxe politique」(리쾨르) 205, 225
제유 131, 133, 141
조이스, 제임스Joyce, James 163

존경 48
존재론 78
좋은 삶 21, 189, 194, 195, 205
죄 53, 54, 55, 56, 59, 61, 63
줄거리 구성 160, 161, 164, 165, 167, 170, 171
지향 49, 160
지향성 49, 75, 76, 77, 82, 105, 160
직유 141
진리 102, 148, 167, 170, 235

ㅊ

책임 222

ㅋ

칸트, 이마누엘Kant, Immanuel 48, 156
커모드, 프랭크Kermode, Frank 163
코기토cogito 36, 37, 38, 39, 40, 41, 78, 100, 109, 110
콜리지, 새뮤얼 테일러Coleridge, Samuel Taylor 181
콜린스, 윌리엄 윌키Collins, William Wilkie 177
클라크, 티머시Clark, Timothy 239

ㅌ

타인 189, 200
『타자로서 자기 자신Soi-même comme un autre』 (리쾨르) 28, 154, 155, 215
테일러, 찰스Charles Taylor, Charles 78
텍스트 23, 28, 29, 64, 71, 72, 74, 75, 76, 77, 78, 82, 83, 84, 87, 88, 89, 101, 102, 165, 181, 239, 240
텍스트성 83, 87
『텍스트에서 행동으로Du texte à l'action. Essais d'herméneutique II』(리쾨르) 27
티셀턴, 앤서니Anthony C. Thieselton, Anthony C. 245

ㅍ

평화주의 25, 227
포더, 제임스Fodor, James 242, 243
폭력 224, 226, 227
퐁타니에, 피에르Fontanier, Pierre 130, 131, 132, 133, 135
풀레, 조르주Poulet, Georges 234
프로이트, 지그문트Freud, Sigmund 95, 96, 97, 98, 99, 100, 102, 104, 105, 108, 110, 111, 113, 114, 115, 117, 118, 119
플라톤 63, 124, 126, 161
플롯 125, 127, 128, 153, 154, 155, 160, 162, 163, 165, 168, 169
필딩, 헨리Fielding, Henry 172, 173

ㅎ

하이데거, 마르틴Heidegger, Martin 78, 79, 80, 81, 89, 156, 158, 237, 238, 239
한계 개념 42
해석 72, 73, 81, 82, 89, 96, 97, 101, 117
『해석 이론: 담론과 의미의 넘침Interpretation Theory : Discourse and the Surplus of Meaning』(리쾨르) 88, 234
『해석에 관하여: 프로이트에 관한 시론De l'interprétation. Essai sur Sigmund Freud』(리쾨르) 26, 95
『해석의 갈등Le conflit des interprétations』(리쾨르) 95
해석학 22, 28, 71, 72, 73, 74, 75, 76, 77, 81, 82, 83, 95, 96, 98, 99, 100, 101, 102, 111, 123, 153, 190, 233
『해석학과 인문사회과학Hermeneutics and the Human Sciences : Essays on Language, Action and Interpretation』(리쾨르) 27
해석학적 순환 22, 80, 81, 82, 89, 165, 166, 191, 242
해체 238, 240
행복 47, 48, 49
허구 144, 161, 162, 164, 166, 167, 169, 170, 172, 175, 178, 180, 182, 183, 184, 190, 196
허물 53, 55, 56, 61
현상학 34, 36, 53, 78, 99, 100, 101, 102, 104, 105, 106, 107, 108, 110, 156, 160

현상학자 38, 39
현상학적 진리 143
현상학적 판단 중지 107
현상학적 환원 49
현존재 79
형벌 54, 62
형상화 178, 190
형이상학 22, 43, 147, 148

화이트, 헤이든White, Hayden 233
화자 172, 174, 175, 176, 196
환유 130, 131, 133, 140, 141, 142
황금률 215, 216, 218
회개 61
후설, 에드문트Husserl, Edmund 25, 34, 36, 37, 38, 76, 77, 78, 82, 84, 156
흄 53, 54, 55, 56

해석의 영혼 폴 리쾨르
2009년 5월 20일 초판 1쇄 발행

지은이 | 칼 심슨
옮긴이 | 김창환
펴낸이 | 노경인

펴낸곳 | 도서출판 앨피
출판등록 | 2004년 11월 23일 제2011-000087호
주소 | 우)120-842 서울시 영등포구 영등포로5길 19 동아프라임밸리 1202-1호
전화 | (02)336-2776 팩스 | 0505-115-0525

ⓒ 앨피

ISBN 978-89-92151-26-9